【学者文库】

后脱贫时代中国反贫困新方略的前瞻性研究

潘文轩◎著

中国社会出版社
国家一级出版社 · 全国百佳图书出版单位

图书在版编目（CIP）数据

后脱贫时代中国反贫困新方略的前瞻性研究 / 潘文轩著 .
-- 北京：中国社会出版社，2020. 10
ISBN 978 - 7 - 5087 - 6416 - 0

Ⅰ. ①后… Ⅱ. ①潘… Ⅲ. ①扶贫—研究—中国
Ⅳ. ①F126

中国版本图书馆 CIP 数据核字（2020）第 187434 号

书　　名： 后脱贫时代中国反贫困新方略的前瞻性研究
著　　者： 潘文轩

出 版 人： 浦善新
终 审 人： 尤永弘
责任编辑： 陈贵红

出版发行： 中国社会出版社　　**邮政编码：** 100032
通联方式： 北京市西城区二龙路甲 33 号
电　　话： 编辑部：（010）58124828
邮购部：（010）58124848
销售部：（010）58124845
传　真：（010）58124856
网　　址： www. shcbs. com. cm
shcbs. mca. gov. cn
经　　销： 各地新华书店

中国社会出版社天猫旗舰店

印刷装订： 三河市华东印刷有限公司
开　　本： 170mm × 240mm　1/16
印　　张： 17
字　　数： 278 千字
版　　次： 2021 年 1 月第 1 版
印　　次： 2021 年 1 月第 1 次印刷
定　　价： 85. 00 元

中国社会出版社微信公众号

2020年既是实现脱贫攻坚目标之年，也是全面建成小康社会之年。中国消除绝对贫困的伟大成就，创造了世界减贫史上的奇迹。然而，绝对贫困的消除并不意味着中国已经完全解决了贫困问题。2020年后，相对贫困现象仍将长期广泛存在，解决相对贫困问题依然任重道远。中国要加快谋划与实施后脱贫时代的反贫困新方略，积极探索解决相对贫困的长效机制，不断推进贫困治理体系和治理能力的现代化，为实现全面建成社会主义现代化强国的第二个百年奋斗目标作出新的历史贡献。

目　录
CONTENTS

导论 开启后脱贫时代反贫困战略性变革新篇章

贫困问题是当今世界面临的最大全球性挑战之一，消除贫困是人类的共同使命。中国作为世界上最大的发展中国家，一直是减贫事业的积极倡导者与有力推动者。中国共产党和中国政府始终把消除贫困、改善民生、实现共同富裕作为奋斗目标。改革开放以来特别是党的十八大后，中国充分发挥党的领导的政治优势与中国特色社会主义的制度优势，成功走出了一条有中国特色的扶贫开发道路，通过脱贫攻坚实现了农村贫困人口全部脱贫、贫困县全部摘帽。中国消除绝对贫困的巨大成就，是全面建成小康社会、实现第一个百年奋斗目标的重要标志之一，筑就了一座实现中华民族伟大复兴中国梦征程上的重要里程碑，是一项对中华民族乃至全人类都有重大意义的伟业。习近平总书记在决战决胜脱贫攻坚座谈会上的讲话中指出“脱贫摘帽不是终点，而是新生活、新奋斗的起点”①。绝对贫困的全面消除，并不意味着中国的贫困问题得到了彻底解决。2020 年后，相对贫困现象仍将长期广泛存在，缓解多维贫困也依然任重道远，中国的反贫困事业迈入以治理多维相对贫困为重点的新阶段。进入全面建设社会主义现代化强国的新的历史时期后，中国的反贫困事业也将随之开启战略性变革的崭新篇章。这要求我们认清新形势、提升新站位、担当新使命，加快谋划与实施反贫困新方略，为全体人民走向共同富裕、享有更加幸福安康的生活继续奋斗，为全面建成社会主义现代化强国和实现中华民族伟大复兴中国梦作出新的历史贡献。

---

① 习近平：《在决战决胜脱贫攻坚座谈会上的讲话》，人民出版社，2020 年，第 12 页。

准确把握反贫困新形势

全面消除绝对贫困后，受贫困自身演变规律的支配和经济社会结构因素的影响，中国贫困的性质与特点将发生深刻变化。无论从广度还是深度上看，贫困问题都会变得更加复杂。随着“两不愁、三保障”目标的实现，贫困人口的基本生活已经得到了解决，后脱贫时代中国的贫困现象将主要以相对贫困形式表现出来。与绝对贫困不同的是，相对贫困只能缓解而无法完全消除，这就决定了相对贫困的治理将是一项长期性任务。对于大多数相对贫困人口来说，他们的减贫需求将不再是低层次的生存性需求，而是更高层次的发展性需求，包括发展机会的拓展、人力资本的提升等。通过“赋权提能”解决好发展型贫困问题，对提高相对贫困人群生活质量具有重要意义。联合国《2030年可持续发展议程》提出了“消除一切形式的贫困”的愿景目标。完成脱贫攻坚任务后，中国的收入贫困有了较大程度的缓解，但非收入贫困问题依然比较突出，多维贫困发生率明显高于收入贫困发生率，有效治理多维相对贫困将是未来反贫困的主攻方向。

从贫困人口的构成看，各类弱势群体将是后脱贫时代多维相对贫困人群的构成主体：随着人口老龄化程度提高与传统家庭养老功能弱化，老年贫困人数趋于增加，老年贫困问题会越显突出；残疾人群体因丧失全部或部分劳动能力，很容易陷入长期相对贫困状态；农业转移人口、农村留守人群等在社会转型中形成的弱势群体，受现行制度不公平、不完善等因素的影响，贫困脆弱性普遍较高。加强面向弱势群体的反贫困制度设计，既有利于抓住新时期贫困治理的主要矛盾，也有助于彰显社会发展的公平价值取向，保证全体人民在共建共享发展中有更多获得感。另外，贫困人口空间分布的变化也值得关注。长期以来，中国的绝对贫困人口大部分位于农村地区，且主要分布在中西部农村，区域集中度较高。2020年后，相对贫困人口将同时存在于农村与城市，从变化趋势看，相对贫困人口的区域集中度会有所下降，贫困的散点化分布特点将日益显著，逐步形成大分散、小集中的格局。不过，考虑到当前城乡和区域发展差距依然较大，发展不平衡问题难以在短期内解决，相对贫困人口集中于农村和中西部地区的格局仍将持续较长一段时间。针对贫困空间分布的上述变化，新时期的反贫困应统筹农村贫困与城市贫困、兼顾区域性贫困和个体性贫困。

努力提升反贫困新站位

党的十九大作出了中国特色社会主义进入新时代的重要判断。进入新时代后，各项反贫困工作必须以习近平新时代中国特色社会主义思想为指导，置于新时代中国特色社会主义发展的宏观背景下，作为新时代的一个重要政治议题加以考量。要将新时代中国特色社会主义基本方略全面贯彻到贫困治理全过程，以新的更大作为奋力开创后小康时代反贫困新局面。随着社会主要矛盾发生变化，反贫困的形势和任务也在经历重大转变。我们要从人民日益增长的美好生活需要同发展不平衡不充分间的矛盾关系出发，深刻认识2020年后中国多维相对贫困现象的特征与成因，将新时期反贫困工作同破解发展不平衡不充分问题相对接，加快相对贫困地区的经济社会发展，不断提高相对贫困人群的生活质量，朝着实现全体人民共同富裕的伟大目标不断迈进。

党的十九届四中全会提出了推进国家治理体系和治理能力现代化的总体要求，并将坚持和完善中国特色社会主义制度、推进国家治理体系和治理能力现代化作为全党的一项重大战略任务。贫困治理是国家治理的重要内容之一，贫困治理能力也是国家治理能力的重要体现。将贫困治理提升到国家治理体系和治理能力现代化的高度进行谋划，能够极大地充实贫困治理的内涵、拓展反贫困工作的视野。贫困的多维性质决定了贫困治理涉及经济、社会、政治、生态、文化等多个领域的治理，将贫困治理同深化经济改革、完善公共服务、优化行政体制、健全生态制度、繁荣先进文化相互联系与衔接，有助于把各领域的制度优势转化为贫困治理的效能，提升贫困治理的水平。完成脱贫攻坚任务后，反贫困步入了新的常态化治理轨道，反贫困工作重心将转向构建贫困治理的长效机制，这也是实现国家治理体系和治理能力现代化的基本要求。

做好反贫困工作不能就扶贫而论扶贫，围绕国家总体战略部署推进反贫困是中国减贫的一条基本经验。改革开放以来，中国的扶贫开发始终紧密对接国家经济社会发展总体战略，消除农村绝对贫困为全面建成小康社会作出了重要贡献。2020 年既是脱贫攻坚全面胜利之年，也是小康社会全面建成之年。2020 年后，中国开启了全面建设社会主义现代化国家的新征程，向第二个百年奋斗目标进军；与此同时，中国的反贫困事业也翻开了崭新一页，将在建设社会主义现代化强国的进程中实现历史性飞跃——从消除绝对贫困迈向解决相对贫困。解决好相对贫困问题，既能有效提高全面小康的质量与成色，又能有力支撑社会主义现代化国家的建设。要根据全面建设社会主义现代化国家分“两步走”的战略安排，及时制定并稳步推进新时期反贫困目标任务，全力服务社会主义现代化强国建设的需要。

切实担当反贫困新使命

2020 年完成脱贫攻坚任务后，巩固脱贫成果就成了当务之急。由于大多数摘帽贫困县、出列贫困村的经济社会发展水平仍较低，许多脱贫农户的脱贫质量并不高，巩固脱贫成果的难度较大，防止返贫与新增贫困的任务非常艰巨。所以，实现脱贫目标后要杜绝“松口气、缓一缓”的松懈思想，继续严格落实“四个不摘”要求。要在一定时期内继续保持原有扶贫政策的相对稳定性和连续性，加快建立健全返贫致贫监测预警机制，采取有效措施消除返贫致贫诱因，使脱贫攻坚成果真正经得起历史检验，并为进一步解决相对贫困问题奠定良好基础。

党的十九届四中全会提出建立解决相对贫困的长效机制，治理相对贫困是后小康时代中国反贫困事业肩负的最主要历史使命，也是建设社会主义现代化强国进程中中国反贫困工作新的奋斗方向。相对贫困既有全球共性特点，也有中国本土特征。在科学把握相对贫困演变一般规律、合理借鉴相对贫困治理国际经验的同时，我们要立足新时代社会主要矛盾深刻认识现阶段中国相对贫困的根源，从破解发展不平衡不充分入手积极探索中国相对贫困的有效治理之策。近年来，不少发达国家的相对贫困现象有所加剧，社会贫富差距趋于扩大；一些发展中国家在绝对贫困人口逐步减少的同时，相对贫困问题开始凸显。中国担负起建立解决相对贫困长效机制的使命，必将为2020 年后的全球反贫困事业作出新的贡献，并有望为世界各国解决相对贫困问题提供中国智慧和中国方案。

长期以来，中国扶贫开发的主阵地一直是在农村，脱贫攻坚也主要针对农村贫困地区。进入到以多维相对贫困为主攻方向的减贫新阶段后，随着贫困性质及贫困人口分布的变化，反贫困的空间范围将从农村拓展到城市，城市减贫的新任务便构成2020 年后反贫困工作的重要内容。当前，中国的城市扶贫体系还比较薄弱，农业转移人口贫困、失业贫困、住房贫困等城市相对贫困问题长期积累而未有效解决；城市与农村扶贫系统处于分割状态，难以适应城乡人口流动加快与城乡间贫困转移增多的趋势。因此，中国的反贫困体系亟待进行结构性的调整与重塑。应按照城乡融合发展要求来构建城乡一体化减贫机制，在加强城市反贫困系统性建设的基础上，适时推进城乡反贫困体系的衔接与融合，促进反贫困从城乡分治往城乡合治转变。

科学谋划反贫困新方略

2020年后，中国反贫困的重心将由消除绝对贫困转向解决相对贫困。消除绝对贫困与治理相对贫困，在反贫困的历史进程中是紧密衔接、前后贯通、有序递进的两个阶段。治理两类贫困均涉及一些基本共性问题，包括党的领导作用、政府与市场和社会关系、反贫困模式、反贫困手段、扶贫资源管理等。通过治理绝对贫困的长期实践，中国在上述基本问题上已经形成了比较系统而成熟的理念、原则、方法和思路，这为2020年后制定反贫困新方略提供了宝贵的方法论指引，为新时期推进相对贫困治理奠定了良好的经验基础。战胜绝对贫困所彰显出来的中国特色社会主义政治优势与制度优势，在未来减贫工作中必须进一步巩固和发挥；脱贫攻坚期形成的全社会大扶贫格局、多维精准扶贫理念以及多种减贫方法协调运用的思路，也应当在反贫困新方略中延续下去。

不过，进入后小康时代之后，无论贫困的性质特点还是反贫困的外部环境，均发生了较大变化，简单复制和移植以往经验做法是无法很好解决新时期贫困问题的。为此，需要从当前反贫困领域尚存的主要问题出发，根据今后贫困状况的变化趋势及特征，结合国际减贫愿景目标，科学谋划后脱贫时代中国反贫困的新方略：一是在总体研判国家现代化建设进程与减贫进展的基础上，合理设定未来30年反贫困的阶段性目标；二是明确反贫困的实施对象，从区域和个体两个层面推进减贫工作；三是重新制定新时期反贫困的任务清单，统筹短期任务和长期任务；四是优化设计反贫困的行动路径，确保减贫事业有序高效推进。

展望未来，新的反贫困方略会有以下一些变化与特点：在贫困治理模式上，从脱贫攻坚期超常规的集中式、运动式治理回归到常态化、常规性治理，反贫困工作全面融入国家治理的日常工作中，新型常态化贫困治理机制逐步成熟，凸显贫困治理的制度化、法治化、民主化特征。在减贫动力来源上，由“外部推动”为主向“内生发展”为主转变，贫困人口主体性建设进一步加强，以能力提升为导向的反贫困行动全面开展，走上主要依靠“内源式发展”促进持续减贫的道路。在贫困治理环节上，从以事后扶贫为主转向事前防贫与事后扶贫并举，更加注重“防贫于未然”，通过防贫机制与扶贫政策的有效衔接与协同，形成事前事后双层结合的反贫困新模式。在反贫困空间格局上，从农村减贫走向城乡减贫融合，使反贫困工作从容应对贫困空间转移现象、更好适应城乡融合发展需要。

积极应对反贫困新挑战

进入以治理相对贫困为重点的减贫新阶段后，中国反贫困的中心任务是使相对贫困人群更好地分享经济社会发展成果，有效降低经济社会发展的不平等程度，最终实现全体人民共同富裕目标。然而，发达国家反贫困的实践表明，解决相对贫困问题并不比消除绝对贫困来得容易。虽然发达国家早已消除了绝对贫困，但在治理相对贫困方面并未取得显著成效。经合组织发布的报告显示，目前 OECD 成员国的收入分配不公程度已达近 30 年来之最①。法国经济学家皮凯蒂（2014）在《21 世纪资本论》中预测，由于资本收益率大于经济增长率，未来世界主要国家的贫富差距将持续扩大。中国的收入不平等状况也不容客观，基尼系数长期超过国际警戒线。更令人担忧的是，当前的贫富差距已形成了较明显的阶层和代际转移，一些贫者正从暂时贫困走向长期贫困和跨代贫穷。共同富裕的根本原则绝对不能动摇，但实现共同富裕之路必然充满挑战和曲折。唯有坚持共享发展理念，持之以恒深化改革、推动创新，努力建立健全共享发展机制，才能从根本上抑制不平等的扩大，最终探索出一条有效治理相对贫困的成功道路。

一个国家的减贫绩效不仅取决于反贫困方略的设计与实施，而且受到经济、社会、技术等诸多外在因素的影响。虽然中国经济仍有较大发展潜力，但已无法回到原先的高速增长状态。经济增长减速可能造成涓滴式减贫效应趋于弱化，从而削弱经济增长带动减贫的能力。除了经济增速外，经济结构对减贫也有重要影响。随着产业转型升级加快，中国经济正迈向高质量发展新阶段，劳动力素质与产业发展需求不相适应的矛盾越加突出，这无疑对低

① “西方国家贫富差距进一步拉大”，《人民日报》2015 年 5 月 26 日。

技能劳动力的增收产生较大负面冲击。强大的外部力量帮扶是脱贫攻坚取得胜利的最主要因素之一，但由于各种原因，今后外部各方面力量参与反贫困的方式将会发生一些调整，直接投入扶贫的资源可能会相对减少。例如，财政收入增长放缓就给财政扶贫带来了较大压力。此外，人工智能等新技术的迅猛发展，也将对反贫困产生持久而深远的影响。一方面，新技术的运用为贫困治理提供了强大的技术支撑，有助于提高反贫困工作效率；但另一方面，新技术对劳动的替代，也使得普通劳动者面临较高的技术性失业风险与相对贫困风险。应对上述种种挑战的关键，是增强反贫困策略对外部环境的适应性，在新的时代条件下积极探索减贫的新思路与新方案，努力以更大的新作为开辟中国反贫困事业的新境界。

第一章

改革开放以来反贫困的成就与经验

长期以来，中国的贫困人口主要集中在农村地区，贫困问题突出表现为农村贫困，因此，中国反贫困的主阵地是农村。新中国成立后到改革开放前，中国政府虽然也采取了一系列政策措施来缓解农村贫困，但并未明确提出系统性的反贫困计划，再加上计划经济下形成的城乡二元结构体制对农村发展的制约，中国在农村减贫方面的成效并不十分显著。1978 年改革开放之后，中国经济实现了快速发展，综合国力日益提升，为扶贫奠定了较雄厚的物质基础；与此同时，党和政府对贫困问题越来越重视，在农村地区开展了有组织的、大规模的扶贫开发工作。经过40 多年的不懈努力，中国已从总体上消除了农村绝对贫困。无论是以中国官方还是世界银行的贫困标准来衡量，中国的反贫困都取得了举世瞩目的成就，谱写了人类反贫困历史上的辉煌篇章，必将载入史册、永放光芒！

本章主要回顾中国改革开放以来的反贫困历程，重点是归纳党的十八大后的精准扶贫思想、实践及其成就；在此基础上，提炼与总结中国反贫困实践的主要经验，并说明中国反贫困实践的世界意义。改革开放以来在反贫困领域取得的历史性成就，能增强中国未来在更高要求、更高标准上推进反贫困事业的信心；通过长期扶贫开发实践所积累起来的经验，也成为今后指引中国反贫困工作继续前进、夺取新胜利的宝贵精神财富。

第一节　改革开放以来的反贫困历程

改革开放以来，中国的反贫困实践大致经历了体制改革推动减贫、大规模开发式扶贫、“八七”扶贫攻坚、综合扶贫开发、精准扶贫精准脱贫攻坚五个阶段。各个阶段的反贫困实践，在贫困形势、反贫困目标、扶贫方式、扶贫瞄准重点等方面表现出不同的特点。

一、1978～2020年反贫困的五个阶段

改革开放以来，中国的反贫困实践表现出较明显的阶段性特征，根据贫困形势、反贫困目标、扶贫理念与模式等方面的时期差异，可以将中国1978～2020年的反贫困历程大致划分为如下五个阶段：

体制改革推动减贫阶段（1978～1985年）。改革开放前，人民公社“一大二公”、单层经营的僵化体制，严重束缚了农业生产力的发展，这是中国农民长期普遍贫困的一个重要原因。1978年后，实行了以家庭联产承包责任制为核心的农村经济体制改革，广大农民的积极性被充分调动起来，农业生产和农民收入实现了快速增长。同时，政府还大幅度提高了主要农产品的收购价格，使农产品贸易条件得以改善，促进了农民增收。另外，在国家政策支持下，乡镇企业在该时期也获得了较快发展，为带动农民增收脱贫作出了贡献。可见，农村经济体制改革及由此推动的经济发展，成为改革开放初期农村减贫的最主要动力来源。在这一阶段，以1984年发布《关于帮助贫困地区尽快改变面貌的通知》为标志，中央正式开始把扶贫作为国家的一项重要任务，这是具有里程碑意义的事件。1978年至1985年间的反贫困成效非常显著，按1978年标准，农村贫困人口从2.5亿人减少至1.25亿人，贫困发生率从30.7%下降至14.8%①。

大规模开发式扶贫阶段（1986～1993年）。进入20世纪80年代中期后，农村经济体制改革带来的减贫效应逐渐减弱，农业生产和农民收入增速趋于下降。特别是地理位置偏远、资源条件较差的“老、少、边、穷”地区，经济社会发展缓慢，难以摆脱贫困状态。为了增强减贫效果，自1986年起，以国务院贫困地区经济开发领导小组②的成立为标志，中国政府正式开始实施有组织、有计划、大规模的农村扶贫开发，扶贫投入相比以往大幅增加。该阶段反贫困的主要特点是将扶贫与开发有机结合起来，推动扶贫工作由“输血式”向“造血式”转变，努力通过促进贫困地区经济发展来减缓和消除贫

① 数据来源于《中国统计年鉴（2019）》。

② 1993年更名为国务院扶贫开发领导小组。

困。1986 年，中央政府第一次明确了国定贫困县的标准，将 331 个国家级贫困县作为扶贫开发重点对象，从那时起，以县为基本单位来分配使用扶贫资源成为中国扶贫开发的重要特点（陆汉文、黄承伟，2016）。通过 8 年的大规模扶贫开发，按 1978 标准，农村贫困人口又减少了 4500 万以上，贫困率下降了逾 6 个百分点①。

"八七"扶贫攻坚阶段（1994～2000 年）。1994 年，国务院颁布了《国家八七扶贫攻坚计划（1994－2000 年）》，决定用 7 年左右时间基本解决 8000 万农村贫困人口的温饱问题。这是改革开放以来第一个具有明确目标的扶贫计划，它延续并发展了大规模开发式扶贫阶段的基本理念和思路，成为首个系统化的扶贫开发国家战略，开启了中国开发式扶贫的新模式。在该阶段，中央政府重新确定了贫困县的标准，并根据新标准对国定贫困县进行了调整；大幅增加对贫困县的投入，相较于大规模扶贫开发阶段增长了约 3 倍；积极实行多元化的扶贫措施，因地制宜地采用产业扶贫、科技扶贫、移民扶贫、教育扶贫等多种扶贫方式；明确了各级政府的扶贫责任，初步形成了中央统一部署、省级行政主管负责、区县具体落实的扶贫开发责任体系（郑双怡、冯琼，2018）。通过扶贫攻坚，贫困地区经济实现了较快发展，贫困率持续下降，按 1978 年标准，贫困人口从 8000 万减少到了 3209 万，年均减少 684.4 万人，到 2000 年底，贫困率已降低至 3.5%②。

综合扶贫开发阶段（2001～2012 年）。2001 年，国务院印发了《中国农村扶贫开发纲要（2001－2010 年）》，决定从 2001 年到 2010 年集中力量加快贫困地区脱贫致富进程。以此为标志，中国的反贫困实践进入了综合扶贫开发的新阶段。坚持社会参与和全面发展是该阶段扶贫开发的最主要特点：一是在政府主导下，积极动员和组织社会力量投入扶贫工作，鼓励多种所有制经济组织参与扶贫开发，引导非政府组织参与和执行政府扶贫开发项目；二是将扶贫与贫困地区全面开发更加紧密地结合起来，着力加强贫困地区基础设施建设、社会事业发展与生态环境保护，促进贫困地区各方面协调发展和全面进步。为了提高扶贫瞄准精度，从 2001 年起开始实施村级瞄准机制，扶贫开发重点从贫困县转向贫困村，以贫困村为对象和村级扶贫规划为基础的

① 数据来源于《中国统计年鉴（2019）》。
② 数据来源于《中国统计年鉴（2019）》。

整村推进，成为这一阶段开发式扶贫的重要举措。另外，随着农村最低生活保障制度的建立，政府还积极开展农村低保与扶贫开发的有效衔接试点，奠定了保障式扶贫的制度基础。到了2011年，中共中央、国务院又印发了《中国农村扶贫开发纲要（2011－2020年）》，首次明确将专项扶贫、行业扶贫和社会扶贫作为农村扶贫的三种基本方式，进一步推动了综合扶贫大格局的发展。综合扶贫开发取得了较显著的成效：贫困地区经济社会发展水平进一步提高，贫困户的生产生活条件明显改善；贫困人口数量继续大幅减少，按2008年标准，从2001年到2010年，贫困人口由9422万人减少到2688万人，贫困率由10.2%降低至2.8%①。

精准扶贫精准脱贫攻坚阶段（2013～2020年）。党的十八大以来，以习近平同志为核心的党中央高度重视扶贫工作，将扶贫开发摆在治国理政的突出重要位置，提升到事关全面建成小康社会、实现第一个百年奋斗目标的新高度，纳入“五位一体”总体布局和“四个全面”战略布局进行决策部署，将中国扶贫开发推进到了一个全新的阶段。在该阶段，精准扶贫思想的形成与发展，引发了扶贫方式的革命性变化，中国的反贫困实践进入到以“六个精准”“五个一批”为重点的精准扶贫和精准脱贫阶段，精准扶贫、精准脱贫成为新时期扶贫开发的基本方略和工作机制。随着精准扶贫的深入实施与持续发力，中国连续多年保持每年减贫人数在1000万以上，到2020年末实现贫困人口全部脱贫的目标。

二、不同阶段反贫困特点的比较

我国改革开放以来不同阶段的反贫困实践，在贫困形势、反贫困目标、扶贫方式、扶贫瞄准重点四个维度上表现出一定程度的差异（见表1－1）。并且，上述四个维度之间有一定的内在关系：贫困形势的变化是引致反贫困目标、扶贫方式及扶贫瞄准重点变化的根源，而扶贫方式与扶贫瞄准重点的转变，又适应于反贫困目标的阶段性调整。从上述四个维度及其相互关系出发，对各阶段反贫困的主要特点进行比较，有助于我们更好理解中国1978年后反贫困实践演进的基本脉络与内在逻辑。

---

① 数据来源于《中国统计年鉴（2019）》，由于2008年标准下缺少2010年以后的贫困人口和贫困率数据，故仅列示2001～2010年间的减贫成效。

表1－1 改革开放以来不同阶段反贫困特点的比较

	贫困形势	反贫困目标	扶贫方式	扶贫瞄准重点
体制改革推动减贫阶段	贫困率高，农村处于普遍贫困状态	未正式提出明确目标	救济式扶贫为主	无明确瞄准对象
大规模开发式扶贫阶段	贫困有所缓解，但贫困率仍较高，整体贫困未明显改善	未正式提出具体目标	开发式扶贫为主	县域瞄准为主
“八七”扶贫攻坚阶段	贫困人口进一步减少，贫困呈现出区域性、地缘型特征	到20世纪末基本解决8000万贫困人口的温饱问题	开发式扶贫为主	县域瞄准为主
综合扶贫开发阶段	大面积普遍贫困基本消除，贫困从区域分布转向点状分布	解决少数贫困人口温饱问题，巩固温饱成果，提高贫困人口的生活质量	开发式扶贫与保障式扶贫相结合，构建综合扶贫格局	村域瞄准为主
精准扶贫精准脱贫攻坚阶段	剩余贫困人口贫困程度较深，集中连片特困地区脱贫难度较大	到2020年现行标准下农村贫困人口实现脱贫，贫困县全部摘帽，解决区域性整体贫困	开发式扶贫与保障式扶贫相协调，大扶贫格局不断完善	“片区+家庭”双重瞄准

注：①贫困形势指的是各阶段开始时的贫困情况；②对于贫困形势、反贫困目标和扶贫方式，表中仅归纳了核心要点，未全面列出详细内容。

根据贫困形势变化而制定新的反贫困目标，是反贫困实践不断向前推进的一个重要特征。在20世纪90年代初期，通过前一阶段的大规模扶贫开发，农村极端贫困人口数量有了较大幅度减少，但进一步减贫的难度也在加大，贫困的区域性特征也越来越明显。面对这种形势，中央提出集中人力、物力、财力，动员社会各界力量，到2000年基本解决剩余贫困人口温饱问题，并确定了绝大多数贫困户年人均纯收入达到500元以上（按1990年不变价）的收入目标。上述目标的制定，是建立在极端贫困大幅下降基础上的，同时又充分考虑到贫困人口生活水平仍很低的现实情况，表现出政府既尽力而为、又量力而行推动扶贫攻坚的决心。进入21世纪后，除了少数贫困户外，大部分贫困人口的温饱问题已经解决，“八七”扶贫攻坚所设定的目标基本实现，但贫困人口的收入与生活质量还处于较低水平，贫困地区的基础设施与公共服务也明显落后。为此，中国政府对扶贫开发有了新的目标定位，提出了要“尽快解决少数贫困人口温饱问题，进一步改善贫困地区的基本生产生活条件，巩固温饱成果，提高贫困人口的生活质量和综合素质，加强贫困乡村的基础设施建设，改善生态环境，逐步改变贫困地区经济、社会、文化的落后状况，为达到小康水平创造条件”①。这充分体现了综合扶贫开发阶段解决少数贫困人口温饱与巩固温饱成果并举、促进贫困地区全面发展与改善贫困人口生活的扶贫导向。进入精准扶贫精准脱贫攻坚阶段后，新标准下的贫困人口规模仍较大，相当一部分贫困人口的贫困程度深、脱贫难度高，属于难啃的“硬骨头”。为了确保2020年全面建成小康社会战略目标的实现，中国政府确立了稳定实现贫困人口“一超过两不愁三保障”、现行标准下贫困人口实现脱贫、贫困县全部摘帽、解决区域性整体贫困的脱贫攻坚目标，这与第一个百年奋斗目标紧密契合，体现了党践行“让贫困人口和贫困地区同全国一道进入全面小康社会”的庄严承诺。

扶贫方式和扶贫瞄准重点，也同样是随着贫困形势变化而变化，并结合新的反贫困目标适时作出调整的。关于扶贫瞄准重点转变的问题，在第三节反贫困实践经验中将作专门论述，这里仅简要探讨一下扶贫方式与贫困形势间的关系。在长期开发式扶贫的带动下，越来越多有劳动能力的贫困人口实现了脱贫，剩余贫困人口中丧失或缺乏劳动能力者②的占比趋于上升。这些特殊贫困人口较少直接受益于经济发展，难以通过产业扶贫、就业扶贫等市场化途径脱贫，越发成为进一步推进反贫困的难点。所以，建立健全社会保障兜底机制，对确保丧失或缺乏劳动能力贫困户“一超过两不愁三保障”有重要意义；否则，单纯依靠扶贫开发，因生理原因不能参加劳动的贫困者将很难摆脱贫困状态，2020年贫困人口全部脱贫目标就可能无法实现。正因为如此，进入21世纪后，政府越来越重视通过社会保障等社会政策手段来促进减贫，将保障式扶贫作为帮助特殊贫困人群脱贫的重要手段。由此，中国

① 《中国农村扶贫开发纲要（2001-2010年）》。

② 主要是老年人、残疾人、大病或严重慢性病患者。

反贫困实践进入到开发式扶贫与保障式扶贫“双轮驱动”的新阶段，两种扶贫方式相互协调，共同推动脱贫攻坚进程。

第二节　精准扶贫精准脱贫及其成就

随着中国扶贫开发持续向前推进，剩余贫困人口脱贫的难度也在逐步加大，一些常规性手段的效果较为有限，迫切需要通过减贫体制的创新来啃下剩余的“硬骨头”；另外，由于以往扶贫工作中存在贫困人口底数不清、情况不明的问题，导致很多扶贫项目和资金指向不准，影响了扶贫措施的最终成效。党的十八大以来，以习近平同志为核心的党中央审时度势，全面实施了精准扶贫方略，并将精准脱贫作为三大攻坚战之一，举全党全国之力攻坚克难。通过多年持之以恒的努力，扶贫开发实现了由“大水漫灌”向“精准滴灌”的转变，深度贫困堡垒被一一攻克，脱贫攻坚取得了全面胜利。

一、精准扶贫思想的形成

精准扶贫思想是习近平新时代中国特色社会主义思想的重要内容，是中国共产党站在全面建成小康社会、实现第一个百年奋斗目标的高度，立足新时期扶贫开发新形势和新要求而产生的理论创新成果。党的十八大以来，习近平总书记就扶贫脱贫提出了一系列新论述、新观点和新思路，逐步形成了精准扶贫思想；党和国家的其他领导人也对精准扶贫作出了许多重要阐述，进一步丰富了精准扶贫思想。精准扶贫思想的形成，既推动了中国反贫困理论的发展与创新，也为新时代中国农村扶贫实践提供了行动指南。

早在20世纪80年代，习近平同志在福建宁德工作期间所提出的“弱鸟先飞”“滴水穿石”“四下基层”等观点，就蕴含了精准扶贫的理念。2012年12月末，刚当选总书记的习近平同志到河北省阜平县考察扶贫工作，指出“推进扶贫开发、推动经济社会发展，首先要有一个好思路、好路子。要坚持从实际出发，因地制宜，理清思路、完善规划、找准突破口”①“帮助

① 中共中央党史和文献研究院：《习近平扶贫论述摘编》，中央文献出版社，2018年，第57页。

困难乡亲脱贫致富要有针对性，要一家一户摸情况，张家长、李家短都要做到心中有数”①。“因地制宜”“一家一户摸情况”等关键词，表明该时期精准扶贫思想已处于萌芽阶段。2013 年 11 月，习近平总书记在湖南湘西考察时指出“扶贫要实事求是，因地制宜。要精准扶贫，切忌喊口号，也不要定好高骛远的目标”②，这是首次正式提出“精准扶贫”概念。2014 年 3 月，习近平总书记在参加十二届全国人大二次会议贵州代表团审议时指出“精准扶贫，就是要对扶贫对象实行精细化管理，对扶贫资源实行精确化配置，对扶贫对象实行精准化扶持，确保扶贫资源真正用在扶贫对象身上、真正用在贫困地区”③。由此，精准扶贫思想的具体内涵开始清晰起来。

2015 年后，精准扶贫思想进入了快速发展期。2015 年 6 月，习近平总书记在贵州召开的部分省区市党委主要负责同志座谈会上发表了重要讲话，提出“要做到六个精准，即扶持对象精准、项目安排精准、资金使用精准、措施到户精准、因村派人（第一书记）精准、脱贫成效精准”④，这是第一次全面系统论述了精准扶贫思想的主要内容。2015 年 10 月，习近平总书记在 2015 减贫与发展高层论坛上的主旨演讲中讲到“我们坚持分类施策，因人因地施策，因贫困原因施策，因贫困类型施策，通过扶持生产和就业发展一批，通过异地搬迁安置一批，通过生态保护脱贫一批，通过教育扶贫脱贫一批，通过低保政策兜底一批”⑤，这就是“五个一批”的重要论断，为解决如何扶的问题开出了“药方子”。2015 年 11 月，习近平总书记在中央扶贫开发工作会议上发表了长篇重要讲话，精辟分析了脱贫攻坚的形势任务，明确指出要坚持精准扶贫、精准脱贫，系统阐述了“六个精准”“五个一批”和“四个问题”（扶持谁、谁来扶、怎么扶、如何退），这构成了精准扶贫思想

---

① 中共中央党史和文献研究院：《习近平扶贫论述摘编》，中央文献出版社，2018 年，第 57－58 页。

② “习近平赴湘西调研扶贫攻坚”，新华网，2013 年 11 月 4 日，http://cpc.people.com.cn/n/2013/1104/c64094－23421342－8.html。

③ 中共中央党史和文献研究院：《习近平扶贫论述摘编》，中央文献出版社，2018 年，第 58 页。

④ 中共中央党史和文献研究院：《习近平扶贫论述摘编》，中央文献出版社，2018 年，第 58 页。

⑤ 中共中央党史和文献研究院：《习近平扶贫论述摘编》，中央文献出版社，2018 年，第 61 页。

的基本框架，标志着精准扶贫思想正式形成。

二、精准扶贫的实践及其创新特点

1. 精准扶贫文件指引下的精准扶贫行动

党的十八大以来，中国的精准扶贫实践主要沿着两个相互关联的层面展开：一是党中央和国务院陆续出台了多个关于精准扶贫的重要指导性文件（见表1－2），中央各部门与地方政府据此制定了一批更为具体的政策文件与实施办法。这些文件的颁布，成为精准扶贫思想转化为实践的重要途径，推动了精准扶贫思想落实到具体行动上。二是在精准扶贫文件指导下，按照相关政策规定的要求，贫困地区、贫困群众和各类扶贫主体积极行动起来，因地制宜地开展精准扶贫工作，创造性地将精准扶贫思想和政策文件要求落到实处，绘就出精准扶贫实践的生动画卷，涌现出了一大批形式各异、特色鲜明且成效显著的精准扶贫精准脱贫成功案例。综观这些扶贫行动，从参与主体来看既包括政府、企业、非营利机构、农村集体组织等扶贫主体，也包括广大贫困农户自身，体现了全社会大扶贫格局与贫困户的主观能动性；从扶贫理念上看，坚持扶贫与扶志扶智结合，教育引导贫困群众树立和坚定脱贫信心、克服"等靠要"思想，同时通过教育、培训等途径提升贫困户人力资本，增强他们的脱贫能力；从扶贫方法来看，涵盖了产业扶贫、劳务扶贫、教育扶贫、生态扶贫、易地搬迁扶贫、健康扶贫、电商扶贫、消费扶贫、资产收益扶贫、社保兜底扶贫等诸多手段，利用政策"组合拳"增强了扶贫效果；再从扶贫目标来看，一方面致力于解决收入贫困，另一方面注重有效缓解非收入贫困，努力使贫困户生活水平与发展能力得到全面提升。

表1－2　党中央、国务院出台的精准扶贫文件汇总

文件名称	发布时间	核心内容与意义
关于创新机制扎实推进农村扶贫开发工作的意见	2014年1月25日	将建立精准扶贫工作机制作为六项扶贫机制之一，提出组织实施扶贫开发十项重点工作
关于进一步动员社会各方面力量参与扶贫开发的意见	2014年12月4日	提出进一步动员社会各方面力量参与扶贫开发，全面推进社会扶贫体制机制创新

续表

文件名称	出台时间	核心内容与意义
中共中央国务院关于打赢脱贫攻坚战的决定	2015 年 12 月 7 日	明确了打赢脱贫攻坚战的总体要求，提出把精准扶贫、精准脱贫作为基本方略，是指导脱贫攻坚的纲要性文件，吹响了脱贫攻坚的冲锋号
关于加大脱贫攻坚力度支持革命老区开发建设的指导意见	2016 年 2 月 1 日	提出了支持革命老区开发建设的总体要求、工作重点、主要任务与支持政策
省级党委和政府扶贫开发工作成效考核办法	2016 年 2 月 16 日	确定了从减贫成效、精准识别、精准帮扶、扶贫资金四个方面考核中西部 22 个省/区/市党委和政府的扶贫开发工作成效
关于建立贫困退出机制的意见	2016 年 4 月 28 日	对贫困人口、贫困村、贫困县退出的标准和程序作了规定，使脱贫退出工作有了章法可依
脱贫攻坚责任制实施办法	2016 年 10 月 17 日	要求按照中央统筹、省负总责、市县抓落实的工作机制，构建起责任清晰、各负其责、合力攻坚的脱贫攻坚责任体系
“十三五”脱贫攻坚规划	2016 年 12 月 2 日	阐明了“十三五”时期脱贫攻坚总体思路、基本目标、主要任务和重大举措，是指导各地脱贫攻坚工作的行动指南，是各有关方面制定相关扶贫专项规划的重要依据
关于进一步加强东西部扶贫协作工作的指导意见	2016 年 12 月 7 日	对做好东西部扶贫协作和对口支援工作提出了指导性意见

续表

文件名称	出台时间	核心内容与意义
关于支持深度贫困地区脱贫攻坚的实施意见	2017 年 11 月 21 日	为攻克深度贫困堡垒、确保全面建成小康社会，对深度贫困地区脱贫攻坚工作作出了全面部署
关于加强贫困村驻村工作队选派管理工作的指导意见	2017 年 12 月 24 日	提出加强贫困村驻村工作队选派管理工作的指导意见
中共中央国务院关于打赢脱贫攻坚战三年行动的指导意见	2018 年 8 月 19 日	明确了打赢脱贫攻坚战三年行动的总体要求，提出集中力量支持深度贫困地区脱贫攻坚、强化到村到户到人精准帮扶举措等，是 2018～2020 年脱贫攻坚的纲领性文件
关于深入开展消费扶贫助力打赢脱贫攻坚战的指导意见	2019 年 1 月 14 日	提出深入开展消费扶贫的指导性意见
关于开展国家脱贫攻坚普查的通知	2020 年 6 月 29 日	明确了脱贫攻坚普查的范围、对象、内容和标准时点，提出了普查工作的要求

资料来源：作者根据相关文件汇总整理。

注：汇总整理的范围仅限于中共中央和国务院（含办公厅）发布的文件，不包括中央各部门与各级地方政府发布的文件，截止时间为 2020 年 6 月 30 日。

2. 精准扶贫实践的主要创新特点

精准扶贫的首要特征是“精准”，通过“精准滴灌”彻底改变了以往扶贫中的“大水漫灌”现象。比国外目标瞄准式扶贫更进一步的是，中国的精准扶贫不仅仅局限于扶贫资源的精准传递，而是拓展至扶贫全过程的精准，包括扶持对象精准、项目安排精准、资金使用精准、措施到户精准、因村派人精准、脱贫成效精准（“六个精准”）。

“六个精准”在 2013 年以来的精准扶贫实践中得到了充分体现：在扶持对象精准上，从 2014 年起在全国范围内对贫困户建档立卡，之后通过“回头看”补录遗漏的贫困人口、剔除识别不准的贫困人口。由此，在扶贫历史上第一次实现了全国贫困信息基本精准到户，建立起较完善的扶贫对象精准识别和动态调整系统。在项目安排精准上，注重根据贫困户实际需要进行有针对性的项目帮扶，在做精做细扶贫规划、找准扶贫项目上狠下功夫，努力使扶贫项目扶到点上根上，让贫困群众真正得到实惠。在资金使用精准上，加快整合原先较分散的扶贫资金，在中央财政专项扶贫资金因素法分配中新加入了脱贫成效指标因素，适当下放资金使用权，提高扶贫资金使用效益。在措施到户精准上，着力探索和建立差异化的贫困户帮扶机制，坚持“一把钥匙开一把锁”，针对贫困人口的不同致贫原因，因户因人施策，逐户制定个性化的帮扶措施，取得了“实打实、点对点”的精准扶贫效果。在因村派人精准上，选派机关优秀干部到贫困村担任第一书记，建立驻村工作队制度，确保每个贫困村都有驻村工作队、每家贫困户都有帮扶责任人，第一书记和驻村工作队在组织实施精准扶贫上发挥了关键作用。在脱贫成效精准上，根据中央制定的贫困退出政策，各地结合自身实际情况确定了差异化的退出标准、程序和方法，同时实行“摘帽不摘政策”，确保实现稳定脱贫。

除了“六个精准”外，精准扶贫的另一突出创新特点是“分类施策”。随着中国农村反贫困形势的变化，农村贫困逐渐由整体性贫困向个体性贫困转变，原先以整体帮扶为主的扶贫方式越来越不适应以个体性、异质性为特点的贫困新形势。基于建档立卡贫困户数据的分析也显示，新时期农村贫困人口的致贫成因非常复杂多元，依靠单一的政策干预难以有效实现减贫目标。针对这一实际情况，为了避免政策大而化之，通过一定时期的精准扶贫实践探索，逐步形成了较为成熟的因村因户因人施策、因贫困类型与原因施策的扶贫模式。这种分类施策的方法，其突出特点和优势在于促进了扶贫措施与贫困主体的有效对接，提高了各类扶贫政策同贫困主体实际需求的匹配度，更好满足了贫困户脱贫中的差异化、多元化需要。“分类施策”与“六个精准”是相互依存的，扶贫精准化要求具体问题具体分析、对症下药，而通过对贫困主体进行分类扶持，确保了扶贫精准目标的实现。

分类施策方法在精准扶贫的基层实践中得到了广泛运用。各地按照“精准滴灌”的要求，细致分析贫困村的贫困类型和资源禀赋，搞清楚贫困户的致贫原因、现实困境和脱贫需求，在此基础上采取有针对性的扶贫措施，实行差别化的贫困治理，确保精准扶贫措施落实到村到户到人。以重庆市为例，在因村施策上，针对基础设施建设滞后、发展要素匮乏、产业培育薄弱等不同类型的贫困村，分类推进交通、水利、文化、金融、科技、电商、乡村旅游、就业培训、环境改善、村企结对十大行业精准扶贫行动；在因户因人施策上，根据贫困群众不同的致贫原因，深入推进产业带动、搬迁安置、转移就业、教育资助、医疗救助、低保兜底“六个一批”精准到户到人帮扶措施，取得了较好的扶贫脱贫成效①。

三、精准扶贫精准脱贫取得的历史性成就

2012年后，中国经济开始步入新常态，经济增长减速使得涓滴式减贫效应趋于减弱；但按2010年新标准衡量的贫困人口规模依然较大，且剩余贫困人群的贫困程度深、脱贫难度高。面临这样的严峻形势，党和政府把扶贫开发摆在更加突出的重要位置，通过实施精准扶贫精准脱贫，开创了农村反贫困事业新局面，脱贫攻坚取得了全面胜利，充分证明了精准扶贫方略的有效性和正确性。概括而言，党的十八大以来精准扶贫精准脱贫所取得的历史性成就，主要表现在以下几方面②：

第一，贫困人口大幅减少，贫困发生率持续下降。2013～2019年，全国农村贫困人口累计减少9348万人，平均每年减少1335.4万人；贫困发生率累计下降9.6个百分点，年均下降1.37个百分点（见图1-1）。分区域看，贫困地区③、集中连片特困地区、民族8省区减贫成效尤为突出，区域性整体贫困明显缓解。贫困地区2018年末农村贫困人口1115万人，比2012年末减少4924万人，减贫规模占全国农村减贫总规模的60%；贫困发生率从2012年末的23.2%下降至2018年末的4.2%。集中连片特困地区2018年末农村贫困人口935万人，比2012年末减少4132万人，减贫规模占全国农村减贫总规模的50%；贫困发生率从2012年末的24.4%下降至2018年末的4.5%。内蒙古、广西、贵州、云南、西藏、青海、宁夏、新疆民族8省区2018年末农村贫困人口603万人，比2012年末减少2518万人，减贫规模占

---

① “重庆2016年59.3万贫困群众脱贫885个贫困村销号”，《重庆日报》2017年1月14日。

② 下文相关数据全部更新至本书完成时。

③ 贫困地区包括集中连片特困地区和片区外的国家扶贫开发工作重点县。

全国农村减贫规模的31%；贫困发生率从2012年末的21.1%下降至2018年末的4.0%。

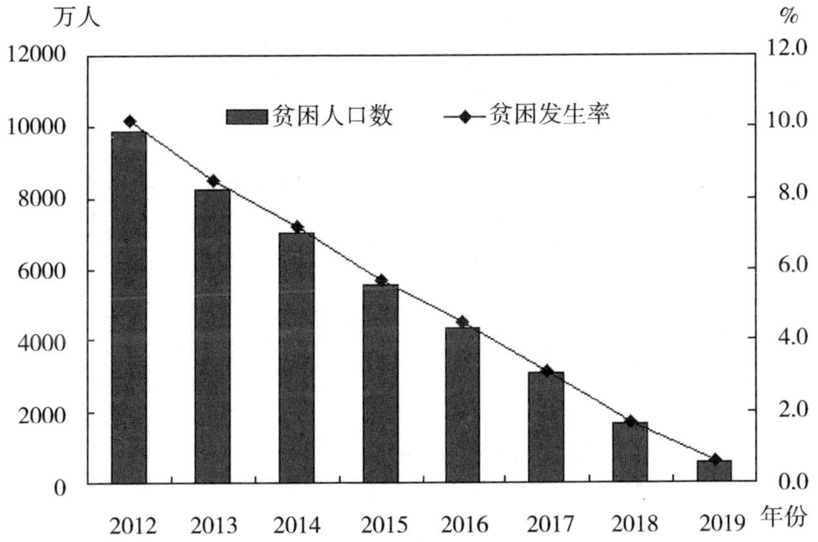

图1-1　党的十八大以来农村减贫成效（2013~2019年）

资料来源：国家统计局相关年份的全国农村贫困监测调查。

第二，贫困地区农民收入和消费保持较快增长，生活水平明显改善，同全国农村平均水平的差距缩小。（1）在收入方面：2019年，贫困地区农民人均可支配收入11567元，扣除价格因素，实际水平是2012年的1.9倍，年均实际增长9.7%，比全国农村平均增速快2.2个百分点。其中，集中连片特困地区2019年农民人均可支配收入11443元，扣除价格因素，实际水平也达到2012年的1.9倍，年均实际增长9.7%，比全国农村平均增速快2.2个百分点。2019年贫困地区农民人均可支配收入是全国农村平均水平的72.2%，比2012年提高了10.1个百分点。其中，集中连片特困地区农民人均可支配收入是全国农村平均水平的71.4%，比2012年提高了9.8个百分点。（2）在消费方面：2018年，贫困地区农民人均消费支出8956元，与2012年相比，扣除价格因素年均实际增长11.4%。其中，集中连片特困地区农民人均消费支出8854元，扣除价格因素年均实际增长9.3%。2018年贫困地区农村每百户拥有电冰箱、洗衣机、彩色电视机等传统耐用消费品分别为87.1台、86.9台和106.6台，分别比2012年增加39.6台、34.6台和8.3台，拥有量持续增加；每百户拥有汽车、计算机等现代耐用消费品分别为19.9辆、17.1台，分别是2012年的7.4倍和3.2倍，实现快速增长。（3）在居住方面：2018年贫困地区农民的户均住房面积为145.1平方米，比2014年增加18.3平方米；居住在钢筋混凝土房或砖混材料房的农户比重达到67.4%，比2014年上升了18.8个百分点；独用厕所的农户比重为95.9%，比2012年提高了4.9个百分点。

第三，贫困地区农村基础设施明显加强，公共服务水平显著提高。党的十八大以来，各级政府不断加大对贫困地区农村基础设施和公共服务建设的投资力度，"四通"覆盖面持续扩大，教育卫生文化设施配置逐步齐全。从表1－3可以看出，贫困地区的基础设施条件和公共服务水平有了较明显的改善，有效发挥了缓解多维贫困的作用。

表1－3　贫困地区农村基础设施与公共服务改善情况

单位：%

指标	2013年	2018年	变化
所在自然村能接收有线电视信号的农户比重	79.6	98.3	18.7
所在自然村进村主干道路硬化的农户比重	88.9	98.3	9.4
所在自然村能通宽带的农户比重	71.8	94.4	22.6
所在自然村能便利乘坐公共汽车的农户比重	56.1	71.6	15.5
所在自然村上幼儿园便利的农户比重	71.4	87.1	15.7
所在自然村上小学便利的农户比重	79.8	89.8	10.0
所在自然村有卫生站的农户比重	84.4	93.2	8.8
所在自然村垃圾能集中处理的农户比重	29.9	78.9	49.0

资料来源：相关年份的《中国农村贫困监测报告》。

注："所在自然村能通宽带的农户比重"指标数据于2015年首次公布，故表中该指标数值为2015年度数值。

第三节　中国反贫困实践的主要经验

改革开放以来，中国在长期反贫困实践中积累了许多经验，及时做好经

验总结，能使我们更加深刻地理解中国成功战胜农村绝对贫困的“秘诀”。概括而言，中国反贫困实践的主要经验有七条：坚持中国共产党对扶贫工作的全面领导，持续改善贫困地区发展条件与提高贫困人口自我发展能力，实现涓滴式减贫与瞄准式扶贫的有机结合，在涓滴式扶贫中形成了益贫式增长模式，着力提高瞄准式扶贫的实施绩效，促进开发式扶贫和保障式扶贫的相互协调，加强与完善对反贫困工作的组织实施和管理。上述经验，既能为中国后全面小康时代继续推进反贫困事业提供参考，也可以为世界上其他发展中国家开展减贫提供借鉴。

一、坚持中国共产党对扶贫工作的全面领导

改革开放初期，中国农村贫困发生率高、贫困程度深，如果没有强有力的统一领导，是难以完成极其艰巨的减贫任务的。中国共产党从诞生之日起，就将谋求最广大人民的根本利益作为自己的奋斗目标。努力消除贫困、实现共同富裕，既是社会主义的本质要求，也是中国共产党的初心使命。中国改革开放以来的反贫困实践，始终是在中国共产党的领导下开展的，中国反贫困事业所取得的举世瞩目成就，离不开中国共产党坚强有力的领导。确立和加强党对扶贫的全面领导，是中国各项反贫困工作顺利进行的根本保证，凸显了中国脱贫攻坚的独特政治优势。

习近平总书记指出“我们加强党对脱贫攻坚工作的全面领导……形成了中国特色脱贫攻坚制度体系，为脱贫攻坚提供了有力制度保障”①。改革开放以来党对反贫困工作的全面领导作用，主要体现在以下七个方面：一是提出和确立扶贫的基本理念，为开展扶贫奠定思想理论基础，尤其是习近平总书记关于精准扶贫的重要论述，丰富了中国特色社会主义扶贫理论，指导中国脱贫攻坚取得了决定性进展（燕连福、马亚军，2019）；二是明确不同时期的反贫困目标，根据形势变化制订阶段性的扶贫计划，充分体现党在反贫困中总揽全局、统筹谋划的领导作用，确保扶贫工作始终沿着正确方向前进；三是将扶贫工作纳入国家总体发展战略，整合到国家经济社会发展规划中去，使扶贫成为党和政府的一项重要工作，并通过改革发展为减贫创造有利的环境与条件；四是号召与动员各种社会力量参与扶贫事业，协调各方筹

---

① 习近平：《在打好精准脱贫攻坚战座谈会上的讲话》，《求是》2020年第9期。

措扶贫资源，使资金、人才、物资、项目、技术等资源集中投向贫困地区与贫困户，保证必要的扶贫投入；五是根据反贫困需要，科学制定并适时调整相关的制度和政策，使其有利于贫困地区发展和贫困人口脱贫，不断增强扶贫的实际效果；六是积极开展扶贫脱贫宣传工作，振奋贫困地区广大干部群众精神，营造氛围、凝聚人心，为脱贫提供强大的精神动力；七是建立健全党和政府的扶贫工作机制，推动各种扶贫计划与政策上通下达、贯彻落实，特别是在党的十八大后，进一步强化了脱贫攻坚领导责任制、严格扶贫考核督查问责，充分发挥基层党组织战斗堡垒作用，为脱贫攻坚提供了坚强的政治与组织保障。

二、持续改善贫困地区发展条件与提高贫困人口自我发展能力

贫困的形成有区域和个体两方面的原因——从区域层面看，贫困地区大多地理位置偏远、生态环境脆弱、基础设施缺乏，由此导致资本积累不足、经济发展落后，难以摆脱贫困状态；从个体层面看，贫困人口的生计资本水平普遍偏低，劳动技能和参与市场竞争能力较弱，靠自身力量难以维持基本生活。为此，改革开放以来，中国一直致力于改善贫困地区发展条件和提高贫困人口自我发展能力，帮助贫困地区逐步改变落后面貌，促进贫困人口生计资本持续提升，有效推动了减贫进程。

在改善区域发展条件方面，中国将加快贫困地区的农村基础设施建设放在突出重要位置。自“八七”扶贫攻坚计划实施以来，政府一直鼓励基础设施投资往贫困地区倾斜。贫困地区水利、电力、交通、通信、能源、环境等基础设施的投资建设力度持续加大，“四通”覆盖面不断扩大，生产生活条件获得较显著改善。由此带来的减贫效应集中体现为：增强了贫困地区和贫困农户的生产能力，促进了资本积累、经济发展和收入增长；降低了农产品交易成本，拓展了农产品市场空间，提高了农业经营收益；加快了资源要素的跨地区流动，为转移就业、资本下乡和技术扩散提供了有利条件，使贫困地区逐步走出低水平陷阱。另外，中国政府还在贫困地区实行了各种优惠政策，一定程度上弥补了这些地区在先天发展条件上的劣势，促进了贫困地区竞争力的提升。

在提高人口自我发展能力方面，中国长期坚持“治贫先治愚、扶贫先扶智”的理念，注重加强贫困人口的自扶。早在“八七”扶贫攻坚计划中，就

提出了“以现有资源和条件为基础，实现自我减贫，进而脱贫致富”；2001年颁布的《中国农村扶贫开发纲要（2001－2010年）》，又指出“提高贫困农户自我积累、自我发展能力，是贫困地区脱贫致富的根本出路”；2011年颁布的《中国农村扶贫开发纲要（2011－2020年）》，再次强调要“更加注重增强扶贫对象自我发展能力”。可见，提高贫困人口自我发展能力，成为中国扶贫工作长期坚持的一个基本方针。从具体实践看，中国政府从教育培训、医疗卫生、金融服务、产权改革等多方面入手，努力帮助贫困人口提升生计资本水平、增强自我发展能力，重点举措包括实施贫困地区义务教育工程、组织贫困劳动力参加职业技能培训、建立新型农村合作医疗制度、积极开展扶贫小额信贷、实行承包地“三权分置”等。通过一系列政策“组合拳”，贫困人口的自身“造血”功能趋于增强。

三、实现涓滴式减贫与瞄准式扶贫的有机结合

涓滴式减贫与瞄准式扶贫是国际上通行的两种反贫困策略。涓滴式减贫通常并不给予贫困地区或贫困人群特别的优待，而是通过发展经济间接地使利益惠及这些地区和人群，以此带动他们脱贫；而瞄准式扶贫则直接针对贫困地区和贫困人群采取帮扶措施，旨在把有限的扶贫资源准确地传递到扶贫对象上，进而较精准地实现减贫目标。这两种策略各有优劣：涓滴式减贫将减贫建立在经济增长基础上，无须制定实施专门的反贫困政策，但问题在于经济增长不必然在任何时候都能很好起到减贫作用；瞄准式扶贫具有明确的指向性，有助于更加直接地提高贫困人口的福祉，但实践中往往存在瞄准有偏差、瞄准成本高、扶贫开支过大等弊端。在发达国家，由于基本消除了绝对贫困，贫困分布具有点状特点，因此扶贫以瞄准式为主；而在经济增长较快的发展中国家，涓滴式扶贫和瞄准式扶贫均发挥着重要作用。

中国改革开放以来的反贫困历程，也体现了涓滴式减贫与瞄准式扶贫的有机结合，既充分利用经济发展红利缓解贫困，又积极依靠“靶向治疗”精准帮扶贫困群体。无论是涓滴式减贫还是瞄准式扶贫，都取得了较为显著的成效。在涓滴式减贫上，经济增长成果较好惠及广大贫困人群，经济发展成为减贫的重要动力源；在瞄准式扶贫上，从起初的无瞄准到实施县域瞄准为主，再将瞄准重点转向村域，最终形成“片区＋家庭”双重瞄准，瞄准机制不断完善、扶贫资源漏损趋于减少，使贫困人群直接受益于反贫困政策。在

长期反贫困实践中，涓滴式减贫和瞄准式扶贫逐渐形成了一种互补关系——前者主要起到促进贫困人群收入增长与生活水平提升的作用，而后者在缩小贫困人群与非贫困人群相对差距上有突出优势；瞄准式扶贫缓解了涓滴式扶贫中出现的贫富差距扩大现象，为贫困人群在经济发展中争取到了更多利益。另外值得注意的是，在改革开放以来反贫困的不同阶段，上述两种策略的相对地位有所差异：在贫困率较高的时期，涓滴式减贫效应非常明显，对减少贫困起着主导作用；随着贫困率逐步下降及贫困人口分布变化，出现了经济增长减贫效应边际递减现象（林伯强，2003），由此，政府更加重视瞄准式扶贫，瞄准对象也越来越趋于精细化，有效增进了反贫困的效果。综上可见，努力实现涓滴式减贫与瞄准式扶贫的协调配合、优势互补，并随着贫困形势变化适时调整两者间的搭配模式，是中国减贫取得成功的又一重要经验。

四、在涓滴式扶贫中形成了益贫式增长模式

经济增长是减贫的必要但非充分条件：没有一定速度的经济增长，改善贫困人口福祉就成了“无源之水”；但经济增长也不一定能自发起到减贫作用，贫困人群未必都能从经济增长中普遍受益。正因为如此，涓滴式扶贫的有效性受到了一些质疑和批评。从世界各国减贫进展看，某些国家也确实存在经济增长良好或尚可、但贫困率未下降甚至攀升的现象。例如，进入21世纪后的尼日利亚就是一个典型，2003～2009年间，该国历年GDP增速均在6%以上，但贫困率却几乎未变①。经济增长与贫困之间的关系其实非常复杂，无论基于理论分析还是经验事实，都无法得到两者间的确定性关系。经济增长对贫困会带来何种影响，即涓滴式扶贫的效果如何，归根结底取决于经济增长的具体模式与结构特征。经济沿着不同路径发展，可能产生差异较大的减贫效应。

20世纪80年代以来，“益贫式增长”逐渐成为国际减贫领域的共识与共同行动（Kakwani & Pernia，2000）。实践已经证明，改革开放以来中国经济的快速增长有效促进了减贫，涓滴式减贫是农村贫困人口大幅减少的重要途

---

① 2003年和2009年的贫困率（按每天1.9美元的标准衡量）均是53.5%，详见世界银行WDI数据库。

径，尤其是在反贫困的初中期阶段，经济增长表现出明显的“益贫性”特点。农村贫困人口之所以能够普遍且较充分地享受到经济增长带来的红利，与中国经济增长特有的路径选择与结构模式是分不开的。具体而言，中国的经济增长，主要是从城市化、工业化、市场化和全球化四条路径作用于减贫的：首先，城市化与工业化促进了农村剩余人口大规模地向城市和非农部门转移，这一方面拓宽了贫困人口的非农就业渠道和非农收入来源；另一方面也缓解了农村人多地少的矛盾，有利于贫困农户农业经营收入的增长。其次，中国遵循了传统的工业化模式，从产业结构变化来看，制造业和建筑业长期保持了较高的比重，服务业内部传统服务业的占比也相对较高且较为稳定。由于制造业、建筑业和传统服务业对低技能劳动力的需求量较大，使得非农产业增长有效带动了农业转移劳动力就业，进而促进了农村减贫。相比之下，印度产业结构主要是从农业转向服务业，虽然离岸服务业造就了“世界办公室”，但其吸纳农村人口就业的作用微弱，缺乏消除贫困的功能。再次，中国通过积极推进农村市场化进程，逐步增强了贫困地区和贫困人口的自我“造血”能力。特别是随着贫困地区基础设施的改善，贫困地区和贫困人群能够更方便地对接大市场，加快市场要素的空间流动，这对打破贫困陷阱有重要意义。最后，从全球化角度考察，改革开放后中国积极融入经济全球化进程，充分利用人口红利带来的劳动力成本优势承接国际产业转移。尽管所承接的产业多为劳动密集型的，附加值并不高，但却为低技能的农村剩余劳动力提供了大量就业机会，使农村贫困人口也能分享到全球化产业分工的利益①。由上可见，中国改革开放后的经济增长无疑属于益贫式的增长，中国所选择的城市化、工业化、市场化与全球化路径，总体上充分发挥了经济增长的减贫作用，使广大贫困人口普遍受益于涓滴效应，在国际上树立了涓滴式减贫的成功典范。

五、着力提高瞄准式扶贫的实施绩效

对于瞄准式扶贫，扶贫效果主要取决于扶贫资源投入与扶贫瞄准效率两大因素（Fiszbein etc，2013）。在资源投入既定的情况下，瞄准效率的重要性

① 在参与国际产业分工的过程中，中国农村剩余劳动力和农村贫困人口获得的相对利益虽然偏低，但确实使自身收入实现了较快增长，较有效地促进了脱贫。

就凸现出来。提高瞄准效率的目标是降低挤出率和漏损率，确保有限的扶贫资源能够更加精准地落到真正的贫困人口上。有研究表明，瞄准失效的扶贫政策反而会加剧不平等（Sumarto etc，2000），因此，扶贫瞄准对象是否合理、瞄准精准度如何将直接关系到瞄准式扶贫的最终成效。

根据贫困人口分布特征变化适时调整扶贫瞄准机制，促进瞄准对象的精细化，是中国在瞄准式扶贫长期实践中得到的一条基本经验。改革开放以来，中国扶贫瞄准大体上经历了从无瞄准对象到县域瞄准、再到村域瞄准直至“片区 + 家庭”瞄准的发展演变过程。这种演变很大程度上是中国政府随着贫困人口分布变化，自主对扶贫瞄准机制进行适应性调整的结果。改革开放初期，全国农村总体上处于一种普遍贫困状况，客观上没有较强的扶贫瞄准需要①。进入 20 世纪 80 年代后，普遍性贫困现象有了较明显改观，贫困人口空间分布的集中化程度有所提高。于是，政府开始实行扶贫的县域瞄准，将贫困人口相对集中的贫困县作为扶贫的重点。在较高比例贫困人口集中分布于贫困县的情况下，以县为瞄准对象的扶贫机制无疑是有效的，起到了提高扶贫资源配置精度的作用。经过“八七”扶贫攻坚后，贫困县贫困人口数量下降较快，贫困县贫困人口占全国贫困人口的比例趋于降低②。如果继续坚持县域瞄准，必然加剧扶贫资源的渗漏与目标瞄准的偏离。为此，政府逐渐将扶贫瞄准对象从贫困县下沉到贫困村，提高对贫困人口的覆盖率③，这既使非贫困县的更多贫困人口获得了扶贫资源，也减少了扶贫资源漏出到贫困县非贫困户的现象。但是，由于农村内部贫富差距趋于扩大（村域内部同样如此），瞄准到村的机制因未能有效区分贫困户与非贫困户，在一定程度上也出现了瞄准失效现象。针对这种情况，进入精准脱贫攻坚期后，政府将建档立卡贫困户作为重点扶贫对象，建立了瞄准到户到人的机制，进一步提高了瞄准效率。此外，鉴于集中连片特困地区的贫困问题积重难返，贫困人口越来越高度集中到这些片区，政府又将 14 个集中连片特困地区作为扶

---

① 事实上，改革开放头几年的减贫主要依靠制度改革带来的经济发展红利，政府也没有明确提出扶贫瞄准对象。

② 到 2001 年，新调整后的 592 个国定贫困县仅覆盖了全国 61.9% 的贫困人口（龚冰，2007）。

③ 2001 年在全国范围内确定了 148131 个贫困村，覆盖了全国 83% 的农村绝对贫困人口（张磊，2007）。

贫开发主战场。由此，形成了“片区＋家庭”双重瞄准机制，这有利于更好实现“扶真贫、真扶贫”。

除了瞄准效率外，瞄准成本也是开展瞄准式扶贫需要考虑的重要因素。即使瞄准非常精准有效，但如果瞄准成本过于高昂，扶贫瞄准也难言有很好的绩效。扶贫瞄准成本包括管理成本、信息成本、调查成本和设计成本等（吴雄周、丁建军，2012），通常而言，瞄准成本会随着瞄准对象的逐步精细化而趋于上升。通过长期实践，中国在控制和降低扶贫瞄准成本方面也积累了一些行之有效的做法经验。例如，在精准扶贫精准脱贫攻坚阶段，各地探索出了不少既简便易行又能较精准识别贫困人口的方法。较典型的有湖北十堰的“六看一算”① 直观识别法、甘肃平凉的“五步”② 工作法等，这些经验大多进行了广泛推广。此外，各地还积极将大数据等新技术手段运用到精准识别中去，这也起到了降低瞄准成本的作用。

六、促进开发式扶贫和保障式扶贫的相互协调

开发式扶贫和保障式扶贫是反贫困的两种重要方式。改革开放以来，中国的反贫困实践经历了“救济式扶贫（狭义的、传统的保障式扶贫）为主→开发式扶贫为主→社会保障嵌入开发式扶贫→开发式扶贫与保障式扶贫协调并进”的演变过程。这种演变，较好顺应了贫困形势变化对扶贫工作提出的新要求，为实现脱贫攻坚目标提供了有力的支撑。20 世纪 80 年代中期，中国将开发式扶贫确立为扶贫的基本方针，推动了“输血式”扶贫向“造血式”扶贫的转变，逐步形成了“政府主导、社会参与、自力更生、开发扶贫”的开发式扶贫模式。扶贫开发既包括促进经济发展方面的内容，也涉及公共服务与社会事业发展。通过长期的扶贫开发，改变了贫困地区落后面貌，增强了贫困地区经济发展能力与贫困人口自我发展能力。中国通过开发式扶贫解决大规模贫困问题的做法，有利于最大限度利用经济增长的减贫效应，是在相对较短时间内大幅降低贫困率的秘诀所在。并且，由政府主导推

---

① “六看一算”指一看房、二看粮、三看劳动力强不强、四看有无读书郎、五看有无病怏怏、六看有些啥家当、算算家庭年收入账。

② “五步”分别是农户报、社内评，村民议、入户查，村级定、乡审核，两公示、一公告，实名管、动态调。

进的开发式扶贫也非常契合中国的体制特点，便于发挥政治优势，成为中国反贫困实践的一大鲜明特色。

不过，随着开发式扶贫的持续推进，这种扶贫方式的局限性也开始显露出来，如无法有效帮助老弱病残等特殊贫困人群脱贫、缺乏预防性保障机制（朱俊生等，2013）等。进入21世纪后，中国开始重视农村地区的社会保障问题，先后建立了新型农村合作医疗制度、农村最低生活保障制度、新型农村养老保险制度。与此同时，逐步将农村社会保障嵌入到扶贫开发工作中去，推动了开发式扶贫与保障式扶贫的结合。近年来，随着保障理念的深化与保障内容的拓展，保障式扶贫越来越强调“综合保障性扶贫”①。保障式扶贫的重要性进一步提升，与开发式扶贫的融合度也进一步提高，初步形成了两种扶贫方式齐头并进、共同发力的局面。保障式扶贫的日渐完善，从以下方面弥补了开发式扶贫的不足：第一，为老弱病残等丧失或缺乏劳动能力的贫困人口提供了兜底保障，帮助这些难以参与经济活动的特殊困难群体实现脱贫目标；第二，为脆弱人群提供了必要的风险化解机制，降低因风险冲击而返贫或致贫的概率，有助于巩固脱贫成果、预防贫困发生；第三，对于深度贫困人口而言，开发式扶贫往往见效较慢，此时保障式扶贫能解决“远水不解近渴”的问题。

从近几年的改革实践看，两种扶贫方式间的衔接与联动机制日趋完善，增强了反贫困政策的实施效果：一方面，开发式扶贫和保障式扶贫在教育扶贫、健康扶贫与农业保险等领域形成了衔接点，促进了两者的有机融合；另一方面，开发式扶贫与保障式扶贫通过取长补短、优势互补，渐入良性互动状态。特别值得一提的是，两种扶贫方式的协调搭配，使反贫困工作沿着分类扶持、因人施策的路径开展，在贫困成因复杂化的形势下提高了扶贫措施的针对性，并在治理现有贫困的同时加强了对贫困的事前预防。

① “综合保障性扶贫”与狭义的、传统的保障式扶贫有很大区别：狭义的、传统的保障式扶贫实际上是以社会救助为主体的救济式扶贫，比较局限于直接给予贫困人口物质帮扶，目的是维持贫困人口基本生活；而综合保障性扶贫注重统筹各类保障措施，建立以社会保险、社会救助、社会福利为主体，以社会帮扶、社工助力为辅助的综合保障体系，其反贫困功能远强于救济式扶贫。

七、加强与完善对反贫困工作的组织实施和管理

中国的贫困人口规模大、脱贫任务艰巨，之所以能在这种情况下取得突出的减贫成效，除了依靠科学的扶贫理念、方法与政策外，有效的反贫困组织实施和管理工作同样功不可没。改革开放以来，中国注重提升反贫困工作的组织管理水平，努力推动各项减贫行动更好落地生根、开花结果。具体而言，主要体现在以下几个方面：

一是建立了专门的扶贫开发领导机构——扶贫开发领导小组及其下设的办公室，为反贫困工作提供了强有力的组织机构保障。国务院扶贫开发领导小组及其下设办公室（即国务院扶贫办）统一领导全国扶贫开发工作，省、市、县三级政府也建立了相应的机构，分别指导各级扶贫开发工作。实践证明，扶贫开发领导小组的设立，较好避免了扶贫中“群龙治水、群龙无首”的混乱现象，确保了反贫困工作高效率开展。二是建立健全并严格落实扶贫责任制，将“谁来扶”的问题落到实处。在21世纪初，国家就明确提出了要“切实落实扶贫工作责任制”①，由省负总责、县抓落实。党的十八大后，进一步强化了脱贫攻坚领导责任制。在中央统筹、省负总责、市县抓落实的责任机制和“五级”书记一起抓的联动机制下，在农村创造性地实行了“五个一”帮扶行动（马文武、李中秋，2018）。此外，通过严格的扶贫考核评估与督查问责机制，压实了扶贫责任，确保脱贫成果经得起检验。三是在扶贫工作中向地方适度放权，鼓励地方自主创新。20世纪90年代中期以前，扶贫计划和资源分配权力主要集中于中央，1997年实行了扶贫“四到省”政策，责任、权力、资金、任务全部下放到省；2014年后，“四到省”又转变为“四到县”，责任、权力、资金、任务进一步下放到县，这对调动地方积极性与发挥地方信息优势有重要作用。同时，中央还鼓励地方结合本地实际情况，大胆试验、自主探索扶贫路径，由此促成了一大批地方扶贫典范。四是加强基层组织建设，发挥基层党组织战斗堡垒作用。将扶贫同基层组织建设有机结合起来，是中国扶贫开发的一大鲜明特点。特别是党的十八大以后，通过向贫困村派驻扶贫第一书记和扶贫工作队，切实提升了贫困村党组织的组织力，使脱贫攻坚的根基得到了夯实，打通了扶贫政策落地的“最后

---

① 《中国农村扶贫开发纲要（2001－2010年）》。

一公里”。五是推进扶贫中的协同协作机制建设，凝聚成脱贫攻坚的强大合力。在政府内部，以扶贫开发领导小组及其办公室为“中枢”，促进不同职能部门间分工协作、资源共享、信息互通；在地区之间，积极开展东西部扶贫协作，实现东部帮西部、先富帮后富；从全社会看，引导各方面力量以多种形式参与扶贫开发，逐步形成了大扶贫格局。六是完善扶贫资金管理机制，提升扶贫资金使用绩效。从1986年开始实施大规模扶贫开发以来，中国一直非常重视扶贫资金的管理工作，对扶贫资金作出了较严格的规定，努力促进资金的科学分配与合规使用。进入精准扶贫精准脱贫阶段后，进一步加强了资金整合力度，提高了资金使用的针对性和效果。

第四节　中国反贫困实践的世界意义

中国改革开放以来在减贫方面取得的伟大成就，在人类发展历史上是十分罕见的。通过长期的扶贫开发，中国不仅基本消除了国内的绝对贫困，而且为全球减贫事业作出了巨大贡献。这一贡献主要表现在三个方面：一是在直接减少全球贫困人口、缓解全球贫困状况上发挥了重要作用；二是为全球减贫事业提供了中国经验与中国方案；三是积极支援其他发展中国家减贫。

2000年9月，联合国在千年首脑会议上提出了在2015年之前实现极端贫困人口减半①的目标。据世界银行统计，从1990年到2012年，全球极端贫困人口减少了54.2%，提前3年完成了原定目标。在1990～2012年全球减少的极贫人口中，中国就贡献了63%。如果不包括中国，其他国家在这一时期只减少了其1990年极贫人口的32.7%。也就是说，假如没有中国的突出贡献，极端贫困人口减半的目标就要延期完成。按每天1.9美元（2011年购买力平价）的标准衡量，从1990年到2015年，全球贫困人口累计减少了11.69亿人，中国贫困人口累计减少了7.42亿人，中国对全球贫困人口减少的贡献度达到了63.5%。如果没有中国贫困人口的大规模减少，世界范围内的贫困状况将变得非常严峻。另外，中国贫困发生率与贫困缺口率的下降幅度，均明显高于其他国家和全球平均水平（见表1－4和表1－5）。与中国发

① 以1990年作为基年，按每天1美元（1985年购买力平价）标准衡量。

展水平较接近的印度，其减贫规模和成效远远落后于中国。由此可见，中国在直接减少和缓解全球贫困方面发挥了举足轻重的作用，有力推动和加快了全球减贫的进程。

表1-4　贫困发生率变化的国际比较

单位：%

区域＼年份	1990	1993	1996	1999	2002	2005	2008	2011	2014	2015
东亚和太平洋地区	61.3	53.7	40.9	38.5	29.7	18.9	15.3	8.6	–	2.3
其中：中国	66.2	56.6	41.7	40.2	31.7	18.5	14.8	7.9	1.4	0.7
南亚地区	47.3	44.9	40.3	–	38.6	33.7	29.5	19.8	–	–
其中：印度	–	45.9	–	–	–	–	–	21.2	–	–
拉美和加勒比地区	14.8	14.0	13.7	13.5	11.8	9.9	6.9	5.7	–	3.9
中东和北非地区	6.2	7.0	6.2	3.8	3.4	3.1	2.7	2.7	–	4.2
撒哈拉以南非洲地区	54.7	59.6	58.9	58.3	55.3	50.8	48.0	45.0	–	41.0
全球	35.9	34.0	29.4	28.6	25.5	20.7	18.2	13.7	–	9.9

资料来源：世界银行 WDI 数据库。

注：①贫困发生率按每天1.9美元（2011年购买力平价）的标准计算；②2015年后的数据未公布。

表1-5　贫困缺口率变化的国际比较

单位：%

区域＼年份	1990	1993	1996	1999	2002	2005	2008	2011	2014	2015
东亚和太平洋地区	22.4	19.3	12.9	12.3	9.1	4.9	3.8	1.8	–	0.5
其中：中国	24.1	20.3	12.9	13.1	10.1	4.8	3.9	1.8	0.3	0.2
南亚地区	13.2	11.9	10.2	–	9.4	7.9	6.6	3.9	–	–
其中：印度	–	12.0	–	–	–	–	–	4.3	–	–

续表

区域＼年份	1990	1993	1996	1999	2002	2005	2008	2011	2014	2015
拉美和加勒比地区	6.1	5.9	5.9	5.8	4.7	4.0	2.8	2.4	–	1.3
中东和北非地区	1.2	1.3	1.2	0.7	0.6	0.5	0.5	0.5	–	1.0
撒哈拉以南非洲地区	24.6	28.1	27.5	26.8	24.7	21.6	19.5	17.7	–	15.7
全球	12.7	12.0	9.8	9.5	8.2	6.3	5.4	4.1	–	3.0

资料来源：世界银行 WDI 数据库。

注：①贫困缺口率按每天 1.9 美元（2011 年购买力平价）的标准计算；②2015 年后的数据未公布。

有研究发现：从反贫困历史进程看，世界上绝大多数发达国家将贫困发生率①降至 10% 以下都经历了 100 年以上的时间；而进一步将贫困发生率从 10% 降低到 3% 以下，除了日本只用了 10 年左右时间外，其余国家耗时 30 年至 70 年不等（Bourguignon & Morrisson，2002）。与之相对照，作为一个初始贫困程度很高的发展中大国，中国能在短短 40 多年内全面消除绝对贫困，并使贫困人口生活水平不断提高，毫无疑问是创造了人类减贫史上的一个奇迹。中国取得的减贫成就，一方面证明了发展中国家完全可以依靠自身努力摆脱贫困，另一方面也提振了其他发展中国家战胜贫困的信心。近几年来，国际社会对中国的减贫成就和经验给予了高度评价：联合国开发计划署前署长海伦·克拉克指出："中国最贫困人口的脱贫规模举世瞩目，速度之快也是绝无仅有。"② 联合国秘书长古特雷斯表示："中国已实现数亿人脱贫，中国的经验可以为其他发展中国家提供有益借鉴。"③ 而在世界银行原行长金

① 指绝对贫困发生率，下同。

② 《中国成全球减贫火车头：贡献率超 70% 规模速度领先》，《人民日报》2017 年 6 月 26 日。

③ 《联合国秘书长：中国减贫经验为发展中国家提供有益借鉴》，中国网/中国扶贫在线，2017 年 10 月 11 日，http：//m.china.com.cn/appdoc/doc_ 1_ 26_ 521056.html。

墉看来，“中国解决了8亿人口的贫困问题，这是人类历史上最伟大的故事之一，中国的扶贫经验值得中等收入国家借鉴”①。国际社会在盛赞中国减贫成就的同时，也对学习中国减贫经验表示出强烈兴趣。许多发展中国家和国际减贫组织的官员不远万里来到中国取经，考察中国的扶贫实践并从中获取经验。中国也积极开展国际扶贫减贫培训，向国外学员分享中国反贫困经验。例如，中国国际扶贫中心从2005年起举办国际减贫研修班，截至2018年底已举办了139期，对来自133个国家的3758名政府官员与扶贫工作者进行了专题培训②，有力促进了中国减贫智慧和方案向全球范围的推介。中国长期以来在扶贫开发上所积累的经验，特别是精准扶贫方面的成功实践经验，已经并将继续为众多发展中国家开展扶贫行动和制定反贫困政策提供有益的启示与借鉴。

作为负责任的世界大国，中国在努力推进国内扶贫开发的同时，也积极地参与国际减贫合作，并为其他发展中国家的减贫提供力所能及的援助，切实承担起了在反贫困领域的国际义务。2015年9月26日，习近平主席在联合国总部出席南南合作圆桌会时宣布，未来5年中国将向发展中国家提供“6个100”项目支持，其中就包括100个减贫项目。到2019年末，这100个减贫项目均已落实，遍布亚洲、非洲和拉丁美洲的各个发展中国家，对这些国家的减贫起到了助推作用。让众多受援国尤为钦佩和赞赏的是，中国目前倡导的国际减贫合作新机制，有别于西方国家设立的援助机制，不附加任何政治条件，而且采用参与式的方式，充分考虑受援国基层社区百姓的需求（谭卫平，2018）。这种新型的国际减贫合作模式，既增强了受援国的平等感，也给广大受助贫困者带来了更多实实在在的好处。

---

① 《世行行长：中国扶贫经验值得中等收入国家借鉴》，中国网，2017年10月13日，https：//news. china. com/internationalgd/10000166/20171013/31568600. html。

② 相关资料由中国国际扶贫中心提供。

第二章

后脱贫时代要解决的主要贫困问题

中国在2020年实现现行标准下农村贫困人口全部脱贫、贫困县全部摘帽之后，并不意味着贫困问题就得到了彻底解决，也不意味着中国今后将没有贫困人口。当前，部分农户脱贫的质量不高、稳定性不强，一些贫困边缘户也存在未来陷入贫困的可能，降低这两类人群贫困脆弱性的任务艰巨。作为正在经历城乡结构深刻转型的发展中大国，中国已经出现并将继续面临农业转移人口（农民工）①、农村留守人群和失地农民的贫困现象，这一系列同城乡二元结构转变相伴的转型性贫困②问题，仍是中国2020年后反贫困绕不开的难题。贫困具有不同的类型与形态，2020年后，虽然按现行标准衡量的绝对贫困基本消除，但相对贫困、发展型贫困仍将长期广泛存在，反贫困的重点将从绝对贫困转向相对贫困、发展型贫困。另外，资产贫困、健康贫困、教育贫困、精神贫困等非收入贫困现象仍较突出，消除多维贫困依然任重道远。由上可见，中国在后脱贫时代要解决的贫困问题，无论从广度还是深度上看都将变得更加复杂，因此，需要准确研判未来贫困的发展趋势，更好推进后脱贫时代反贫困事业的发展。

---

① 党的十八大报告首次以“农业转移人口”取代了过去惯用的“农民工”称呼，本书也使用“农业转移人口”这一概念。

② 庄晓惠（2011）较早提出了“转型性贫困”概念，将受到社会经济、政治改革的影响而变得贫困的人称为“转型性贫困者”；高明（2018）认为“转型性贫困”是由城市化和工业化引起的；李小云、许汉泽（2018）将在城乡二元结构限制下，快速城市化和工业化进程催生大量贫困人口的现象称为“转型贫困”。城乡二元结构转型是中国经济社会转型最重要的表现，因此，本书在以往学者对“转型性贫困”认识的基础上，提出转型性贫困是与城乡二元结构转变相伴的一种特殊贫困现象，主要包括农业转移人口贫困、农村留守人群贫困、失地农民贫困。

第一节　降低贫困脆弱性

贫困是动态变化的，我们不仅要关注当前存在的贫困，也要预判今后可能发生的贫困，从而增强反贫困工作的前瞻性。2020 年现行标准下农村贫困人口全部脱贫后，未来农村贫困的变化趋势如何？已经脱贫的农户会不会重新返贫？处于贫困边缘地带的农户，他们今后是否存在陷入贫困的可能？① 上述问题亟待研究回答。然而，以往对贫困的考察主要针对现有的贫困；相应地，各种反贫困政策也大多是围绕当下的贫困人群而展开的。这种即期、静态的分析，难以揭示贫困的动态变化，更无法对未来的贫困进行预测并采取事前预防措施。世界银行（2001）在《世界发展报告 2000/2001》中提出了“贫困脆弱性”概念，由此，贫困问题研究开始引入了前瞻和动态的视角。一旦将视阈转向“贫困脆弱性”，目前生活在贫困标准以上，但未来遇到风险冲击后可能陷入贫困的家庭②，也进入了研究范围之内。对家庭贫困脆弱性的考察，有助于我们更加准确地预测脆弱个体未来的发展状况，进而有预见性地制定反贫困政策，帮助脆弱人群实现可持续发展。

基于现行贫困标准考察，后脱贫时代农村居民的贫困脆弱性可理解为由于风险冲击，居民从现行贫困标准之上跌落到现行贫困标准之下的可能性。引致农户贫困的潜在风险，主要包括自然灾害、重大疾病和市场波动等因素。贫困脆弱性意味着农户面临着生活水平退步的可能，这无疑是 2020 年后巩固脱贫成果要着力避免的现象。运用“贫困脆弱性”理论进行分析可以发现，非高标准脱贫户和贫困边缘户③通常具有较高的贫困脆弱性，未来陷入贫困的可能性较大，应成为巩固脱贫成果期政策干预的重点对象。其中，对贫困边缘户特别需要提高重视程度，这是因为同建档立卡户相比，贫困边缘户较少享受到扶贫政策待遇（专栏 2－1），在缺乏有效外部支持的情况下，

---

① 这里的返贫和陷入贫困，均是指现行标准下的绝对贫困。

② 贫困脆弱性通常有三种量化定义，分别是预期的贫困脆弱性、期望效用的贫困脆弱性、风险暴露的贫困脆弱性，第一种定义的运用最为广泛，本书也采用该定义。

③ 贫困边缘户指未建档立卡，但收入和生活水平仅略高于贫困标准的困难户。

其贫困脆弱性程度可能会更高。

专栏2-1　建档立卡贫困户与非建档立卡边缘户间的政策“悬崖效应”

在精准扶贫精准脱贫攻坚阶段，建档立卡贫困户享受到了许多扶贫政策，得到了较多扶贫资源的支持。由于物力财力有限，大量未建档立卡的贫困边缘户只能享受一些农村普惠型政策，没有或很少获得扶贫特惠待遇，从而产生了政策的“悬崖效应”。尤其是在产业补贴、危房改造、易地搬迁、医疗报销、就业培训等方面，两类人群的待遇反差很大。以医疗报销为例，据国家统计局宁夏调查总队的抽样调查结果，宁夏建档立卡户的自付费用比例一般不超过10%，而边缘户的自付比例则在40%以上，两者相差甚远。这种现象导致许多边缘户产生了较明显的心理落差，降低了边缘群众的获得感与满意度，也在一定程度上加大了贫困边缘群体的贫困风险。正因为如此，2019年中央经济工作会议明确提出“研究解决那些收入水平略高于建档立卡贫困户的群体缺乏政策支持等新问题”。2020年后，仍需进一步加强对贫困边缘人群的扶持。

农户的贫困脆弱性程度同时受到外部风险冲击和自身抵御能力的影响，基于这两方面考察，当前的非高标准脱贫户和贫困边缘户均面临着较高的贫困脆弱性，如果不采取适当的政策干预和保护性举措，他们是有可能在将来落到贫困标准以下的。先从外部风险冲击角度看，自然灾害、重大疾病、市场波动是今后引发返贫与新增贫困的重要诱因。尽管通过数年的易地扶贫搬迁，许多农村贫困人口已经搬离了穷山恶水之地，但因各种原因，非高标准脱贫户和贫困边缘户中仍有一部分还居住在发展条件较差、生态环境较恶劣的区域。频发的自然灾害依然是这些人群日常生产生活所面临的威胁，因灾受损而致贫返贫的概率较高，脱贫成果很可能因一场重大灾害而化为乌有。退一步讲，即便是发展条件与发展水平较好的地区，一旦遇到较严重的自然灾害，也容易引发新的贫困，而非高标准脱贫户和贫困边缘户自然是首先面对。如2016年6月江苏盐城遭遇了强对流天气与特大龙卷风冰雹双重自然灾害，就导致当年新增返贫人数明显增加①。人口的健康水平与其经济条件密

① 张新星：《脱贫再返贫的原因分析及防范机制》，《决策参阅》2018年第34期。

切相关，有调查资料显示，贫困人口的健康状况远远落后于非贫困人口①。相比一般农户，非高标准脱贫户和贫困边缘户的患病率通常也要更高一些。疾病尤其是重大疾病，已成为降低非高标准脱贫户和贫困边缘户的贫困脆弱性、巩固前期脱贫攻坚成果的“拦路虎”。近年来，中国越来越重视发挥市场机制在扶贫中的作用，产业扶贫、就业扶贫成为许多贫困户脱贫、贫困边缘户增收的重要途径。但随着农村市场化程度与农民市场参与度的不断提高，农户面临的市场风险因素也在同步增多。相比以往，由于和市场联系的紧密度提高，暴露在市场风险之下的场合增加，市场波动越发可能成为非高标准脱贫户和贫困边缘户致贫的外部诱因。

再从家庭或个人的风险抵御能力角度看，非高标准脱贫户和贫困边缘户的抗风险能力也弱于其他农户，在面对同样的负面冲击下，更容易跌入贫困状态。有研究表明，资本能有效规避风险，对农户收入波动具有缓冲作用（万广华等，2014）。因此，农户拥有各类资本的状况直接关系到其对风险冲击的抵御能力，进而影响贫困脆弱性程度。非高标准脱贫户和贫困边缘户无论在物质资本、金融资本、人力资本还是社会资本方面均较为薄弱，缺乏有效抵御风险的能力。以物质资本和金融资本为例，基于微观住户调查数据②的测算结果显示，家庭财产最少的10%农户所持有的净财产额为负，这表明该组农户几乎无法动用可支配资产来化解可能发生的风险。如果不得不通过举债方式来应对突发事件，尽管能暂时救急，但今后极易导致贫困程度的加重。

为了切实做到“脱真贫、真脱贫、不返贫”，使前一阶段的脱贫攻坚成果得到巩固并经得起历史检验，迫切需要直面非高标准脱贫户和贫困边缘户的贫困脆弱性问题，帮助他们积极寻求有助于减少风险冲击、增强风险抵御能力的对策措施，力争能够提前预防贫困现象的发生。前面的分析针对的是农村居民，至于城镇居民，也存在类似的贫困脆弱性③问题，区别只是在引发贫困的风险冲击类型等方面存在一些差异④，限于篇幅不再赘述。最后有

① 世界银行资助的卫生Ⅷ项目地区调查资料。

② 包括中国家庭金融调查（CHFS）和中国家庭追踪调查（CFPS）。

③ 城镇居民的贫困脆弱性，主要是相对贫困层面的脆弱性。

④ 例如，相比农村居民，城镇居民贫困脆弱性与自然灾害的关联度要小得多。

必要指出的是，贫困脆弱性是一种事前的预测而无法在当前直接观察到，这使得精准识别与帮扶贫困脆弱个体的难度大于现存贫困个体。为此，在加强贫困脆弱性理论研究的基础上开展对低收入家庭、弱势群体生活状况变化的前瞻性分析，加快建立健全降低贫困脆弱性的制度体系，是后脱贫时代反贫困工作的一项重要任务。

第二节　治理转型性贫困

发展中国家的现代化进程，很大程度上就是城乡二元结构向城乡一体化转型的过程。处于城乡二元结构转变阶段的发展中国家，在贫困问题的表现上有不同于发达国家的诸多特点，除了贫困类型与形态的结构性差异外，还反映在贫困主体方面。随着城市化的推进，发展中国家的农村人口大量流入城市，但他们中的一部分人因无稳定就业或就业收入低，成为城市中的贫困人群，这是许多发展中国家普遍面临的问题。可见，农业农村转移人口的贫困化，是发展中国家相对于发达国家所特有的一种贫困。另外，不同发展中国家转变城乡二元结构的路径不尽相同，这使得与二元结构转变相伴的转型性贫困问题，在不同发展中国家之间也呈现出一些差异化特点。例如，依赖于大规模征用农地的“土地城镇化”模式是中国城镇化的重要特征之一，由于征地补偿与后续生计安排等方面的制度缺陷，相当一部分失地农民沦为贫困群体，这导致失地农民贫困现象在中国表现得较为突出。结合中国实际情况，围绕同城乡二元结构转变密切相关的转型性贫困现象，本书重点关注三类特殊群体的贫困——农业转移人口贫困、农村留守人群贫困、失地农民贫困。现实中，这些群体的贫困现象早已出现，但遗憾的是在以往反贫困实践中的受重视程度并不高，针对性强、切实管用的措施也相对较少。在2020年后的减贫新阶段，迫切需要聚焦并着力治理好这三类特殊群体的贫困问题，这不仅有利于提高反贫困的绩效，也有助于加快城乡融合发展进程。

一、农业转移人口贫困

改革开放以来，随着城镇化的持续推进，农村剩余劳动力大量进入到城镇务工，逐步形成了介于农村居民与城镇居民之间的一类特殊社会群体——

农业转移人口。由此，除了原有的农村居民贫困与城市居民贫困外，还出现了农业转移人口贫困这种相对较新的特殊群体贫困现象。当前，农业转移人口贫困已经成为中国城市贫困的一个重要组成部分。在未来较长一段时期，中国的城镇化率还将进一步提升，农村人口向城镇转移的态势仍将延续，农业转移人口规模仍将有所增长。在这种形势下，农业转移人口贫困问题有可能变得更加突出。然而，以往扶贫的主要对象通常不包括农业转移人口，针对农业转移人口的扶贫工作还比较薄弱，无论农村扶贫体系还是城镇扶贫体系均没有赋予农业转移人口应有的地位。因此，2020 年后反贫困方略的设计，应当将解决农业转移人口贫困问题摆在重要位置，努力补上该领域的制度与政策短板，使农业转移人口更好分享城市经济社会发展的红利。

仅从个人收入角度看，当前绝大多数农业转移人口的收入不仅远远超过了农村现行收入贫困线，而且也高于当地的城镇最低生活保障线，但这绝不意味着大部分农业转移人口已摆脱了贫困状态。事实上，很多农业转移人口在经济上仍与农村老家连为一体，外出务工收入中的相当一部分是要汇回农村家中的，因此，按家庭总人口计算的人均收入就会大幅降低。更为主要的是，农业转移人口贫困是一种典型的多维贫困、相对贫困，而非传统意义上的绝对收入贫困。从表2－1 可见，农业转移人口在消费、教育、健康和居住等方面的贫困率，均明显高于收入贫困率，无论全国层面还是区域层面都是如此。除了表中列出的维度外，农业转移人口还普遍面临权利、精神等方面的贫困，如部分行业劳动合同签订率偏低、法定节假日的休息权利得不到有效保障、因收入低和工作压力大等原因而产生焦虑和自卑心理等。尽管同样居住在城市，农业转移人口与本地城镇居民相比，在收入、消费等生活水平的各个方面均有不小差距。特别是在公共服务上，很多农业转移人口因没有城镇户籍而无法同城镇居民一样平等享有各种社会福利，这不仅制约了农业转移人口生活质量的提升，也间接加重了他们在城市的生活负担。由上可见，积极缓解非收入方面的多维贫困、加快推进农业转移人口市民化，理应成为 2020 年后治理农业转移人口贫困的重点所在。

表 2-1 农业转移人口的多维贫困状况（贫困率）

单位：%

贫困维度	全国	东部地区	中部地区	西部地区	东北地区
收入	2.07	1.43	1.14	4.25	5.51
消费	12.33	12.06	11.08	17.01	15.65
资产	13.00	3.53	8.34	23.81	25.92
教育	11.29	11.87	10.18	12.79	9.06
健康	5.70	4.30	6.35	6.46	6.79
卫生厕所	27.22	25.70	12.06	44.27	27.03
沐浴设施	21.42	11.36	12.82	35.60	36.66

资料来源：郭君平、谭清香、曲颂：《进城农民工家庭贫困的测量与分析——基于“收入-消费-多维”视角》，《中国农村经济》2018 年第 9 期。

注：收入贫困采用世界银行每天 3.1 美元的标准，其他维度临界值限于篇幅不详细列示。可见原文。

二、农村留守人群贫困

农村留守人群包括留守儿童、留守老人和留守妇女，该群体是在农村（男性）青壮年劳动力大量转移到城市的背景下出现的，以户籍制度为核心的一系列城乡二元分割体制，是造成农村大规模留守人群的最主要原因。留守与贫困有着天然的内在联系（王晓毅，2015），家庭贫困迫使青壮年劳动力外出进城务工，但随着青壮年特别是男性青壮年的大量外流，农村家庭功能趋于弱化，导致留守人群陷入更深的贫困或面临新的贫困问题。与非留守人群相比，留守人群的贫困发生率通常更高。尽管缺少全国范围的公开统计数据，但从一些贫困地区的调查统计结果初步判断，确实存在这样的情况。例如，湖北恩施土家族苗族自治州的统计数据显示，截至 2015 年 6 月底，全州的农村“三留守”人员有 27.14 万人，其中贫困人口有 9.03 万人，占留守人员总数的 33.3%，该比例远远高于当地农村贫困发生率水平①。

留守人群的贫困有其特殊性，同非留守人群相比，该群体的贫困往往更

① 陈世强等：《全面小康和精准扶贫不可忽视的群体——关于解决农村“三留守”人员困难问题的调研报告》，《政策》2015 年第 12 期。

多表现在教育、营养、健康、心理和家庭照顾等方面，具有更显著的多维贫困特点。以儿童营养与健康贫困为例，诸多研究发现：相比非留守儿童，留守儿童的营养水平更低（邬志辉、李静美，2015；谈甜等，2017），而生长发育迟缓率则更高（刘稳等，2015；管雁，2019）。留守儿童、留守老人、留守妇女的贫困，既有共性也有差异性：就共性而言，三类群体均存在“心理贫困”现象，突出表现为情感上的孤寂等；至于差异性，留守儿童主要存在营养贫困和教育贫困问题，留守老人主要在生活照料与健康上面临困境，而留守妇女则更多面对生活与劳动超负荷的压力。通常认为外出劳动力通过汇回务工收入有助于缓解家庭经济贫困，但事实上，由于外出务工者大多进入的是城市低端就业岗位，工资较低且工作不稳定，对家庭留守成员的经济支持是有限的。还有少数在外务工者不尽家庭责任，极少甚至不向留守在家的父母、妻子和子女提供经济支持，这更是会加剧留守人群的经济贫困。

近年来，在外出务工返乡人员数量增加、中小城市落户条件放宽等因素的影响下，农村留守人群的总量出现了趋于减少的迹象①，但这绝不意味着留守人群贫困问题也将自然趋于缓解。我们应当认识到，当前农村“三留守”人员的总规模依然较大，并且，留守人群现象还具有复杂性和长期性，这决定了治理留守人群贫困问题要打“持久战”。2020 年之后，在农村留守人群贫困领域会出现老问题和新问题相互交织的局面。一方面，以往一些老问题尚未得到较好解决；另一方面，随着形势发展，将会有一些新因素影响到留守人群贫困状况的变化。例如，农村“一二三”产业融合是今后乡村产业振兴的基本路径，在此过程中，新产业新业态将不断涌现。但是，对于青壮年长期外出务工的农村家庭而言，很可能因为家中缺乏劳动力以及留守人员文化素质上的局限性，无法有效把握产业融合带来的机遇，难以通过参与新产业发展充分获益。如此，留守人群与非留守人群间的差距就会扩大，导致相对贫困问题变得更加突出。对于这种新老问题交织带来的挑战，需要认真谋划应对方案。

---

① 根据民政部统计，截至 2018 年 8 月底，全国共有农村留守儿童 697 万人，与 2016 年首次农村留守儿童摸底排查的数据 902 万人相比，下降了 22.7%。

三、失地农民贫困

土地是农民安身立命的基础，当农民失去土地后，如果经济补偿和就业保障等方面的措施不到位，其生计问题就会凸现出来，进而影响到经济社会的稳定与可持续发展。在中国的城市化和工业化进程中，国家因发展非农产业与城市建设的需要征用了大量耕地，使得许多被征地农民成了失地农民。有研究指出：2010 年中国失地农民总量达到 4000 万至 5000 万人，预计到 2030 年将增加到 1.1 亿人左右，其中，有 5000 万以上的农民处于既失地又失业的状态，而从动态来看，这一数字有可能达到 8000 万人①。尽管该预测是建立在一定前提假设基础上的，同实际结果相比必然会有误差，但不可否认的是，中国失地农民的人数规模是庞大的。因此，在城乡二元结构转变的过程中，需要高度关注这一类特殊群体。

在中国农村，土地不仅承载着作为农民生产资料的功能，还承载着农民社会保障的功能。所以，同有耕地的农民相比，土地被征用的失地农民，其贫困脆弱性程度往往更高，也更容易陷入贫困状态。多地对失地农民生活状况的调查均显示，失地后农民的收入水平和消费水平都有所下降，很多人面临“务农无田、务工无岗、低保无份”的窘境，有少数人甚至沦为绝对贫困。虽然从今后看，随着城镇化速度趋于放缓及城镇化模式加快转变②，征地规模和失地农民数量将有所下降，但在失地农民生计保障这一问题上仍丝毫不能掉以轻心。2017 年，国家对农村土地征收政策进行了调整，完善了征收补偿条例、提高了征收补偿标准，这对缓解失地农民贫困有积极作用。但是，有限的补偿金只能在一定时期内保障失地农民的基本生活，仅依靠征地补偿难以完全解决生计可持续性问题。当前，相当一部分农民在失去土地后面临生计资本不足的困境，难以充分适应身份与生活方式的转变；另外，由于配套政策尚不完善，失地农民还时常遭遇就业和自主创业方面的障碍，在享受城镇社保与公共服务上也未完全实现与城镇居民同等待遇。治理失地农民贫困依然任重道远，从根本上解决好失地农民贫困问题也将成为后脱贫时

---

① 《中国城市发展报告》编委会：《中国城市发展报告（2011）》，中国城市出版社，2012 年。

② 指的是从土地城镇化转向人口城镇化。

代中国治理转型性贫困的一项重要内容。

第三节 缓解相对贫困

将贫困分为绝对贫困和相对贫困是世界各国最普遍采用的一种贫困类型划分方法。绝对贫困是指在特定的社会生产和生活方式下，家庭或个人难以维持基本生活需要的状态。绝对贫困的特征表现在生产与消费两个方面：从生产角度看，绝对贫困表现为贫困者缺乏扩大再生产的物质基础，甚至难以维持简单再生产；而从消费角度看，绝对贫困主要表现为贫困者的收入难以满足基本的衣食住行需要，劳动力自身的再生产面临困难。至于相对贫困，是从比较意义上来认识与界定的，它通常指收入和生活水平显著低于社会平均水平的那种相对匮乏状态。相对贫困者在基本生活上通常并不存在明显困难，但因其同社会平均水平相比有较大差距，往往会产生被剥夺、被排斥的感觉。相对贫困区别于绝对贫困的一个显著特点在于——绝对贫困可以不断减少直至基本消除，但相对贫困作为一种不平等状态，只能设法缓解而不可能消除。

不同国家以及一国在不同时期要重点治理的贫困类型有所差异：在高收入国家，由于经济发达，人民生活水平普遍较高，处于绝对贫困状态的人口比例极低，因此这些国家反贫困的重点通常放在相对贫困上；但在中等收入国家和低收入国家，基本生活有困难的人口仍有较大规模，所以这些国家首要解决的是绝对贫困问题。对于一个国家而言，随着经济发展水平的提高，经由低收入、中等收入迈向高收入后，绝对贫困人口比重从长期看是趋于下降的，这是一种客观发展规律和演变趋势。这种变化规律决定了一国反贫困的重点从绝对贫困转向相对贫困是具有客观必然性的。

在改革开放初期，中国居民的收入和生活水平普遍较低，相当一部分居民尤其是农村居民的生活得不到温饱，同时，大多数农民只能勉强维持低水平的农业简单再生产。因此，当时所面临贫困的主要矛盾是农村绝对贫困。在这种情况下，中国的反贫困工作自然就聚焦于农村的绝对贫困上，各级政府致力于通过各种途径减少农村绝对贫困人口数量。改革开放后中国在不同时期所制定的（农村）收入贫困线①，均是绝对收入贫困线。经过长期不懈努力，特别是党的十八大以来实行精准扶贫精准脱贫后，中国农村绝对贫困人口持续减少，绝对贫困发生率大幅下降。党的十九大报告明确提出“确保二〇二〇年我国现行标准下农村贫困人口实现脱贫，贫困县全部摘帽，解决区域性整体贫困”，脱贫攻坚自此进入决战决胜阶段。2020 年之后，随着步入全面建成小康社会新阶段，中国以现行标准来衡量的绝对贫困现象基本消除。

在基本解决绝对贫困问题之后，中国的反贫困事业将进入到一个新的时期，相对贫困成为新时期反贫困要面对的贫困主类型。正因为如此，党的十九届四中全会提出了“建立解决相对贫困的长效机制”的新要求。事实上，中国的相对贫困现象早已有之，只不过以前在面临大规模绝对贫困人口、贫困主要矛盾集中在绝对贫困方面的情形下，缓解相对贫困不如消除绝对贫困显得那么紧迫，因此尚未摆在突出重要位置而已。然而，需要正视的是，自 20 世纪 90 年代以来，中国居民的收入、消费与财产不平等程度总体上趋于扩大，相对贫困现象变得越来越突出。根据世界银行测算，中国的基尼系数②从 1993 年的 0.321 上升到 2012 年的 0.422；另据国家统计局公布的结果，自 2003 年以来，中国基尼系数长期高于 0.4 的国际警戒线水平，尽管 2008 年后出现过短期小幅下降，但 2016 年、2017 年又有所回升。收入分组数据更清晰地揭示出中国的相对贫困及其变化情况，从城镇居民内部差距看（见表 2－2）：进入 21 世纪后，低收入户的人均收入，只是中等收入户的 40% 略高一些，还不到平均收入的 40%；低收入户的相对消费状况稍好于相对收入，但对比社会平均水平仍有较大差距。再从动态变化来看，近年来低收入户的相对收入水平，总体上呈现出下降的趋势，这在一定程度上反映出相对贫困形势有变得越来越严峻的迹象。如从农村居民内部或全体居民角度考察，也存在与之类似的情况。除了收入、消费与财产等经济因素外，中国公共服务的不均等程度也较高，低收入者和弱势群体享受公共服务的水平依

① 改革开放以来，中国共使用过三条不同的农村收入贫困线，分别是“1978 年标准”“2008 年标准”（在 2008 年正式明确使用，但实际使用时间始于 2000 年）和“2010 年标准”。

② 如无特别说明，本书的基尼系数均指收入基尼系数。

然偏低。因此，中国的相对贫困问题不容忽视。

表 2-2　城镇低收入居民的相对收入与相对消费水平

指标＼年份	2002	2004	2006	2008	2010	2012	2014	2016	2018
低收入户收入/中等收入户收入	0.455	0.446	0.445	0.434	0.442	0.462	0.421	0.413	0.409
低收入户收入/平均收入	0.394	0.387	0.388	0.385	0.398	0.421	0.389	0.387	0.367
低收入户消费/中等收入户消费	0.518	0.523	0.519	0.520	0.508	0.538	-	-	-
低收入户消费/平均消费	0.469	0.473	0.472	0.478	0.476	0.507	-	-	-

资料来源：根据相关年份《中国统计年鉴》相关数据计算。

注：①表中的收入指人均可支配收入，消费指人均消费支出；②因收入统计口径有变化，故 2014 年及以后年份的数值同以往年份不完全可比；③2014 年及以后年份缺少不同收入组的消费数据。

从今后一段时期看，由于中国经济增长已步入减速阶段，低收入群体收入增长将面临较大压力；再加上产业转型升级、人工智能新技术发展等因素的影响，对劳动者素质与技能提出了更高要求，低收入群体在就业和增收方面将不可避免地面临诸多挑战。这有可能导致低收入群体收入与生活相对水平的下降，使相对贫困问题变得更加突出。另外，相比于绝对贫困，相对贫困更加隐蔽，对多层次、多体系的资源支撑有更高的要求（张赛群，2019），这进一步加大了相对贫困治理的难度。为此，应高度重视 2020 年后的相对贫困现象，及时跟踪居民收入、消费、财产与公共服务不平等的动态演变，尤其是密切关注低收入家庭与弱势群体的收支和生活状况变化，将缓解相对贫困作为反贫困工作的新重点。与此同时，抓紧研究有助于解决相对贫困的创新举措，逐步缩小居民间的收入与生活水平差距，努力实现共同富裕目标。

第四节 消除多维贫困

在早期的贫困理论研究与反贫困实践中，人们通常是从收入角度来认识与界定贫困的，将收入不足以满足家庭或个人基本需求的现象视为贫困，并根据家庭或个人的基本生活需要来确定收入贫困线，以此识别贫困群体。随着经济社会的发展与进步，社会各界对贫困的含义与表现有了新的认识，仅仅将贫困理解为收入的严重短缺显得过于狭隘与片面。20 世纪 70 年代，阿玛蒂亚·森（Sen，1976、1979）最先提出了多维贫困的概念，在他看来，贫困不单纯是满足基本需要的收入不足，还表现为在健康、教育、住房、公共服务等诸多方面处于困境。2001 年的《世界发展报告》（World Bank，2001）也从多维角度来界定贫困，报告提出“贫困不仅指物质的匮乏，也包括低水平的教育和健康；除此之外，还包括风险与面临风险时的脆弱性，以及不能表达自身的需求和缺乏参与机会”。可见，多维贫困是对收入贫困的发展，进一步丰富与拓展了贫困的内涵。进入 21 世纪后，世界各国越来越重视非收入方面的贫困，多维贫困概念由此受到广泛关注。联合国开发计划署（UNDP）推出了测度多维贫困的指标体系——多维贫困指数（MPI），涵盖了健康、教育和生活条件三个维度，成为衡量多维贫困状况的重要依据。

多维贫困与收入贫困既有联系又有区别。就关联性而言，两者是相互影响的：收入方面的贫穷，会导致贫困人口缺乏改善教育、健康、居住的经济条件，进而引发非收入方面的多维贫困；反过来，教育程度较低或健康状况不佳者，往往也难以赚取较多收入，从而易陷入收入贫困。但两者的差异也比较明显：收入贫困关注“投入”①，而多维贫困则关注“结果”②（Haughton & Khandker，2009）；另外，在贫困人口的识别机制上，两者也存在显著区别，这使得收入贫困人口与多维贫困人口中有一部分是不重叠的。对于收入贫困是否包含在多维贫困内，学界的认识并不一致：一种观点认为多维贫困只考察非货币方面的贫困，并不包括收入维度（王小林、Alkire，2009）；

① 即人们是否有足够收入用于购买满足基本生活需要的产品与服务。

② 即人们是否拥有了实现基本可行能力所需的产品与服务。

而另一种观点则将收入也视作多维贫困的一个维度，从而与教育、健康、生活条件等共同构成多维贫困（Santos，2013；Dhongde & Haveman，2014）。本书采用后一种观点，将收入贫困也纳入多维贫困范畴之中，这样能使多维贫困体现出在继承、吸纳收入贫困基础上的延伸与发展。

尽管贫困反映在多重维度、多个方面，但最首要的仍是经济层面的收入贫困，这也是贫困最直接的表现形式。对于贫困人群而言，提高可支配收入水平，有足够收入购买基本生活资料，是维持生计最急需解决的问题。因此，在贫困人群收入水平普遍很低、收入贫困线以下人口占比较高的情况下，收入贫困必然成为贫困的最主要表现形式，反贫困工作也势必聚焦于减少收入贫困。这时，尽管其他维度的贫困也同样存在，但并不居于核心地位，在反贫困政策优先顺序上通常也相对靠后一些。改革开放后的 40 多年中，特别是其中的前 30 年，中国反贫困实践的重点一直放在收入贫困方面，减少收入贫困线下的贫困人口数量、降低收入贫困率，是反贫困的最主要目标。至于贫困的其他维度，虽然在以往反贫困实践中也有所关注①，但重视程度总体而言不及收入维度。究其原因，一方面是由于增加贫困人口收入、解决贫困群体温饱显得更为迫切，另一方面则是因为非收入方面的贫困问题更加错综复杂。

从今后来看，观察与分析中国贫困现象的主导视角，将从较单一的收入贫困转向涉及面更广的多维贫困。在反贫困理论研究和实践工作中，非收入贫困势必会受到更高程度的关注，消除多维贫困也将成为未来反贫困的主攻方向。作出这样判断的主要依据为：第一，收入贫困问题已经得到了较大程度缓解。党的十八大以来，低于现行收入贫困线的人口规模大幅减少、收入贫困发生率持续降低；与此同时，贫困人口的收入也保持了较快增长。2020 年后，中国基本上消除了人均收入低于 2300 元/年（2010 年价格）的人口，这意味着收入贫困问题已获得了相当程度的改善。尽管提高贫困人口收入仍是今后反贫困的一项重要内容，但其相对重要性将有所下降。第二，非收入贫困问题突出，非收入贫困人口数量较多。有研究显示，中国农村多维贫困发生率高于收入贫困发生率（陈志钢等，2019）。特别是在某些维度上，贫

① 例如，《中国农村扶贫开发纲要（2011－2020 年）》提出的“两不愁、三保障”扶贫目标，就体现了对多维贫困的关注与缓解多维贫困的政策导向。

困发生率远远高过收入贫困率。以卫生设施、炊用燃料为例，上述两个维度上的贫困率，在 2016 年分别高达 31.9% 和 19.1%（冯怡琳、邸建亮，2017）。另外，还有不少人口虽无收入贫困但却面临其他维度的贫困。肖荣荣等（2018）的研究发现，在所有贫困农户中，若按照国家扶贫标准，有 36.39% 的农户摆脱了收入贫困，但他们仍是多维贫困户①。更值得关注的是，在这类非收入贫困户中，有相当一部分并没有被识别为贫困人口，从而未成为扶贫对象。有调研分析结果显示，在非收入贫困的多维贫困户中，非建档立卡户的比例高达 38%②（高明、唐丽霞，2018）。立足长远，随着经济社会发展，多维贫困的维度将趋于拓宽、标准也将逐步提高，那时非收入贫困现象有可能变得更为突出。第三，从全面改善贫困人口生活与实现可持续减贫的角度看，非收入维度反贫困的意义格外重要。单纯增加贫困人口的收入，对改善其公共服务受益状况并无多大作用。要全面提高贫困群体的生活水平与质量，除了促进收入增长外，还需要大力推进基本公共服务均等化，更充分发挥公共服务在反贫困中的功能。此外，鉴于提升人力资本是实现稳定脱贫、防止长期贫困与跨代贫困的基础条件，教育和健康投资在今后反贫困中的作用也需要进一步加强。

第五节　改善发展型贫困

随着经济社会发展与人们需求层次的提高，人类社会的主要贫困形态，大体上沿着生存型贫困、温饱型贫困到发展型贫困的路径演变。贫困主形态的这种演进趋势，实际上是人类需求层次变化规律决定的③。马斯洛的需求层次理论将人类需求分为生理需求、安全需求、社交需求、尊重需求和自我实现需求五个递进的层次，随着生活的改善，贫困群体的需求也将从最底层次的生理需求往更高层次的其他需求逐级提升。因此，在达到一定发展水平后，贫困主要形态往发展型贫困方向演变是一种客观趋势。

---

① 这是根据中国家庭动态跟踪调查（CFPS）2014 年数据得到的研究结果。

② 这是对 2016 年全国农科学子助力精准扶贫社会实践调研数据进行分析得到的结果。

③ 贫困群体作为一类特殊人群，也符合需求层次演变的一般规律。

发展型贫困相比生存型贫困、温饱型贫困有较大差别。生存型贫困通常是一国经济发展水平较低时面临的贫困主形态，主要指贫困群体缺少最基本生活所需的物质资料、无法维持最基本生计的赤贫状态。当食物和衣物的供给得到最低限度的保障后，贫困者将不再面临生存上的威胁，从而摆脱生存型贫困。但是，由于抵御外部风险能力弱，刚消除生存威胁贫困者的生活不稳定，生活水平依然很低，在较长一段时期内，他们仍将处于生活困难的温饱型贫困状态。温饱型贫困可以看作生存型贫困的一种延续，其生活状况相比生存型贫困仅略有改善。就贫困个体而言，很有可能因风险冲击等原因，从温饱型贫困重新跌落到生存型贫困。不同于属于绝对贫困范畴的生存型、温饱型贫困①，发展型贫困是相对贫困的一种形态。具体而言，发展型贫困是“在较好解决了吃饭、穿衣、经济、文化等基本生活问题的前提下，个体因如何谋求社会生活的进一步发展而面临的一种发展相对缓慢的生活状态”（谭贤楚、朱力，2012）。发展型贫困是较高层次的贫困形态，即使在已完全或基本消除生存型、温饱型贫困的经济发达国家与地区，仍将面临发展型贫困问题。发展型贫困涉及诸多非物质方面的内容，同贫困主体的持续发展能力密切相关，并且发展又是无止境的，这决定了改善发展型贫困状况必然会有较大难度，需要久久为功。

改革开放初期，中国农村地区的贫困形态以生存型贫困、温饱型贫困为主。在1978年，农村未解决温饱问题的贫困人口数量多达2.5亿人②。除了衣食短缺外，当时农村贫困群体在饮水、居住、出行等基本生活上往往也无法得到最起码的保障。受益于改革开放带来的红利，再加上扶贫工作的持续开展，中国在减少农村生存型、温饱型贫困方面取得了显著成效。党的十八大以来，属于以上两类贫困形态的农村贫困人口的总量大幅减少。随着低层次需求逐步得到满足，贫困农户开始在更高层次需求方面提出更多要求，这些需求涉及产业发展、养老服务、教育培训、医疗卫生、文化娱乐等诸多领域。但在目前，由于城乡二元经济社会体制、公共服务均等化程度不高等原

---

① 可以认为，生存型贫困是贫困程度相对较高的绝对贫困，而温饱型贫困是贫困程度相对较低的绝对贫困。

② 《中国农村扶贫开发概要》，中国政府网，2006年11月19日，http://www.gov.cn/zwhd/ft2/20061117/content_447141.htm。

因，贫困农户进一步改善生活、谋求发展还有较多困难。2020年后，农村地区的生存型与温饱型贫困基本消除，全体农民将过上小康生活。此时，农村的贫困主形态将迎来质的变化——即由原先较低层次的生存型、温饱型贫困全面转向较高层次的发展型贫困。放眼长远，对于大多数贫困农户来说，今后他们的主要需求，将不再是生存类需求，而是发展类需求；未来他们所遇到的主要困难，也将不再是基本生活方面的，而是推动产业兴旺、提升生活质量过程中的障碍。至于城镇地区，由于原先绝对贫困人口数量就较少、绝对贫困发生率较低，贫困形态的高级化演变过程早在20世纪末就已开始。21世纪以来帮扶城镇贫困居民的实践，也越来越注重在教育、培训、健康与就业等方面提供政策扶持。可以预期，2020年以后，发展型贫困作为贫困主形态的地位以及发展型反贫困政策的重要作用，在城镇地区将表现得比以往更加显著。

发展型贫困的实质是能力贫困和权利贫困（林闽钢，2016）。客观地说，在生存型、温饱型贫困为主要形态的阶段，能力贫困与权利贫困现象也是存在的，并且是导致经济贫困的重要原因。但是，由于提升贫困者能力、促进权利平等非短期内可以实现，再加上外部扶贫资源输入在消除生存型、温饱型贫困上能够发挥较大作用，使得能力贫困与权利贫困问题在反贫困初期阶段并不一定受到高度重视。然而，当贫困主要形态演进到更高层次的发展型贫困时，贫困人群的能力和权利问题会成为绕不过去的坎。能力与权利的缺失，既是阻碍（相对）贫困群体进一步改善生活的最主要“拦路虎”，也是导致贫困与非贫困群体发展差距趋于扩大的关键因素。事实上，近年来中国贫困人群的能力贫困与权利贫困所带来的负面影响，已经表现得比较突出。例如，在能力贫困方面，不少农村贫困户虽然在政府、企业等主体的多方力量帮扶下实现了脱贫，但因文化程度较低、劳动技能不强，缺乏持续增收的后劲，有的还面临较大返贫风险。再看权利贫困方面，不同社会群体间权利不平等现象依然大量存在，贫困人群相比非贫困人群更易遭受不平等待遇，贫困人口向上流动的阻力很大。所以，在2020年后，理应更加关注发展型贫困中的能力贫困和权利贫困问题，积极通过“赋权提能”为新时期的发展型贫困人口提供更好的发展机会与条件，帮助他们不断提高生活质量、增加获得感与幸福感。

第三章

后脱贫时代反贫困新方略的总体构想

2020年后，中国的反贫困事业将开启战略性变革的崭新篇章，与新时代全面建设社会主义现代化国家的战略安排相对接，助推社会主义现代化强国建设进程。本章以习近平新时代中国特色社会主义思想为指导，在总结40多年扶贫实践经验的基础上，从解决当前反贫困领域尚存的主要问题出发，根据未来贫困状况的变化趋势及特点，结合国际减贫愿景目标，提出了后脱贫时中国反贫困新方略的总体方案。

新时期中国的反贫困方略，将秉承以人民为中心、协调发展、共建共享、赋权提能、持续发展五大核心理念，紧密围绕巩固脱贫成果①、制定贫困新标准、缓解多维相对贫困与多维发展型贫困、提升贫困主体自我持续发展能力、降低贫困脆弱性和有效预防贫困、阻断贫困代际传递这六项重点任务，协同运用产业、就业、教育、健康、文化、生态、社会保障等各种反贫困手段，打好政策“组合拳”，从推动农村反贫困与乡村振兴有效衔接、实施高质量导向的扶贫开发、建立健全社会保护型反贫困新机制、探索事前事后双层结合反贫困模式、构建城乡融合的反贫困制度体系、完善面向弱势群体的反贫困政策体系、促进贫困治理体系适应性变革等七条路径入手，全面有序地开展反贫困工作。通过30年左右的持续不懈努力，使区域性相对贫困现象明显改善，个体性多维相对贫困从根本上得到缓解，相对落后地区与相对贫困人群的持续发展能力显著增强，到21世纪中叶基本实现共同富裕和高水平共享发展目标，全体人民普遍享有较高品质的生活。

---

① 专指巩固2013～2020年间精准扶贫精准脱贫攻坚取得的成果。

第一节　后脱贫时代反贫困新方略的核心理念

理念是行动的先导，是管全局、管根本、管方向、管长远的东西，一定的发展实践总是由一定的发展理念来引领的。确立反贫困的核心理念，是设计反贫困方略、实施反贫困行动的必要前提。改革开放以来，中国的反贫困实践始终在特定理念的引领下展开，中国反贫困事业所取得的成就，也是科学理念指引的结果。在深刻影响中国扶贫脱贫工作的各种理念中，对于那些具有根本性指导意义的基本理念，应当长期坚持；同时，随着时空条件变化，有必要赋予其新的具体含义与内容。此外，由于后脱贫时代中国的反贫困面临诸多新形势和新问题，这就需要我们审时度势、着眼长远，提出并树立顺应新时期反贫困要求的新理念，从而更好地指引今后的反贫困实践。

"以人民为中心"理念。"以人民为中心"是中国特色社会主义反贫困事业最具根本性的理念，它升华了全球反贫困理论中"以人为本"的价值追求，对中国反贫困实践有长期指导意义。贫困群众是人民的一部分，决不能丢下不管。将"以人民为中心"作为反贫困的根本理念，要求格外关心贫困群众的生活，通过做好反贫困工作切实践行党"为人民服务"的宗旨；要求从贫困群众的根本利益出发制定反贫困政策，使贫困群众有更多获得感与幸福感。结合2020年后中国面临的贫困新形势，在反贫困实践中贯彻"以人民为中心"理念，在具体含义及内容上将有一些新的特点：随着2020年后绝对贫困、生存型和温饱型贫困的基本消除，相对贫困、发展型贫困逐渐成为贫困的主类型和主形态。因此，今后要特别关注相对贫困群体、发展型贫困群体的生活，避免他们过度落后于经济社会整体发展步伐，努力使全体人民都能过上更高水平的美好生活。另外，在反贫困的不同阶段，贫困群体利益诉求的重点是有差异的，总体上呈现出需求层次不断提升的趋势特征。因此，2020年后的反贫困实践，要紧密围绕贫困群众在新时期最紧迫、最主要的需求来开展，适时调整工作重心。在保障基本生活基础上，更加注重满足贫困人群在人力资本、公共服务、经济社会权利、精神生活等方面的需求，这样才能最大限度增进贫困群众的利益福祉，与时俱进地体现以"人民为中心"的新时代内涵。

“协调发展”理念。2020年后，返贫与新增贫困、转型性贫困、相对贫困、多维贫困及发展型贫困带来的新问题和新挑战将层出不穷。各种问题和挑战彼此之间相互关联，缺乏统筹安排容易顾此失彼、影响全局。所以，要秉持“协调发展”的理念，加强顶层设计、妥善统筹协调，下好一盘棋，以此提高反贫困的整体效能。要协调好事后扶贫与事前防贫的关系，构建扶贫和防贫相结合的反贫困体系；要科学认识不同维度贫困间的内在联系，协调推进各个维度的反贫困工作；要把握好城市反贫困与农村反贫困的关系，在城乡融合发展进程中促进两者的联动；要优化贫困主体与非贫困主体间的利益分配关系，寻求兼顾效率与公平的平衡点；要协同推进物质扶贫、能力扶贫与精神扶贫，实现三者间的互促互进。“协调发展”理念本质上是坚持两点论和重点论的统一，在反贫困实践中贯彻“协调发展”理念，最关键的是处理好局部和全局、当前和长远、重点和非重点间的矛盾，使各方面的反贫困工作相辅相成、相得益彰。

“共建共享”理念。共享是中国特色社会主义的本质要求，坚持共享发展理念，使经济社会发展成果更多惠及贫困群众，既是后脱贫时代中国反贫困方略的应有之义，也是中国特色社会主义制度优越性的体现。共享是全面的共享，共享的内容除了发展成果外，还应当包括发展机会与发展过程。贫困群体之所以只能获得较少份额的发展成果，重要原因之一是他们在发展机会与过程中处于弱势地位①。因此，今后的反贫困实践，既要着力优化发展成果的共享机制，也要重视完善权利与机会的共享机制，使贫困人口有权利、有机会共享到实现发展所需的各种经济社会资源。共享是建立在共建基础上的，贫困人群之所以拥有分享发展成果的权利，能够成为发展成果的享有者，并不主要是基于社会伦理道德进行帮扶与救济的结果，而是因为他们也是发展成果的创造群体之一。在反贫困中践行共享发展理念，还应当坚持将共建作为共享的前提基础，倡导和鼓励贫困人口踊跃参与经济社会活动，通过为社会作出更多贡献而获得更多个人财富。对照“共建共享”的要求，中国进一步推进反贫困还面临贫困人口内生动力缺乏、共建参与不足的问题。因此，中国后脱贫时代的反贫困方略应进一步强化人们“共建才能共

① 例如，教育和就业机会的不平等将扩大居民收入差距，由于无法获得公平的教育和就业机会，贫困群体往往难以摆脱经济贫困状态。

享”的思想认识，尽最大努力调动和激发贫困群众主动参与经济社会建设的积极性，并通过完善相关制度安排为他们参与共建提供更多的机会和便利。

“赋权提能”理念。随着对贫困内涵理解的深入，人们越来越认识到贫困不仅是经济贫困，而且还包括权利贫困和能力贫困。与经济贫困相比，权利贫困和能力贫困是更深层次的概念，更为接近贫困的本质。“赋权提能”理念的提出，正是对权利贫困、能力贫困现象的回应，是权利贫困、能力贫困思想在反贫困实践理路中的体现。只有充分赋予贫困群体应有的经济社会权利、不断提升贫困人口参与经济社会发展的能力，才能彻底拔除导致贫困的“病根”。解决以权利贫困和能力贫困为核心的发展型贫困，是后脱贫时代中国反贫困实践面临的重大挑战，要攻克这一难点，牢固树立并积极贯彻落实“赋权提能”理念是重要前提。通过赋权，贫困人口将享有更多的知情权、参与权、决策权和监督权，由此逐步实现从被动服从者到积极参与者的转向；通过提能，贫困户将受益于能力提升带来的利益，从而提振改变贫困命运的信心与决心。另外，在反贫困视角下，“赋权”与“提能”也是相互关联的有机整体：一方面，经济社会各项权利的平等赋予，是以提高贫困人口市场竞争能力、社会参与能力为基本目标导向的；另一方面，当可行能力受到剥夺源于某些权利的缺失时，赋予相应的权利就成为提升可行能力的必要前提。

“持续发展”理念。对于相对贫困和发展型贫困来讲，反贫困是一个长期过程，只有连续不断的新起点而没有终点。这决定了制定与实施反贫困方案应具备长远眼光，兼顾短期利益和长期福祉，既要努力解决贫困主体当前的发展困境，也要注重提升贫困主体今后的持续发展能力。在前一阶段的精准扶贫精准脱贫实践中，由于脱贫的时间紧、任务重，为了赶进度、完成指标与达到考核要求，有些地方简单采取“低保兜底、一兜了之”的做法，看似暂时完成了脱贫任务，却助长了养懒汉现象，不仅加大了脱贫户的返贫风险，更增加了未来缓解相对贫困与发展型贫困的难度；还有些地方不顾长远利益，采取了一些急功近利的短期行为，如引进落后产能或污染项目等，虽然带来了短期经济效益，却给贫困地区长期持续发展带来了负面影响。2020年后，中国进入以解决相对贫困和发展型贫困为重点的反贫困新阶段，这迫切要求我们牢固树立并切实贯彻“持续发展”理念，更加重视提升贫困主体的持续发展能力，更加注重提高反贫困的实际质量，使反贫困行为及其效果更好地契合贫困主体的长远福祉。

第二节　后脱贫时代反贫困新方略的基本目标

根据未来贫困形势和反贫困需求的变化，结合建设社会主义现代化强国的战略部署，可为后脱贫时代中国的反贫困方略设定“两层次、多维度、分阶段”的目标体系。

“两层次”体现为从区域、个体两个层面制定反贫困目标。西方发达国家的贫困主要表现为个体性贫困，区域性贫困现象并不突出，因此这些国家的反贫困计划一般是针对家庭与个人的，相对较少涉及地区扶贫问题。然而，中国的情况有所不同，中国区域发展的不平衡程度远远高于西方发达国家，缩小区域发展差距将是一个长期过程。这决定了今后较长一段时期内，除了个体层面的反贫困外，中国还需要继续推进贫困地区的扶贫开发、进一步解决好区域性贫困问题①。基于这样的国情，中国 2020 年后的反贫困，应当同时包括区域扶贫开发和个体扶贫防贫两方面的目标定位。区域反贫困旨在加快贫困地区经济社会的全面发展，使贫困与非贫困地区的发展落差明显变小。而个体反贫困旨在提高贫困家庭与个人的生活质量，努力缩小其与全国平均水平的差距，使贫困人群更好分享经济社会发展成果；与此同时，降低低收入人群与弱势群体的脆弱性，有效预防贫困的发生。

“多维度”要求立足多维贫困理论与实践，从不同维度、全方位地制定反贫困的目标。就区域反贫困来说，对贫困地区既要设定经济发展目标，也要制定社会发展、生态建设等方面的目标；就个体反贫困而言，针对贫困家庭与个人的减贫目标，不仅要包括收入、消费和资产等经济维度的内容，还应当涵盖各种非经济维度的内容，如居住条件、社会保障、人力资本、社会权利等。确定多维度的反贫困目标，一方面契合了联合国《2030 年可持续发展议程》中“消除一切形式的贫困”的愿景目标，另一方面也顺应了中国进入新时代后贫困群众对更美好生活的新需求。

“分阶段”是指在 2021 ~ 2050 年这 30 年间，分期制定阶段性的反贫困

---

① 2020 年后的贫困地区和区域性贫困，是从相对贫困意义上讲的。

目标。党的十九大报告指出，在2020年全面建成小康社会的基础上，再奋斗30年，到2050年建成富强民主文明和谐美丽的社会主义现代化强国。继续推进反贫困事业，促进贫困主体全面发展，实现更高水平共享发展与全体人民共同富裕，是建成社会主义现代化强国的重要前提。但这一过程不可能一蹴而就，需要进行不断的探索和调试，通过分步实施、分步推进才能达到最终目标。所以，有必要在总体研判国家现代化建设进程和减贫进展的基础上，合理确定今后30年中国反贫困的阶段性目标。按照以上思路，提出分三步走的反贫困目标：

第一阶段是着力巩固并适当扩大脱贫成果时期（2021～2025年）。前3年以巩固现有脱贫成效为主，使非高标准脱贫户和贫困边缘户的贫困脆弱性有所降低，有效阻断返贫路径、防止新增贫困；按现行标准衡量，确保已摘帽贫困县和已出列贫困村零返贫，实现已脱贫人口返贫率接近为零。后两年以适当扩大脱贫成果为主，继续推动贫困地区经济社会发展，缩小贫困地区与非贫困地区发展差距；继续提高非高标准脱贫户和贫困边缘户的生活水平，使其贫困脆弱性程度进一步降低；制定出新的反贫困方略及规划，降低按新标准衡量的一般贫困①发生率。

第二阶段是全面推进反贫困新方略、努力缓解多维相对贫困时期（2026～2035年）。使贫困地区经济增速继续高于全国平均水平，经济发展质量不断提高；社会事业发展取得新进展，公共服务水平明显提升；生态环境实现根本好转，生态环境优势逐步显现。稳步降低按新标准衡量的一般贫困发生率，大幅缓解经济贫困，使一般贫困人群生活更加宽裕；总体上实现基本公共服务均等化，教育贫困和健康贫困问题得到较有效改善。贫困地区与贫困人口的持续发展能力有显著提升。农业转移人口、农村留守人群等与二元结构转变相伴的转型性贫困问题获得实质性解决，城乡发展差距明显缩小，城乡一体化反贫困体系初步建立。贫困预防体制机制不断完善，更好地从源头上防止贫困发生。居民生活水平差距持续缩小，中等收入群体比例明显提高，共同富裕迈出坚实步伐。

第三阶段是反贫困新方略成效全面显现、共同富裕和高水平共享发展基

① 一般贫困是介于绝对贫困和相对贫困之间的一种贫困状态，其具体内涵在第五章中会专门阐述。

本实现时期（2036～2050年）。使区域发展不平衡不充分问题得到有效解决，区域协调发展格局全面形成，区域性相对贫困现象明显改善。农村实现全面振兴，农村相对贫困①得到解决，城乡融合发展达到高水平。多维贫困与发展型贫困从根本上得到缓解，相对贫困率降至较低水平并保持基本稳定，相对贫困群体的平均生活水平不低于高收入国家的相对贫困人群。反贫困制度建设走向成熟，形成完善的城乡融合反贫困体系与贫困预防体系。全体人民共同富裕基本实现，高水平的共享发展型社会全面建成，人民普遍享有较高品质的生活。

第三节　后脱贫时代反贫困新方略的实施对象

作为区域发展不平衡程度较高的发展中大国，中国将在较长时期内面临区域性贫困问题。2020年实现现行标准下的脱贫目标后，虽然区域性绝对贫困现象不复存在，但区域性相对贫困依然较为突出。贫困地区与非贫困地区间发展差距较大、贫困地区现代化水平较低的状况还将持续较长一段时间。如用更高水平的贫困新标准衡量，贫困地区仍有可能面临较高的贫困发生率。因此，后脱贫时代中国的反贫困行动，需要继续瞄准贫困地区发力，将贫困地区作为新时期反贫困方略的重要实施对象，以更高的要求进一步推进区域扶贫开发工作。

结合后脱贫时代反贫困的分阶段目标定位，在2021～2025年着力巩固并适当扩大脱贫成果时期，应继续对原定的集中连片特困地区以及片区外的国家扶贫开发工作重点县实施扶贫开发，坚持“摘帽不摘政策”的导向，总体上保持原有的扶贫政策不变，使原有政策有一定程度的连续性和稳定性，夯实贫困地区的发展基础；在2026～2035年全面推进反贫困新方略时期，按高质量发展要求调整和优化对集中连片特困地区及片区外国家扶贫开发工作重点县的扶持政策，着力增强贫困地区的持续发展能力，同时适时按新标准开展新一轮的评估，对与全国平均水平差距显著缩小的县，逐步减弱扶贫开发支持力度；随着区域性贫困现象的有效缓解，到2036年后，可逐渐淡化直至

① 农村相对贫困的含义详见第八章第一节。

取消区域扶贫开发计划，最终不再实施地区层面的扶贫政策，反贫困转为主要针对贫困家庭与个人来开展。

从空间分布看，今后中国的贫困将以散点化为主（叶庆兴、殷浩栋，2019）。这决定了未来的反贫困必须聚焦个体，围绕贫困（和贫困脆弱）家庭与个人进行。在2021~2025年，个体层面反贫困的重点对象是按现行标准衡量的非高标准脱贫户和贫困边缘户，这两个群体贫困脆弱性高、返贫致贫风险大，理应成为重点帮扶对象；与此同时，还要加快研究制定专门针对农业转移人口、农村留守人群与失地农民等转型性贫困群体的反贫困政策，弥补以往扶贫工作在该领域的短板。到了2026~2035年全面推进反贫困新方略时期，随着农村贫困的进一步缓解与贫困空间流动性的增强，贫困的城乡分布格局将发生较大变化，城市贫困问题会越显突出和复杂。在此形势下，原先以农村为主阵地的反贫困工作，有必要全面延伸至城市，使反贫困体系覆盖城乡全体贫困（和贫困脆弱）居民。再从贫困类型角度看，反贫困的对象也需要加以拓宽，除了一般贫困人群外，相对贫困人群也应逐步纳入扶持范围，从而顺应贫困类型转变为以相对贫困为主的趋势。另外，随着老龄化程度持续加深，老年贫困的规模有可能会上升，城乡老年贫困问题将变得更突出，这要求在反贫困过程中更多关注老年人群，着力健全老年贫困治理体系；与此同时，为了更好阻断贫困的代际传递，还应将儿童这一群体作为反贫困政策的重点关注对象。到2036年后，随着区域扶贫开发的逐渐退出，反贫困将从区域和个体两个层面转向单一的个体层面，与发达国家类似，处于相对贫困状态的家庭与个人将成为反贫困的主要对象。在该时期，受生活水平与质量进一步提高的影响，贫困形态与内容有望发生根本性变化，非经济贫困和发展型贫困相比以往将表现得更加突出。因此，除了传统意义上的经济贫困户外，任何可行能力不足的个体都有必要纳入反贫困体系中，从国家和社会获得有针对性的扶持。除此之外，专门针对儿童、老年人、残疾人等弱势群体的反贫困政策体系仍需继续完善。

第四节　后脱贫时代反贫困新方略的重点任务

根据贫困形势与减贫目标的变化，需要重新制定后脱贫时代中国反贫困的任务清单。未来30年中国反贫困的重点任务主要包括：巩固脱贫成果、防止返贫与新增贫困，制定贫困新标准体系并适时动态调整，缓解多维相对贫困与多维发展型贫困，提升贫困主体自我持续发展能力，降低贫困脆弱性和有效预防贫困，阻断贫困的代际传递等。其中，除了巩固脱贫成果主要是近期任务外，其余任务基本上都是长期性、持续性的。

第一，巩固脱贫成果，防止返贫与新增贫困。2020年全面实现既定的脱贫攻坚目标后，巩固脱贫成果就成了当务之急。习近平总书记明确指出："脱贫既要看数量，更要看质量，不能到时候都说完成了脱贫任务，过一两年又大规模返贫。要多管齐下提高脱贫质量，巩固脱贫成果。"① 实现脱贫不容易，巩固脱贫成果也同样有难度。我们应当看到，当前贫困地区的发展基础依然较为薄弱，非高标准脱贫户和贫困边缘户的贫困脆弱性程度较高，再加上部分地区脱贫不实、脱贫质量不高或本身就没有真脱贫，未来仍有可能出现一定规模的返贫与新增贫困人口。因此，在贫困县摘帽、贫困村出列、贫困户退出后，不能有"歇一歇、缓一缓"的思想，要坚持脱贫不脱帮扶、脱贫不脱责任，在一定时期内继续保持原有扶贫政策的连续性和稳定性。要对所有已经脱贫的建档立卡户开展"回头看"，对非高标准脱贫户和贫困边缘户进行动态监测，及时掌握这些人群的生产生活情况，采取有效措施帮助他们消除返贫或致贫的诱因。通过进一步巩固与提高脱贫质量，使精准扶贫精准脱贫的成效真正经得起历史检验。

第二，制定贫困新标准体系并适时动态调整。在现行标准下实现全面脱贫后，原先的贫困标准就失去了意义，制定贫困新标准的任务亟待提上议事日程。只有结合2020年后贫困形势及其特点推出合理的贫困新标准，才能为新时期识别贫困人口、确定扶贫对象、分析贫困状况与评估反贫困绩效提供依据。为了适应贫困类型的结构性变化趋势，新标准应力求往相对贫困标准方向转型；同时，还要更加突出对非收入维度贫困的衡量，积极探索建立官方正式的多维贫困标准。在制定贫困新标准体系的过程中，须妥善处理好新老标准的转换以及各种标准间的相互关系两大问题。要使新老标准能够有序衔接、顺利过渡，防止两者转换中出现断档脱节现象；要力求实现各种贫困

① 习近平：《在解决"两不愁三保障"突出问题座谈会上的讲话》，《求是》2019年第16期。

标准相互兼容，特别是将国家标准与地方标准有机结合起来。另外，在使用新标准识别贫困人口的过程中，要积极依靠技术创新和制度创新，尽可能减少贫困的识别成本。贫困新标准出台后不可能一劳永逸，从长远看，还必须随着未来经济社会发展和贫困形势变化适时进行必要的调整与创新。

第三，缓解多维相对贫困与多维发展型贫困。中国在2020年后将基本告别绝对贫困，缓解相对贫困成为未来反贫困的一项主要任务。缓解相对贫困既要求缩小收入、消费和财产方面的经济差距，降低经济不平等程度，也要求缩小公共服务、人力资本、社会权利等方面的差距，即应立足多维视角解决相对贫困问题。要继续推进贫困地区经济社会全面发展，进一步改善欠发达地区的发展条件与环境，实现区域基本公共服务均等化，培育并增强经济相对落后地区的比较优势，使区域协调发展新格局更加凸显。要着力提高城乡相对贫困人口的生活质量，加强对富裕人群收入和财产的调节，努力缩小全体社会成员生活水平的差距，到21世纪中叶基本实现共同富裕目标。从长远看，随着现代化水平与生活质量的持续提高，社会成员包括相对贫困群体的发展性需求将变得更加普遍和强烈。为此，要以实现“每一个人全面而自由发展”为价值目标，推动对相对贫困群体的“赋权提能”，减少机会不平等、增强个人可行能力，有效缓解多维发展型贫困问题，促进相对贫困群体的向上流动。

第四，提升贫困主体的自我持续发展能力。要缓解多维相对贫困与多维发展型贫困，关键在于提升贫困地区和贫困人口的自我持续发展能力，这不仅是更高层次反贫困的重要内容，而且契合了人本主义和人类自由发展的取向。国内外反贫困的长期实践经验也已经表明，坚持开展以能力提升为导向的减贫行动，可以起到有效提高反贫困效率与质量的作用，是解决贫困问题的治本之策。回顾中国改革开放以来的扶贫开发历程，尽管贫困地区与贫困人口的自我发展能力有所增强，但减贫成效更大程度上还是归因于外部力量的推动，贫困主体的内源式发展动力总体而言依然偏弱。2020年后中国的反贫困事业将进入到一个崭新的阶段，随着今后经济转型升级加快和反贫困组织模式转变，贫困主体在长期持续发展方面势必会面临较大挑战；对于原先深度贫困地区和“等靠要”思想严重的贫困户，这一问题更是格外严峻。这要求我们以更大决心、更大力度推进贫困主体的自我发展能力建设，全面实现反贫困由“外部推动”为主向“内生发展”为主的深层次转变，走上并走好主要依靠“内源式发展”促进持续减贫的道路。

第五，降低贫困脆弱性和有效预防贫困。解决好贫困问题，一方面要在贫困发生后开展事后帮扶；另一方面则要提前研判贫困风险，在贫困尚未发生时就采取防控措施，争取“防贫于未然”。自 20 世纪 90 年代以来，国际社会逐步认识到有效防贫能够降低社会成本与扶贫成本，预防贫困才是治理贫困的关键所在；由此，世界各国对贫困事前干预的关注和重视程度不断提高。长期以来，中国反贫困的重心一直放在对贫困群体的事后帮扶上，各种扶贫措施大多属于“亡羊补牢”性质，贫困的事前预防机制尚不完善。完成现行标准下脱贫任务、进入反贫困新阶段后，需要树立和深化防贫理念，积极开展贫困脆弱性研究，做好对重点人群贫困脆弱性的动态监测，提高识别贫困脆弱家庭与个人的能力。要科学预判诱发贫困的风险因素，将反贫困的关口由事后干预前移到事前干预，采取针对性措施增强脆弱人群的风险抵御能力。努力探索精准防贫方式方法、开发精准防贫政策工具，逐步形成多层次、复合式的贫困预防体系，力求从源头上降低贫困发生的概率。还要加强事前防贫与事后扶贫的相互协调，充分发挥两者的协力作用。

第六，阻断贫困的代际传递。贫困代际传递作为一个全球性的问题，受到了世界各国的共同关注。阻止贫困现象代际传递，是功在当代、利在千秋的大事①，这既有助于解决贫困阶层长期贫困的问题，也有利于促进社会流动、增进社会公平。有实证研究表明：贫困代际传递特征在中国十分明显，虽然中国整体贫困水平呈现逐年下降趋势，但是贫困家庭的代际传递机会基本表现为上升趋势；分城乡看，农村贫困代际传递机会要明显大于城市（马文武等，2018）。因此，后脱贫时代中国的反贫困方略设计，要高度重视对贫困家庭尤其是农村贫困家庭未成年子女的帮扶，加强教育反贫困、健康反贫困与心理反贫困，为贫困家庭孩子的成长创造良好的环境；要建立健全阻止贫困再生产、再循环的体制机制，从根源上阻断贫困代际传递，显著减少跨代贫困现象。

---

① 《深刻把握全面深化改革关键地位 自觉运用改革精神谋划推动工作》，《人民日报》2015 年 4 月 2 日。

第五节 后脱贫时代反贫困新方略的主要手段

反贫困手段是实现反贫困目标所依赖的条件与方法，手段的可行性和有效性直接影响反贫困任务完成的绩效。在长期减贫实践中，中国形成了许多行之有效的反贫困手段。今后，除了少数手段因形势变化将较少使用或趋于淡化外①，大部分仍具有长期沿用下去的价值；此外，结合贫困新特点与减贫新目标、新要求，还要赋予传统反贫困手段以新的内涵，进一步拓展内容、丰富政策工具。后脱贫时代中国可较广泛运用的反贫困手段主要包括：产业反贫困、就业反贫困、消费反贫困、科技反贫困、教育反贫困、健康反贫困、文化反贫困、生态反贫困、金融反贫困、资产收益反贫困、社会保障反贫困、公益慈善反贫困等。后脱贫时代运用上述反贫困手段，着力点要放在三个方面：一是弥补缺陷。尽管在以往的扶贫实践中，各种反贫困手段均取得了较好的成效，但依然在不同程度上存在一些不足和短板，需要在今后加以弥补。二是应对挑战。进入新时期后，在运用各种反贫困手段的过程中，将不可避免地遇到新问题、新矛盾，这就需要我们结合新形势，化挑战为机遇、变压力为动力，勇于和善于克服实践中的困难，提高手段运用的实效性。三是创新工具。随着经济社会发展条件与贫困形势特点的变化，应加快体制机制、操作方法等方面的创新，不断丰富反贫困的“政策工具箱”，增强各种反贫困手段的生命力。

各种反贫困手段，在主要适用领域上有所差异，在作用机制等方面也各有特点，在实践中要有针对性地加以运用，具体而言：第一，从贫困维度来看，产业反贫困、就业反贫困、消费反贫困、金融反贫困和资产收益反贫困主要解决经济贫困问题，而治理非经济贫困则需要依靠教育反贫困、健康反贫困与文化反贫困。第二，从作用环节来看，社会保障中的最低生活保障与

---

① 主要是易地扶贫搬迁、交通扶贫等。到目前为止，大范围的易地扶贫搬迁已经完成，今后该方法将较少使用；通过前期大规模交通基础设施建设，贫困地区的交通通达性已有显著改善，目前已实现所有自然村通公路，县通高速的比例也接近100%，今后交通扶贫的作用将趋于减弱。

失业保障、公益慈善主要是对贫困者进行事后帮扶，而事前贫困预防体系的构建，则须更多借助于教育反贫困、健康反贫困、生态反贫困等，其中教育反贫困的重要性尤为突出；另外，产业、就业、消费等反贫困手段能同时在事前防贫与事后扶贫两个环节发挥积极作用。第三，从实施对象类型看，对于有劳动能力的贫困人群，主要是发挥好产业、就业、科技、金融等反贫困手段的功能，提升该群体的自我持续发展能力，帮助他们通过更好参与经济活动以增加市场性收入；而对于丧失或缺乏劳动能力的贫困人口，则主要采用社会保障、公益慈善、资产收益、健康服务等手段，为其基本生活提供稳定可靠的保障。第四，从实施主体来看，由于教育、社会保障具有较强的公共产品属性，政府在教育、社会保障反贫困方面理应承担主要责任；对于文化反贫困和公益慈善反贫困，特别需要充分发挥社会组织的功能和优势；而产业反贫困、就业反贫困工作的有效开展，则离不开政府、企业、中介服务机构、农村集体组织等多元主体的共同参与。另外，不同反贫困手段之间有内在关联性，表现出相互依存、相互衔接、相互嵌入、相互融合与相互促进的特征。例如，消费反贫困是建立在产业反贫困基础上的，以扶贫产业的发展为依托；反过来，消费扶贫通过促进产品销售和供需对接，又有助于提升扶贫产业的持续发展能力。再譬如，发展生态型产业、设立生态公益岗位是生态反贫困的重要内容与实现形式，由此可见，生态反贫困是同产业反贫困、就业反贫困紧密联系在一起的。所以，要加强不同反贫困手段的有效协同运用，打好政策“组合拳”。

第六节　后脱贫时代反贫困新方略的行动路径

科学谋划后脱贫时代反贫困的行动路径，是贯彻反贫困新理念的落脚点，也是实现反贫困新目标、完成反贫困新任务的关键环节。展望未来，站在新起点上的中国反贫困事业可沿着以下七条基本路径有序推进。

一是推动农村反贫困与乡村振兴有效衔接。一方面，将乡村振兴战略融入 2020 年后的农村反贫困规划中去；另一方面，将巩固与扩大脱贫成果、缓解多维相对贫困作为乡村振兴的重要任务与目标。在近几年巩固与扩大脱贫成果阶段，重点是通过乡村振兴战略的实施，进一步夯实农村扶贫产业发展基础、完善农村公共服务体系、改善农村人居环境，实现脱贫稳得住、可持续。从2026年起进入全面推进反贫困新方略阶段后，要充分依托乡村振兴推动农村反贫困往更高层次发展。抓好乡村产业兴旺，促进农村产业深度融合，以高质量产业带动农民增收致富；推进美丽乡村建设，凸显农村生态宜居优势，提升农民生活环境质量；繁荣乡村文化，补齐乡村精神文明建设短板，逐步消除农村精神贫困现象；健全现代乡村治理，加强村庄社会建设，增强农村自身反贫困与持续发展的内在活力；切实保障与改善农村民生，构建起较完善的农村社会保障和公共服务反贫困体系，不断优化农村收入分配机制。

二是实施高质量导向的扶贫开发。坚持开发式扶贫方针，科学制定新一轮的扶贫开发规划，在欠发达地区继续推进实施扶贫开发。要突出新时期扶贫开发的质量导向，将质量效益摆在扶贫开发的首要位置。加快补齐贫困地区的基础设施和公共服务短板，分析产业高质量发展、居民高品质生活对基础设施和公共服务提出的新要求，在相对落后地区实施基础设施与公共服务提升工程。促进扶贫产业布局与结构的合理化，进一步在塑造地方品牌、三产融合发展方面下功夫，突出产业的特色化、优质化与精细化；创新产业反贫困模式、加强示范引领，更好发挥产业项目带动贫困户增收的功能。优化环境与政策倾斜双管齐下，引导优质项目、资金、人才、技术等资源要素加快往相对落后地区流动；盘活农村土地资源、激发农村劳动参与，增强优质资源要素对相对落后地区发展的支撑作用。在扶贫开发中加强人力资本与社会资本的投资，不断完善发展生产同人力资本提升、社会资本建设联动的新型开发式反贫困模式。

三是建立健全社会保护型反贫困新机制。要更加重视社会保护政策在新时期反贫困中的作用，将帮助家庭与个人更好应对贫困风险、为城乡贫困群体与脆弱人群提供有效社会支持作为基本目标，加大对社会保护的投入力度，推动社会保障扶贫向社会保护型反贫困升级。充分发挥社会保护政策的救助效应，以丧失或部分失去劳动能力人口为重点对象，编密织牢生活困难群体的基本生活安全网。努力增强社会保护政策的贫困预防作用，不断完善健康管理、医疗保障、就业支持等预防性反贫困社会政策，做到早期预防、减少贫困发生。培育和提升社会保护政策的发展功能，要积极拓展贫困群体平等获得教育、就业、卫生服务的机会，以健全人力资本政策为核心增强贫困群体的自我发展能力，更好地满足贫困人口的发展型需求，有效缓解发展型贫困。

四是探索事前事后双层结合反贫困模式。大力推动反贫困关口的前移，转变原先以事后扶贫为主的反贫困模式，探索构建事前贫困预防与事后贫困帮扶相结合的双层反贫困机制，更加重视事前的防贫。进一步完善精准扶贫工作机制，逐步建立健全精准防贫长效机制，形成“防贫”与“扶贫”双线并行格局。加快建设防贫监测预警体系，划定预警监测线，有效识别贫困脆弱人群；建立防贫台账，实现监测常态化、预警制度化、措施精准化。充分发挥教育、健康、文化、生态防贫的主力军作用，重点抓好贫困地区学前和义务教育、儿童营养、疾病防控等工作；适度扩大产业、就业、消费反贫困的实施对象范围，将产业、就业、消费反贫困功能全面延伸至防贫环节。推进防贫机制与扶贫政策的衔接与协同，既要避免重扶贫轻防贫的现象，也要避免以防贫措施代替扶贫举措。

五是构建城乡融合的反贫困制度体系。根据城乡融合发展进程实际情况，分阶段逐步推动城乡反贫困的融合。在近期，重点是统筹做好城乡反贫困工作、为构建城乡融合的反贫困体系打好基础，具体包括：提升城乡公共服务一体化水平、促进城乡基本公共服务均等化；完善城市反贫困制度建设、构建系统化的城市反贫困体系，改变当前城市反贫困“九龙治水”格局；将农业转移人口纳入城市反贫困体系中来，着力纾解农业转移人口的制度贫困；以更高标准推进农村反贫困工作，健全农村留守人群反贫困政策体系。从中长期看，在城乡发展差距明显缩小、城乡一体化发展达到较高水平的基础上，加快城乡反贫困体系实质性融合的步伐：适时建立相对统一的城乡贫困标准，组建专门部门统一负责城乡贫困治理，推动反贫困属地化管理走向成熟，形成系统完整的城乡一体化反贫困制度体系，在城乡融合框架下结合城乡特点开展分类施策，促进城乡反贫困共治的创新发展。

六是完善面向弱势群体的反贫困政策体系。在反贫困中要格外关注关心弱势群体，完善儿童、老年人、残疾人、农业转移人口、城市失业下岗人员等弱势群体的反贫困政策体系。高度重视儿童反贫困工作，积极开展贫困地区儿童关爱行动，将促进儿童早期发展作为预防贫困和阻断贫困代际传递的重要途径，把特殊困难儿童群体置于政策干预的最优先位置。完善基本养老金的合理增长机制，实行老年贫困人口生活补贴制度，加快建设多层次、较高质量的养老服务体系，加强对老年人的精神救助，根据不同类型的老年贫困有针对性地构建多主体、分类分层的帮扶网络和保障体系（韩振燕、夏林，2019）。完善残疾人福利制度，不断增进残疾人福祉；促进残疾人人力资源的开发，提高其经济社会参与能力。坚持以人为本的新型城镇化，以加快推动市民化进程为抓手，使农业转移人口平等享受城镇基本公共服务，建立健全符合该群体特点的社会保护政策，着重解决好社会保障、劳动就业、随迁子女教育等问题。实行就业导向型的失业保险制度，健全和创新就业创业支持政策，加强对失业人员的培训和就业指导，以促进就业创业解决失业贫困。

七是促进贫困治理体系的适应性变革。进入新时期后，应将减贫由集中式、动员式、运动式回归到常态化、规范化、制度化（欧阳煌，2019），把反贫困渗透融合到国家治理的日常工作中去。在前期超常规治理所取得成果的基础上，逐步向常态化贫困治理方式转变，弱化与克服“军令状”扶贫带来的弊端。按照常态化要求对贫困治理的内容、手段和程序作出适应性调整与变革，建立更具长效性和可持续性的贫困治理机制。要结合新时期的贫困特点与反贫困需求，强化贫困的整体性治理，着力健全贫困的整体性治理框架，使各类反贫困资源得到高效整合，使各种反贫困政策实现有效衔接。要加强与完善贫困的多元主体协同治理机制，厘清新时期政府反贫困职能定位，优化政府内部分工协作，发挥好政府的“元治理”功能；不断拓宽市场和社会主体有效参与贫困治理的途径，加强贫困人口的主体性建设，积极探索和创新多元主体协同治贫新模式。要充分利用大数据等现代技术手段，对贫困状况及其变化进行动态监测，为贫困治理的科学决策提供强大的技术支持。

附录3－1 后脱贫时代中国反贫困新方略的总体框架图

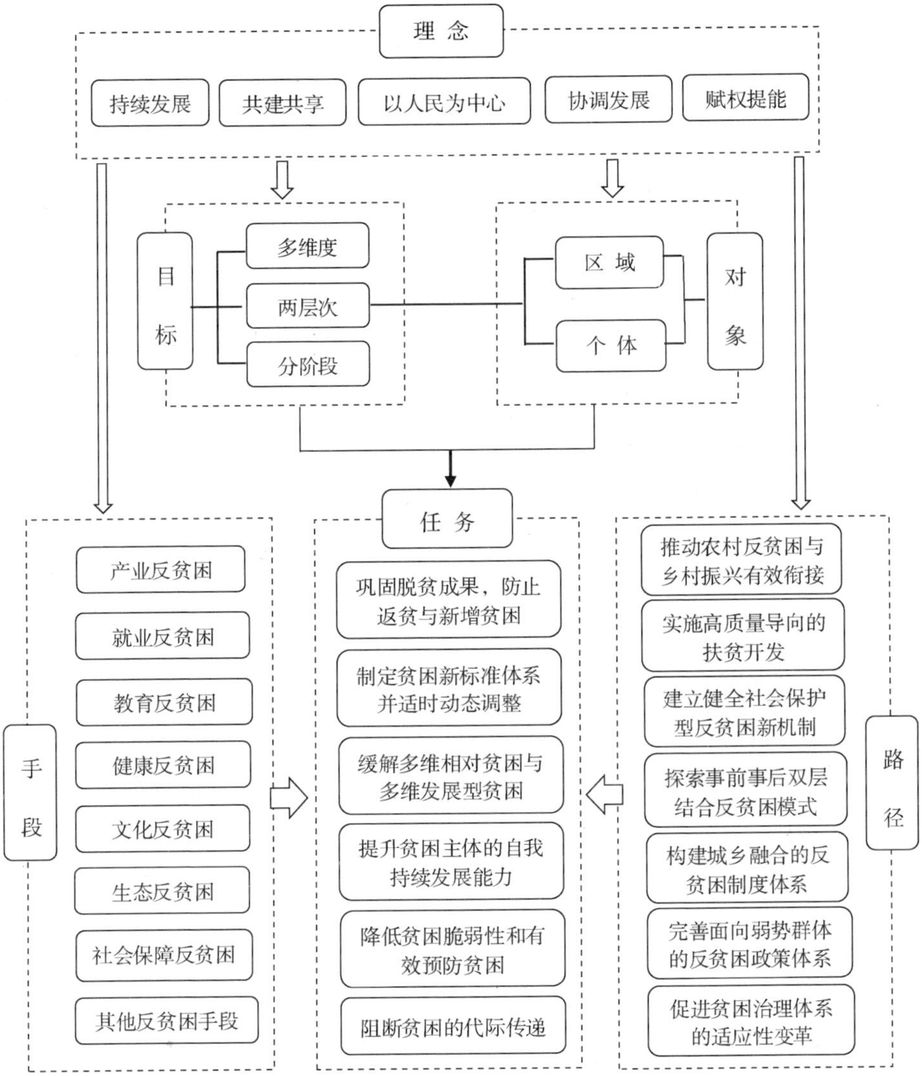

第四章

巩固脱贫成果，防止返贫与新增贫困

在完成消除农村绝对贫困的脱贫攻坚任务后，由于大多数摘帽贫困县、出列贫困村的经济社会发展水平仍较低，许多脱贫农户的脱贫质量并不高，还需要通过一段较长时间来巩固脱贫攻坚成果。事实上，早在2018年，《乡村振兴战略规划（2018－2022年）》就已提出“巩固脱贫攻坚成果”的任务，指出要“研究建立促进群众稳定脱贫和防范返贫的长效机制……确保贫困群众稳定脱贫”。2020年的中央一号文件进一步强调要“巩固脱贫成果防止返贫”，并提出“健全监测预警机制，加强对不稳定脱贫户、边缘户的动态监测，将返贫人口和新发生贫困人口及时纳入帮扶，为巩固脱贫成果提供制度保障”。脱贫攻坚不容易，巩固脱贫成果也同样不轻松。2020年后将会出现一些引发返贫与新增贫困风险的新因素，这些新因素同已有的返贫致贫因素交织在一起，使巩固脱贫成果面临较大挑战，构建有效控制贫困增量①的体制机制迫在眉睫。

第一节　返贫与新增贫困的现状、成因及现有对策

把握返贫与新增贫困的基本现状与主要成因，是做好巩固脱贫成果工作的前提基础。针对关于返贫与新增贫困的现有研究缺少实证分析的不足，我

① 贫困增量包括返贫和新增贫困（也称新识别贫困或新发生贫困）。

们采用按省份分层比例抽样法，从贫困地区①中选取了76个县作为样本，对贫困地区的贫困增量状况及成因结构进行了统计分析，得出了一些具有政策启示意义的结论。除此之外，还梳理了脱贫攻坚期巩固脱贫成果的主要措施，并简要评析了其成效。

一、返贫与新增贫困的现状及特点

实施精准扶贫以来，中国农村的贫困人口与贫困发生率持续下降。但是，由于发展基础薄弱、致贫因素复杂、风险抵御能力弱等原因，各地不同程度上存在着“边脱贫、边返贫”和“边扶贫、边增贫”的现象。返贫与新增贫困，侵蚀着来之不易的精准扶贫工作成果，是2020年后继续巩固脱贫成果必须着力解决的问题。

近年来，随着各地采取了一系列预防贫困、控制贫困增量的措施，返贫与新增贫困人数总体上趋于减少。据全国建档立卡数据显示，2016年有返贫人口68.4万人，2017年下降为20.8万人，2018年进一步下降到5.8万人②，分别占当年脱贫人数的5.5%、1.6%和0.4%。从省域范围看，以陕西省为例，2018年全省返贫户556户，比2015年减少了98.2%；返贫户占当年脱贫户的比例，也从2015年的2.9%下降至2018年的0.2%③。可见，无论是返贫总人数还是返贫率，均呈现出较为明显的下降趋势。但是，目前关于返贫与新增贫困现状的统计分析研究仍较少，仅有少量文献考察了某些县的返贫情况。为了更全面、深入地揭示当前中国农村特别是贫困地区返贫与新增贫困的状况与特点④，作者根据全国贫困地区除西藏外⑤的758个县的名单，

---

① 贫困地区包括集中连片特困地区和片区外的国家扶贫开发工作重点县，一共832个县。其中，连片特困区内的重点县、非重点县分别有440个、240个，连片特困区外的重点县有152个县。

② 国务院政策例行吹风会，中国政府网，2019年5月23日，http://www.gov.cn/xinwen/2019zccfh/33/index.htm。

③ 陕西省统计局：《陕西省建档立卡贫困户返贫监测报告》，内部调研报告，2019年7月。

④ 之所以侧重考察贫困地区的返贫与新增贫困状况，是因为贫困地区贫困人口占全国贫困人口的比重高（2013年该比重超过了60%），且贫困地区贫困的程度与复杂性也远高于非贫困地区。

⑤ 西藏的贫困状况较为特殊，故不纳入考察范围。

采用按省份分层比例抽样法（抽选比例为10%）选取了76个县作为样本，以县政府官网上公布的2019年度扶贫对象动态管理名单为原始数据①，计算了各县的返贫率、新增贫困率与贫困增量比例。选用分层比例抽样法的原因及操作方法、76个样本县在各省/区/市的分布，详见本章附录4-1与4-2。返贫率、新增贫困率与贫困增量比例的计算公式为：返贫率=返贫人数/户籍人数，新增贫困率=新识别贫困人数/户籍人数，贫困增量比例=返贫率+新增贫困率。

从县级样本数据计算结果（见表4-1）来看，当前中国贫困地区的返贫与新增贫困情况，主要有如下几方面的特点：第一，贫困增量的总体规模并不是很大。从绝对规模考察，有29个样本县的贫困增量少于100人，贫困增量高于1000人的仅有10个县；从相对规模考察，样本县的返贫率几乎都控制在1‰以下，新增贫困率最高的也低于1%。根据样本推断，全国贫困地区的贫困增量比例，接近于1‰（见表4-2）。但是，考虑到贫困识别不充分等因素的影响，实际的贫困增量有可能会高于统计值。此外，由于2020年后会出现一些引发返贫与新增贫困风险的新因素，贫困增量还面临着一定的攀升压力。所以，绝不能因为当前贫困增量水平不高而掉以轻心。

第二，贫困增量主要来源于新增贫困，返贫在贫困增量中所占比重较低。在76个样本县中，大部分县的新增贫困人数远远高于返贫人数，所有样本县的返贫、新增贫困的合计人数分别是3242人、31401人，后者接近前者的10倍。而据国家统计局的贫困监测，2015年返贫与新增贫困的比例为41∶59②。可见，近两年贫困增量的比例结构已经发生了显著变化，呈现出返贫人口比重下降、新增贫困人口比重上升的趋势。新增贫困户中的相当一部分属于边缘户，新增贫困在贫困增量中占比的提高，同边缘户缺乏扶贫政策支持有较大关系。这一结论有重要的政策含义，那就是我们当前应将巩固脱贫成果的重心放在防止新增贫困上，特别是要通过完善反贫困政策降低边缘户的贫困风险，避免他们成为新的贫困人口。

第三，返贫与新增贫困程度的地区间差异较大。有不少县已经成功实现了“零返贫”，但也有少数县的返贫人数在100人以上，新增贫困的县际间差距则

---

① 某些县缺少2019年的名单，故使用2018年的名单。

② 转引自王芳：《怎样防止返贫?》，《经济》2018年第5期。

更大。在同一省域范围内，不同县之间的贫困增量状况也存在一定程度的不平衡性。以云南 9 个样本县为例，有 5 个县的贫困增量比例控制在 1‰以下，有 2 个县分别在 1‰～2‰、2‰～3‰范围内，另有 2 个县超过了 3‰。

表 4－1　样本县的返贫与新增贫困情况

单位：人/万人

县（地区代码）	返贫率	新增贫困率	贫困增量比例	县（地区代码）	返贫率	新增贫困率	贫困增量比例
130321	0.04	1.09	1.13	513222	0.46	2.76	3.22
130630	0.00	14.07	14.07	513227	0.00	0.37	0.37
130631	0.25	1.67	1.92	520328	0.74	2.10	2.84
130708	1.24	0.80	2.04	520402	0.19	1.91	2.10
140723	0.00	0.50	0.50	520423	0.78	5.61	6.39
140930	0.00	13.79	13.79	520521	0.00	7.83	7.83
141128	0.40	15.06	15.46	520625	6.29	26.84	33.13
150426	0.06	13.40	13.46	522324	0.06	47.49	47.55
150924	0.13	8.36	8.49	522623	0.57	2.21	2.78
152221	2.20	38.80	41.00	530325	0.18	5.72	5.90
220822	4.64	6.91	11.55	530524	0.54	2.04	2.58
230227	0.00	1.70	1.70	530625	0.15	36.12	36.27
231283	0.00	1.24	1.24	530722	1.83	19.57	21.40
341225	0.11	8.03	8.14	530821	0.00	1.45	1.45
341323	0.02	0.55	0.57	532622	0.74	2.53	3.27
360830	0.00	1.59	1.59	532823	0.56	14.27	14.83
361125	0.00	4.50	4.50	532923	0.44	8.65	9.09
410326	0.52	12.09	12.61	533123	3.85	37.79	41.64
410526	0.11	0.07	0.18	610204	0.15	0.32	0.47
411422	0.46	14.12	14.58	610426	0.19	2.34	2.53
411424	0.00	2.76	2.76	610524	0.02	0.25	0.27
420324	0.00	2.62	2.62	610724	0.36	0.79	1.15

续表

县（地区代码）	返贫率	新增贫困率	贫困增量比例	县（地区代码）	返贫率	新增贫困率	贫困增量比例
420528	1.93	9.24	11.17	610803	0.00	0.81	0.81
420922	0.60	17.40	18.00	610926	1.21	5.80	7.01
430225	1.50	3.73	5.23	620123	2.71	11.86	14.57
430529	0.04	2.61	2.65	620422	12.48	44.92	57.40
430626	1.07	2.61	3.68	620503	0.21	2.57	2.79
431223	2.83	12.57	15.40	621022	1.35	4.93	6.28
451123	3.38	9.74	13.12	623026	6.95	4.28	11.23
451223	0.18	1.26	1.44	630106	3.80	6.73	10.53
451425	2.86	14.39	17.25	630222	0.62	1.54	2.16
469029	0.00	1.31	1.31	632221	0.00	0.43	0.43
500237	0.63	2.69	3.32	632321	0.00	0.20	0.20
500243	2.23	53.80	56.03	640424	6.06	10.77	16.83
510525	0.00	3.65	3.65	653024	0.00	14.59	14.59
510726	0.94	3.33	4.27	653101	0.00	0.54	0.54
510822	0.00	7.67	7.67	653126	0.00	2.30	2.30
511923	0.00	9.39	9.39	654028	0.00	4.26	4.26

资料来源：根据各县政府网站信息公示栏中的扶贫对象动态管理名单计算。

注：本书测算样本县返贫与新增贫困的目的是揭示贫困增量状况，而不是为了评价比较各县扶贫与巩固脱贫成果的绩效，故在表中隐去县的名称，改用行政区划代码表示。

第四，返贫与新增贫困程度，总体上呈现出从集中连片特困地区范围内的重点县（简称“区内重点县”）、集中连片特困地区范围内的非重点县（简称“区内非重点县”）到集中连片特困地区范围外的重点县（简称“区外重点县”）依次递减的特点。由表4－2可见，区内重点县的返贫率、新增贫困率的平均值与中位值，都超过了区内非重点县；同样，区内非重点县的返贫率、新增贫困率的平均值与中位值，也均高于区外重点县。这表明集中连片特困地区不仅是前一阶段脱贫攻坚的“硬骨头”，也是今后巩固脱贫成果的重点与难点所在，而区内重点县更是“重中之重”。

表 4－2 样本县返贫与新增贫困的描述性统计

单位：人/万人

	最小值	最大值	算术平均值	加权平均值	中位值
返贫率					
全样本	0.00	12.48	1.08	0.91	0.20
区内重点县	0.00	12.48	1.35	1.23	0.53
区内非重点县	0.00	6.95	1.14	0.75	0.44
区外重点县	0.00	3.38	0.35	0.34	0.04
新增贫困率					
全样本	0.07	53.80	8.74	8.78	3.99
区内重点县	0.37	53.80	11.05	11.56	6.17
区内非重点县	0.20	37.79	6.58	7.05	3.33
区外重点县	0.07	15.06	5.21	4.11	2.61
贫困增量比例					
全样本	0.18	57.40	9.82	9.69	4.38
区内重点县	0.37	57.40	12.40	12.79	7.11
区内非重点县	0.20	41.64	7.72	7.80	4.27
区外重点县	0.18	15.47	5.55	4.45	3.67

资料来源：根据各县政府网站信息公示栏中的扶贫对象动态管理名单计算。

二、返贫与新增贫困的主要原因

国内外学界在贫困原因方面已开展了大量研究，形成了许多共识。归纳起来看，导致贫困的既有外部成因也有内部成因，既有群体性因素也有个体性因素。近年来，针对中国农村贫困人口脱贫后又返贫的现象，学者们也进行了一些原因上的探讨：郑瑞强和曹国庆（2016）利用生计空间重塑理论分析了四个方面的返贫因素，分别为政府政策、返贫人口能力、自然环境灾害风险以及经济发展中所伴生的其他约束性因素；包国宪和杨瑚（2018）从返贫主体、客体与载体三者相结合的角度，将返贫生成的诱因归类为制度政策、资源环境、灾祸风险、能力习惯四种；兰定松（2020）从政府与农民两个方面揭示了返贫原因，前者包括后续政策支持缺乏、扶贫政策执行偏差等，而后者包括懒散思想、不可抗力因素、就业创业失败等。这些论述与观点对我们认识农村贫困增量的形成无疑是有益的。然而，以往相关文献多偏重理论层面的阐释，基于微观数据的经验研究相对较少。

作者注意到有一些贫困县的政府网站在公布的扶贫对象动态管理名单中，还列出了农户返贫或致贫的原因，这些住户微观数据为开展经验研究提供了便利。我们从样本县中选取了贫困增量规模较大①、原因列示较齐全的9个县，对贫困增量成因的比例结构进行了分析②。统计结果（见图4－1）发现：尽管不同县贫困增量的形成原因有所差异，但在各种成因的比例结构上仍呈现出一定相似性。总体而言，疾病、残疾与缺乏劳动力，是导致返贫和新增贫困的三个最主要原因，并且，由疾病而导致贫困的比重明显高于残疾、缺劳力两大因素。需要指出的是，缺劳力因素尽管排在第三位，但仍应给予特别关注，这是因为该因素与中国农村人口老龄化、青壮年外流和独居老人增多的特殊国情、农情有密切关系。

出乎意料的是，在所考察的大部分县，子女上学并非当前返贫与新增贫困的重要原因，因学返贫或致贫的比例普遍很低，比重最高的县也只有10%。“因学而贫”现象，从统计结果看并不具有普遍性。对此可从以下两方面解释：一方面，农村义务教育经费保障机制的全面落实，有效减轻了农村贫困家庭孩子接受义务教育的经济负担，使过去常见的“因学而贫”现象明显减少。但另一方面，因学返贫或致贫比例低，也很可能是贫困家庭放弃让子女接受初中以上教育（特别是高等教育）的结果③。“因学而贫”与“因病而贫”“因灾而贫”在性质上大有不同：由于疾病、灾害是个人无法抗拒的，所以“因病而贫”“因灾而贫”有很强的被动性；而子女是否上学则是能自由选择的，这使得“因学而贫”与家庭成员的自主行为有关。不少经济困难的农户，会放弃让子女接受更高层次教育的机会，这样也就不会发生“因学而贫”现象。但是，这种选择不利于人力资本投资与积累，容易增大今后陷入长期贫困的风险。所以，我们应辩证看待当前因学返贫或致贫比例低的现象，深刻认识农村贫困家庭孩子在接受更高层次教育上面临的困境，

---

① 贫困增量人数在100人以上。

② 由于返贫的人数较少，所以与新增贫困合并在一起进行统计分析。

③ 这是作者的初步判断，是否确实如此还需要通过实证研究作进一步验证。

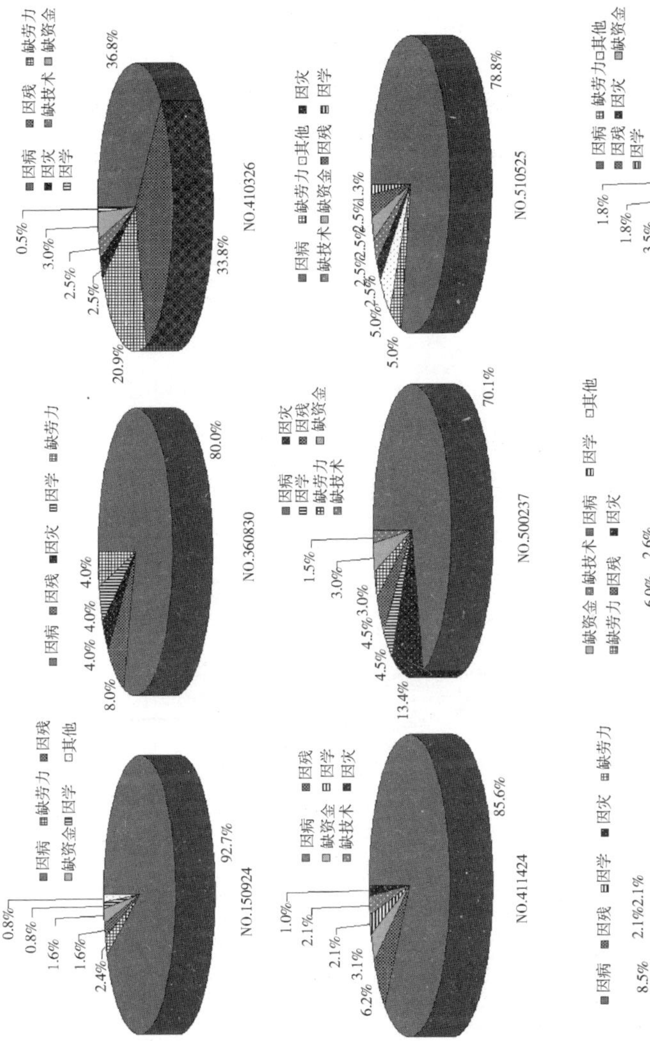

图 4-1　贫困增量各类成因的比例结构

资料来源：根据各县政府网站信息公示栏中的扶贫对象动态管理名单相关信息计算。

通过进一步完善现行的教育反贫困政策，着力为农村贫困学生降低非义务教育阶段的费用，由此提高该群体的受教育程度，进而缓解长期贫困与代际贫困。

三、脱贫攻坚期巩固脱贫成果的措施与成效

在脱贫攻坚进入收官阶段后，巩固脱贫成果、防止返贫与新增贫困的重要性进一步提升。习近平总书记在第六个国家扶贫日到来之际对脱贫攻坚工作作出重要指示，明确指出“要采取有效措施，巩固拓展脱贫攻坚成果，确保高质量打赢脱贫攻坚战”①。近年来，各级政府高度重视巩固脱贫成果，22个脱贫任务重的省/自治区/直辖市政府，绝大多数已制定了关于巩固脱贫成果、防止返贫与新增贫困的指导意见（见表4－3），许多市县级政府也出台了相应的政策文件。从现有的政府文件和实践举措来看，巩固脱贫成果的基本思路是保持脱贫攻坚政策总体稳定、做好对脱贫户的后续帮扶、加强扶贫的动态管理、以乡村振兴巩固脱贫成果；防止返贫与新增贫困所采用的手段、方法较多，主要有完善产业扶贫、就业扶贫、健康扶贫和教育扶贫，进一步织密筑牢兜底保障网，开展易地扶贫搬迁后续扶持，建立健全防贫保障机制，深化扶志扶智扶技，继续补齐基础设施与公共服务短板等。

表4－3　省级政府关于巩固脱贫成果的指导性文件

省份	文件名称	指导性意见的主要内容
青海	关于加强后续扶持巩固脱贫成果的意见（2018年3月）	坚持政策不变、力度不减，支持摘帽县全面巩固提升，支持退出村提升发展水平，通过就业培训、资产收益、教育和健康扶贫、低保兜底等方式扶持脱贫户持续稳定脱贫
湖南	关于提高脱贫质量促进稳定脱贫的指导意见（2018年11月）	持续加大产业扶贫力度，深入实施就业扶贫，全面落实教育扶贫、健康扶贫和危房改造政策，加强易地扶贫搬迁后续扶持，强化综合保障性脱贫，坚持定期动态调整

① 《习近平：咬定目标一鼓作气 确保高质量打赢脱贫攻坚战》，《新华每日电讯》2019年10月18日。

续表

省份	文件名称	指导性意见的主要内容
贵州	巩固提升脱贫成果的指导意见（2018年12月）	打好精准脱贫基础性工作、产业就业扶贫、易地扶贫搬迁后续发展、壮大村级集体经济、农村人居环境整治、基层组织建设六大“脱贫巩固提升战”
海南	关于进一步做好巩固脱贫成果实现稳定脱贫工作的通知（2019年4月）	巩固脱贫户脱贫成果，对脱贫户持续进行帮扶；巩固出列贫困村脱贫成果，继续给予享受有关帮扶政策；巩固摘帽贫困县脱贫成果，做到“四个不摘”
陕西	关于聚焦“两不愁三保障”切实提高脱贫质量的实施意见（2019年7月）	开展脱贫成果“回头看”，严格执行“四个不摘”要求，持续推进产业就业扶贫和扶志扶智，落实易地扶贫搬迁后续帮扶措施，以乡村振兴巩固脱贫成果
江西	关于建立健全脱贫成果巩固提升机制的实施意见（2019年8月）	建立健全脱贫成果回查监测、脱贫人口增收发展、防止返贫保险保障、扶贫项目运维管护、志智双扶激励约束五项工作机制，夯实筑牢责任、组织、政策、帮扶、基层、作风六项保障措施
湖北	关于构建稳定脱贫长效机制的意见（2019年10月）	实施分类帮扶，以乡村振兴巩固脱贫成果，完善政策保障机制，建立政策衔接机制，建立防贫保障机制，完善扶贫资产管理机制，完善大数据管理机制

注：①有些省/区/市未发布文件的原文，本表仅列示文件全文公开的7个省份；②一些省/区/市的文件是直接针对巩固脱贫成果而专门制定的，如青海、贵州等；另外一些省/区/市的文件中设有关于巩固脱贫成果、防止返贫与新增贫困的独立章节，如陕西、湖北等。

随着一系列相关政策措施的落地实施，返贫和新增贫困人数总体上呈现出下降趋势，控制贫困增量的政策效应已逐步显现出来。如青海省近年来以健康扶贫为重要抓手巩固脱贫成果，通过兜底线、强基层、防治并重、打好政策“组合拳”，因病致贫返贫人口由2016年的7.8万人减少到2019年的

1.2 万人①，降幅高达 84.6%。一些地区通过先行试点探索、不断创新机制，目前已基本实现“零返贫、零新增”的目标。例如，河北省邯郸市开展精准防贫试点后，返贫和致贫人数在短短两年内减少了 99.1% 和 96.5%，2019 年上半年，全市脱贫户没有 1 户返贫、非贫户没有 1 户致贫②，有效扭转了 2017 年前一边脱贫一边返贫致贫的被动局面。

但是，巩固脱贫成果的现行政策和举措，仍有一些不足之处：首先，与继续享受原有扶贫政策的大多数出列村、脱贫户相比，当前贫困边缘村、边缘户所获得的帮扶相对较少。尽管近两年不少地区也开始重视对边缘村、边缘户的政策扶持，但待遇差距较大、政策不公平的问题依然存在。其次，由于长期偏重事后的扶贫，事前的防贫机制还不够健全，预防贫困仍有明显短板，防控贫困增量的效果有待进一步提升。再次，部分政策的力度与针对性还需要加强。例如，国家统计局甘肃调查总队对甘南藏族自治州返贫现象的调研结果显示，返贫户认为所参加的技能培训无实质性帮助的占 38%③，这反映出培训项目存在一定程度的供需脱节问题。最后，从政府文件的文本来看，目前很多地方政府仅提出在脱贫攻坚期内保持政策不变，未明确说明 2020 年后的政策取向，这也使得贫困主体对今后政策缺乏稳定预期。

第二节　引发返贫与新增贫困风险的新因素及其影响

以往常见的返贫致贫因素，如重大疾病、自然灾害等，在 2020 年后依然是返贫与新增贫困的重要诱因。对于这些因素所带来的贫困风险，在多年精准扶贫精准脱贫实践中已经积累了不少应对经验，今后需通过进一步的制度优化与政策创新，继续提高化解风险冲击的能力。随着全面脱贫任务如期完成，反贫困进入新阶段，又出现了（或将出现）一些可能引发返贫与新增贫

① 《青海因病致贫返贫人口减少到 1.2 万人》，《农民日报》2019 年 12 月 17 日。

② 《河北省邯郸市：探索精准防贫机制 既防“脱贫返贫”又防“临贫致贫”》，人民网，2019 年 11 月 19 日，http://jl.people.com.cn/n2/2019/1119/c349771-33556136.html。

③ 国家统计局甘肃调查总队：《甘南州返贫现象调研报告》，内部研究报告，2018 年 11 月。

困的新因素。这些新的贫困风险因素，有的已表现得较为明显，有的刚刚初见端倪，还有的尚未显现出来。新老返贫致贫因素彼此交织、相互影响，使2020年后巩固脱贫成果面临巨大挑战。与以往常见因素相比较而言，那些新的风险诱因更应成为我们关注与研究的重点。

一、部分扶贫产业项目效果的可持续性存在隐忧

产业扶贫是开发式扶贫的重要组成部分，也是精准扶贫精准脱贫的最主要手段。据农业农村部统计，2019年末，全国92%的贫困户已参与到产业发展当中，67%的脱贫人口主要通过产业带动实现增收脱贫，产业扶贫已经成为脱贫攻坚“五个一批”中涉及面最广、带动人口最多的①。产业扶贫在促进贫困地区经济发展、增加贫困农户收入方面起到了非常显著的作用。但是，某些地区的部分扶贫产业项目，在效果的可持续性上存在一些隐忧，今后很可能成为引发返贫与新增贫困的风险因素。

一是以往产业扶贫存在急功近利倾向，过于追求项目的短期效益，导致有些项目长期发展能力不足。在脱贫任务压力下，不少地区希望通过产业扶贫资金的投入达到立竿见影的效果，因而更偏好“短平快”的项目，不太愿意投资回报周期长、技术密集型的项目，造成产业选择短期化、表面化现象。许多“短平快”项目虽然在短期内带来一定收益，但长期持续发展的潜力偏弱，难以为农户提供稳定的增收。随着投资效益趋于递减，参与项目农户的收入就会下降，从而可能（重新）陷入贫困。

二是大量项目低端且单一，同质化现象较突出，长期盈利能力不太乐观。当前各地的扶贫产业项目，有许多处于产业价值链的低端，产业链短、产品附加值低的问题较普遍。一些贫困村依然发展过于传统的种植养殖项目，产出的多是缺乏特色的“大路货”，竞争力不强。前几年不少地方在扶贫产业选择上盲目跟风，出现了大量同质化项目，如果今后没有差异化的品牌和经营策略，很容易因市场供过于求、价格下跌而使农户受损返贫或致贫。另外，近年来提倡和推行的“一乡一业”和“一村一品”，在培育壮大

---

① 《产业扶贫取得重大进展 67%脱贫人口通过产业带动实现增收》，农业农村部网站，2019年12月19日，http://www.moa.gov.cn/xw/zwdt/201912/t20191219_6333644.htm。

特色主导产业的同时，也增加了乡域村域产业的市场风险。万一特色主导产业市场低迷，容易造成乡/村域内农户成片遭殃。

三是有的贫困村缺乏持久稳定的扶贫产业，导致产业扶贫的发展前景不明朗。例如，作者在河北魏县某村调研期间，从一名驻村扶贫干部那里了解到，该村几年前就设立了扶贫微工厂，使本村建档立卡贫困劳动力能在村内实现就近就业。不过，几年来该微工厂一直没有比较稳定的项目，前些日子缝棉裤、过段日子又改做提包，生产的产品频繁变化。在工厂打工的村民都感觉适应不过来，成品合格率也较低，使收益打了不少折扣。这名扶贫干部坦言，如果今后还是这样“东打一枪、西放一炮”，扶贫微工厂还能不能长久办下去是个问题。其他地区的一些贫困村，也存在类似现象。

四是产业扶贫的配套支持政策不够精准和完善，使项目后续经营、农户后续增收面临风险与困难。有些扶贫产业项目的回报周期较长，但获得的银行贷款期限却过短，贷款期限和产业周期不匹配，使部分流动性不足的项目经营者面临一定的偿债风险。各地近几年开展的产业扶贫分贷统还项目，随着分贷统还的到期，参与项目的农户收入将不同程度减少。此外，还有部分农户在扩大产业规模、升级产业技术时遇到融资难的问题，阻碍了高质量脱贫。

五是部分扶贫产业因成本较高挤压利润，继续带动农户增收后劲乏力。较为典型的是农村电商扶贫产业，在近年来的电商扶贫实践中，某些集中连片特困地区的家庭电商网上运营成本上升，利润严重缩水，已经出现濒临破产而重新返贫的个案①。从今后看，电商成本依然可能呈现出上升趋势，这将造成农村电商发展动力的衰退，进而减弱电商扶贫效应。

六是有些贫困村的产业扶贫过于依赖驻村扶贫干部，干部调离后容易导致产业发展难以接续。在许多贫困村，产业扶贫工作主要是在驻村扶贫干部特别是第一书记带领下推进的，村产业发展对扶贫干部的依赖性较强。凭借着特殊身份及个人经验与社会关系，扶贫干部也确实在引进企业、筹集资金、开拓市场等方面也解决了不少实际困难。然而，随着干部任期届满调离，一些产业项目的后续运行就可能面临各种问题，陷入困境甚至停滞。这种现象近年来在部分地区已经出现（专栏 4 - 1），并非个案，值得警惕。

---

① 张新星：《脱贫再返贫的原因分析及防范机制》，《决策参阅》2018 年第 34 期。

专栏4－1　扶贫干部离任，扶贫产业停摆

在某贫困村，扶贫工作队、第一书记进驻后经过调研，因地制宜地规划了农业产业集聚园区，园区项目规划了种养、加工、冷贮、运输等全产业链，并引进省内知名大型农企和村集体经济组织合作，分三期实施。经多方协调努力，第一期年出栏2万头的生猪养殖项目建成投产，当年就为村集体经济和贫困户分得红利。

按照园区规划，第二年将进行二期项目生物有机肥料场的建设，将粪污加工为有机肥。这既解决环境污染问题，也为企业增加新的盈利点。然而，在第一批次驻村工作队队长、第一书记期满离任后，项目分段实施的第二、三期等后续工程便处于停滞状态，继任者前期未参与整体规划，对前任的发展思路和其他资源不能有效接力，造成发展空当和断层。

后续产业的无法推进，导致猪场产生的粪污无法加工成有机肥料，因不能为第三期的有机农副产品种植所用而产生环保问题。执法部门曾要求关闭，但因是扶贫产业，所以破例只要求及时整改。村干部、村民们感叹"原来的工作队长、第一书记在就好了"。

——摘编自《干部一走，产业就散？部分地方扶贫产业面临停摆危机！》，《半月谈》2019年6月3日

二、易地扶贫搬迁的后续扶持措施不够到位

对于地理位置偏远、生态极度脆弱、自然灾害高发地区的贫困人口而言，易地扶贫搬迁是解决"一方水土养不了一方人"的根本途径。在"十三五"期间，有1000万左右的建档立卡贫困人口完成了易地搬迁。易地扶贫搬迁的基本要求是"搬得出、稳得住、能致富"，总体而言，当前"搬得出"的问题解决得较好，但"稳得住、能致富"的成效还不明显。一些地方由于主观上重搬迁轻脱贫，再加上客观因素的限制，造成群众搬迁后就业创业路子窄、负担重、稳定脱贫难，面临不同程度的次生贫困风险。

第一，部分有土安置移民的农业生产受限，农业增收空间被压缩。在有土安置方式下，某些安置点因缺少空闲农地、置换农地不便等原因，移民未

能在迁入地获得承包地①；有些虽分配了土地，但农业生产的配套设施条件不完备。在此情况下，就近安置的移民往往选择回去继续经营原先的承包地，重复着传统的小农生产方式；而跨地区安置的移民，因离原农地路途太远，大多数不得不放弃回去耕作。弃耕的闲置农地，有相当一部分并未流转出去，处于抛荒或半抛荒状态，给移民户带来无形的经济损失。一些地方政府通过复垦居民点和工矿点、开发荒草地和滩涂，增加对有土安置移民的农地供给。但以这类方式新增的农地，土壤肥力通常不佳，土地产出能力较低。上述各种因素，无疑对有土安置移民的农业增收产生了制约作用②。

第二，无土安置地非农产业发展不充分、就业机会不多的现象较常见。近年来的易地扶贫搬迁，大多数是在县域范围内进行的。由于县域经济欠发达，产业功能较弱、就业吸纳能力有限，贫困户搬到县城、小城镇或工业园区附近后，尽管在居住环境和基础设施方面获得了改善，可所处的经济发展条件并未有明显变化。就近就业机会和岗位少使一些移民在搬迁后陷入生计困境。有些安置地虽然已经规划或引入了一批产业项目，但离正式投入运营尚有一段时间，短期内还无法为移民提供就业。另外，易地搬迁贫困劳动力的文化素质与技能多数不高，这也增加了他们非农就业的难度。

第三，搬迁后日常消费支出有所增加，可能使贫困户经济状况恶化。搬迁后的移民特别是无土安置移民，靠山吃山、靠水吃水的原有优势不复存在，以往自产的食品需要在市场上购买，水电煤、交通、物业等方面的成本也将增加，这种支出增长具有较强的刚性。如果今后收入没有相应提高，移民家庭的经济负担就会加重，一些建档立卡户有可能因此陷入经济贫困。

第四，少数移民贫困户在搬迁中背负了大额债务，偿债压力较大。尽管国家的易地扶贫搬迁政策明确要求“防止使建档立卡搬迁人口因建房而负债”③，但从一些调研与督查结果看，各地仍存在少数贫困户在搬迁过程中举借了大额债务的现象，该现象主要出现在分散安置对象中。例如，据报道，在大别山区的一个搬迁安置点，有移民反映建房由政府补贴 5 万元后，

---

① 或只获得了少量承包地。

② 某学者的抽样调查结果也显示，已搬迁农户从农业获得的收益以及农业的效益明显低于未搬迁户（梅淑元，2019）。

③ 国家发改委：《全国“十三五”易地扶贫搬迁规划》，2016 年 9 月。

自己还要贷款 8 万元①；再如，重庆丰都县某镇在工作检查中也发现有 28 户大额负债的易地搬迁户②。超标准建房导致成本偏高、财政补贴相对较少、补助金未及时落实到户，是导致搬迁户大额负债的主要原因。

第五，一些自主搬迁户在平等享受迁入地公共服务上面临多重困境。在易地扶贫搬迁中，各级政府的工作重点多放在集中安置上，对于分散安置尤其是自主搬迁户的重视和关心程度相对较弱，造成部分政策未完全落实到自主搬迁户上，某些地区还出现了迁出地和迁入地对自主搬迁户"两不管"的现象。由于无法顺利在迁入地落户，一些自主搬迁户难以享受当地的社会保障，子女上学也经常遇到各种限制和障碍。

三、外部帮扶力度存在趋于减弱的可能性

实施精准扶贫以来，中央与各级地方政府持续加大对扶贫的投入，推出了一系列对贫困地区和贫困人口的帮扶政策；与此同时，各种社会力量也被全面动员起来参与到扶贫中去，企事业单位、社会组织、群众团体乃至公民个人均成为脱贫攻坚的重要力量。精准脱贫成就的取得，很大程度上归功于强大的外部力量推动。然而，在 2020 年实现全面脱贫目标之后，由于种种原因，外部各方面力量支持扶贫的方式将会发生一些调整，扶贫的力度也可能在一定程度上减弱。在当前脱贫质量还不是很高、贫困主体自我发展能力仍不够强的情况下，外部力量的弱化将加大返贫与新增贫困的风险，这也是下一阶段巩固脱贫成果所需要直面的挑战。

在完成脱贫攻坚任务后，一些扶贫主体会有"松口气、歇一歇"的想法，在思想上有所松懈，使扶贫工作的热情与动力减退。但是，除了这种主观上的问题外，还存在不少客观因素也会导致外部帮扶力度的减弱，归纳起来主要有三方面原因：一是扶贫资源供给能力相对下降。政府、企业与社会各方面扶贫资源的供给水平，直接关系到对贫困主体帮扶力度的大小。由于经济增速放缓、财政压力加大、实体经济困难增多、市场预期不稳等原因，未来一段时期在反贫困领域继续维持高投入的难度变大，扶贫资源的供给能

① 高云才：《扶贫搬迁，不能一搬了之》，《人民日报》2017 年 4 月 16 日。

② 《"四项措施"抓实易地搬迁问题整改》，丰都县政府信息公开资料，2019 年 11 月 5 日。

力相比以往会有所降低。二是贫困治理方式转型。中国依靠在精准扶贫中所形成的“军令状”式扶贫管理机制（邢成举，2016）和运动式扶贫模式（魏程琳、赵晓峰，2018），实施了一系列超常规的扶贫举措，并使各类扶贫主体保持了高涨的扶贫热情。但这种特殊的治理方式，是为了在短时期内完成脱贫攻坚任务而设计的，存在一些不可持续的因素。进入到反贫困新阶段后，建设一个稳定、内嵌式的新型扶贫机制，由集中性减贫转向常规性减贫成为扶贫事业的重要战略转移路径（张琦，2018）。逐步转向常规性减贫方式后，经济社会资源在反贫困需求和其他领域发展需求间的分配结构将有所调整，这也会在一定程度上使外部帮扶力度趋于减弱。三是对以往过度帮扶进行纠偏。近年来的扶贫实践中，盲目拔高标准、越俎代庖、一兜了之等“过度帮扶”行为屡屡发生，助长了贫困户的惰性，甚至出现了一些贫困户“靠着墙根晒太阳、等着别人送小康”的现象。今后要实现可持续脱贫，必须及时纠正各种形式的过度帮扶行为，促使脱贫户摒弃等靠要思想。这种纠偏举措，从表面上看是外部帮扶的减少，短期内也会使部分依赖性强的脱贫户减收，但放眼长远，有利于增强脱贫户的内生发展动力、促进可持续脱贫。

具体而言，2020 年后引起外部帮扶力度减弱的因素主要有：一是财政支持扶贫能力的相对减弱。受经济增长减速与实施减税政策的影响，财政收入增长呈现放缓趋势，这会给财政扶贫支出增长带来压力。对于某些转移性收入比重较高的脱贫户与贫困边缘户而言，一旦来源于财政的转移性收入减少，可能直接引发贫困风险。二是政府对产业反贫困直接介入的减少。当前的一些产业扶贫项目，尚未充分形成市场化的运行模式，很大程度上是依靠政府补贴、人情采购等非市场手段才得以盈利①，这样的做法难以长久维系。今后，提高产业反贫困的市场化程度是大势所趋，政府将逐步减少对产业扶贫的直接干预，由此，上述这类项目的利润会大幅下降，甚至可能出现亏损。三是驻村扶贫队伍及帮扶制度的变动与调整。某些村庄的脱贫过于依赖

① 一个典型例子是各地的光伏扶贫项目，这些项目普遍对财政补贴依赖严重。以 3 千瓦的用户光伏发电系统为例，一年净收益估计为 2700 元，其中 2100 元来自国家发电补贴，如果没有政府补贴，3 千瓦的扶贫电站实际上给贫困户带来的年净收益只有 600 元。详见《光伏扶贫：持续照亮扶贫之路》，《山西日报》2018 年 9 月 4 日。

驻村扶贫干部（特别是第一书记）及其人脉关系，一旦扶贫干部离开，产业接续发展就会面临困难，一些工程项目也可能陷入停滞。另一方面，在脱贫攻坚任务完成后，驻村帮扶制度也将根据新形势需要作出适当调整，一些驻村扶贫干部可能被调离，这也会使外部帮扶力度发生变化。四是企业参与扶贫的能力和意愿变弱。受经济下行的影响，许多企业经营压力趋于加大，今后用于扶贫的资源投入受到限制。此外，前几年不少企业主要是奔着享受优惠政策而加入扶贫队伍的，如果以后这些政策发生变化，企业从扶贫中的获益减少，他们继续参与扶贫的积极性就会降低。

四、其他方面的一些新生风险也不容忽视

首先，近期要重点关注新冠肺炎疫情对巩固脱贫成果带来的负面影响。始于2020年初的新冠肺炎疫情，对经济社会发展产生了较大冲击，也加大了巩固脱贫成果的压力。短期内，疫情对农民外出务工、扶贫项目建设、农产品销售、乡村旅游等方面带来的不利影响还将持续一段时间，有些脱贫户、边缘户可能因为收入减少而返贫或致贫。尤其是在湖北等疫情原高发区以及农村旅游业等复工复产较慢的行业，因疫返贫致贫的风险会更高。随着国内疫情趋于稳定，加上各类稳经济政策的作用，上述风险将逐渐趋于减少。然而，由于国外疫情发展尚存不确定性，国内经济复苏还需要一些时日，对疫情引发的返贫致贫风险仍应保持警惕。

其次，要关注产业升级和技术创新引发的农业转移劳动力失业风险。随着国内产业结构升级步伐的加快，一些传统行业的增长会放缓，更多的落后产能将逐步被淘汰。这会导致部分产业和企业减少对农村低端劳动力的需求，农村贫困劳动力的就业空间将受到一定程度压缩。此外，人工智能、物联网、区块链等新技术的快速发展，会产生替代人类劳动的作用，进而形成就业替代效应。特别是人工智能具有技术通用性强、指数级增长、程序可低成本复制与自我学习能力等特点，其对就业的冲击可能超过以往各种技术创新（潘文轩，2018）。上述技术创新因素，未来也会增加农业转移劳动力的失业风险，其中的一部分人会因此失业进而失去稳定的收入来源。

再次，要警惕农村互联网金融发展给农户带来的经济损失风险。今后互联网金融在农村地区将获得越来越广泛的运用，这有利于为包括贫困人口在内的广大农村居民提供便利化的普惠金融服务。但作为一种相对较新的金融

形态，互联网金融在农村地区的发展和推广仍面临不少风险，其中，欺诈风险、网络安全风险、客户操作风险更是会直接导致农户的经济损失①。农村的金融管理体系相比城市显得薄弱，农民的金融知识和风险意识也比较匮乏，这导致农户很容易受到互联网金融风险的冲击。尤其是刚脱贫户与贫困边缘户，万一遭受大额的财产损失，极有可能返贫和致贫。

最后，要重视农村贫困主体深度融入市场经济后增加的法律风险。贫困村出列、贫困户脱贫后将进一步融入市场经济体系，在此过程中，他们与外界的经济交往会不断增多，社会关系也将变得更加复杂。然而，由于当前贫困地区农民的法律素养整体不高，在生产经营、市场交易和外出务工中往往会忽视法律上的一些风险点，一旦引发现实利益纠纷，可能难以依法保护自身合法权益，影响到脱贫成果的巩固。例如，产业反贫困中的利益联结机制，需要通过合同、契约等法律形式来确定，一些企业可能利用“霸王条款”或钻合同条款中的漏洞，损害合作农户的利益。

第三节　高质量巩固提升脱贫成果的政策建议

一、保持原有扶贫政策的相对稳定性和连续性

2013 年以来，中央与各级地方政府制定了许多精准扶贫精准脱贫政策，并采取了一系列超常规的贫困治理措施，这些政策举措是打赢脱贫攻坚战的关键因素。在完成脱贫攻坚任务、消除绝对贫困后，中国农村贫困主体的发展水平依然较低、发展基础仍然薄弱。基于脱贫质量并不高的客观事实，在 2020 年后的若干年内，需要在总体上保持原有扶贫政策的稳定性和连续性。这有助于降低返贫与新增贫困风险，确保脱贫成果得到充分巩固、实现稳定高质量脱贫，并为今后提升长期持续发展能力夯实基础。保持原有扶贫政策

① 事实上，近几年在某些农村地区，互联网金融风险已经暴露出来。如有媒体报道，在河南一个国家扶贫开发重点县的 16 个乡里，有 14 个乡都被伪 P2P、非法集资“洗劫”，其中一个村被骗 800 多万元，很多村民连医保都交不起了。详见《小心：伪 P2P 走进农村正掘空你父母的荷包》，江西省人民政府网站，2017 年 2 月 10 日，http：//www. jiangxi. gov. cn/art/2017/2/10/art_ 5493_ 365256. html。

稳定、连续的基本原则，就是要严格落实好“四个不摘”的要求（专栏4－2），坚持做到“责任不卸、政策不变、队伍不散、力度不减”，努力使后续反贫困政策与反贫困投入同巩固提升脱贫攻坚成果的要求相适应。

对于摘帽的贫困县与出列的贫困村，要继续在政策和资源分配上加以倾斜，着力弥补产业发展、基础设施和公共服务等领域的短板。在一定时期内保持驻村扶贫队伍的稳定性，贫困村出列后，第一书记和驻村工作队应继续开展帮扶，防止撤摊子。驻村扶贫队伍的帮扶力度不能减弱，扶持的重点要根据形势变化进行调整，更加注重巩固产业发展成效、加强易地搬迁后续帮扶、完善社会保障防贫。对于脱贫的农户，要继续落实好脱贫攻坚期到户到人的各类扶贫政策，并结合他们在产业、就业、健康等方面的发展新需求，研究制定“升级版”的扶持政策。当脱贫户确已实现高水平的稳定脱贫后，可在严格把关的前提下，退出享受扶贫特惠政策，从而使扶贫资源更加集中投向非高标准脱贫户与贫困边缘户群体。此外，社会扶贫方面的政策同样是只能加强而不能削弱，这也是后脱贫时代进一步完善大扶贫格局的需要。

专栏4－2　贫困县摘帽后的“四个不摘”

2019年4月16日，习近平总书记在解决“两不愁三保障”问题座谈会上阐述了贫困县摘帽后的“四个不摘”，即摘帽不摘责任、摘帽不摘政策、摘帽不摘帮扶、摘帽不摘监管。

对于摘帽不摘责任，习近平指出：“贫困县党政正职要保持稳定，做到摘帽不摘责任。”贫困县摘帽后，县级党委和政府主要负责人依然要强化扶贫的责任意识与主体意识，继续做好巩固脱贫成果的工作。

对于摘帽不摘政策，习近平指出：“脱贫攻坚主要政策要继续执行，做到摘帽不摘政策。”消除绝对贫困只是解决了“两不愁三保障”，但产业短板和公共服务落后的问题尚未从根本上解决，增强发展能力也需要一个过程，这客观上要求保持政策的稳定性。

对于摘帽不摘帮扶，习近平指出：“扶贫工作队不能撤，做到摘帽不摘帮扶。”扶贫干部要在“摘帽”之后坚守岗位，保持工作连续性，确保有长期坚守阵地的团队，实现已脱贫人口的稳定脱贫。

对于摘帽不摘监管，习近平指出：“要把防止返贫放在重要位置，做到摘帽不摘监管。”刚脱贫群众的生活还处于较低水平，工作稍有松懈，就可能重返贫困。为此，对已脱贫的贫困户要进行动态监测，发现返贫风险及时采取帮扶措施，确保脱贫户不返贫。

二、建立健全返贫致贫监测预警机制

开展返贫致贫监测预警的目的，是及时发现可能返贫或致贫的家庭与个人，进而采取有针对性的帮扶措施，防范贫困人口新增风险、有效控制贫困增量。监测的范围应当覆盖所有贫困脆弱人群，主要包括非高标准脱贫户、贫困边缘户以及因遭遇风险事件而面临贫困风险的其他农户。对于低保户、五保户、重病户、危房户、鳏寡孤独户、残疾人家庭、收入非常临近贫困线的脱贫户与边缘户、遭遇突发事件或重大变故的低收入家庭，要作为重点对象加强监测。返贫致贫监测的内容，既要包括收入和支出，也要涵盖义务教育、基本医疗、安全住房、安全饮水、生活用电、环境卫生等基本生活项目，另外还需考虑风险事件的预期影响①，并据此设置相应的监测指标。

借鉴总结一些地区已有的经验做法，在返贫致贫监测中可采用分类预警方法，即根据监测结果得到的贫困风险高低程度，分几个不同档次进行预警，预警等级越高的人群，采取帮扶措施的紧迫性也越高。在此提出如表4-4所示的按监测内容划分的预警等级及启动标准，各地可参照该表，结合实际对具体标准进行细化或调整。

表4-4　返贫致贫预警的等级及启动标准

预警等级	预警启动标准			
	收入	支出	基本生活	风险事件
红色（Ⅰ级）	家庭人均可支配收入低于现行国家收入贫困线	扣除教育、医疗刚性支出后的家庭人均实际可支配收入低于现行国家贫困线的3/4	义务教育、基本医疗、安全住房、安全饮水、生活用电、环境卫生中有两项或两项以上不达标	导致巨大经济损失的重大灾害，使基本生计难以维系的家庭重大变故等

① 之所以要单独考虑风险事件，是因为事件对贫困的影响可能要过一段时间才能显现出来（如收入减少等），即事件的致贫效应未必马上反映在收入、支出与基本生活指标上；将风险事件单列出来进行预警，有助于前瞻性地研判潜在的贫困风险。

续表

预警等级	预警启动标准			
	收入	支出	基本生活	风险事件
橙色（Ⅱ级）	家庭人均可支配收入低于国家收入贫困线的1.25倍	扣除教育、医疗刚性支出后的家庭人均实际可支配收入低于现行国家贫困线	义务教育、基本医疗、安全住房、安全饮水、生活用电、环境卫生中有一项不达标	造成较大经济损失的灾害，对基本生计有较大影响的家庭变故等
黄色（Ⅲ级）	家庭人均可支配收入低于国家收入贫困线的1.5倍	扣除教育、医疗刚性支出后的家庭人均实际可支配收入低于现行国家贫困线的1.25倍	义务教育、基本医疗、安全住房、安全饮水、生活用电、环境卫生均达标但至少有一项勉强达标	带来一定经济损失的一般性灾害，对基本生计有一些负面影响的家庭变故等

注：①基本生活各项目的达标标准，可结合“两不愁三保障”要求与本地实际来确定；②风险事件中的灾害主要指自然灾害，家庭变故包括家庭成员身患大病、意外伤残、劳动力死亡、陷入高额债务、遭受经济欺诈等；③总的预警等级，根据分项预警等级中的最高等级确定。

在监测预警中，只有全面、精准地获得监测对象涉及监测指标的信息，才能确保监测预警体系的有效运作。为此，要通过基层干部跟踪调查、农户自主申报、部门大数据分析等多种方式获取相关数据信息，充分利用本地精准扶贫大数据平台系统的功能，加强跨部门信息共享和不同来源信息比对，努力提高数据质量。预警启动后，对于符合现行标准下贫困识别条件的，要及时纳入建档立卡信息系统或作返贫处理。

三、加强对非建档立卡贫困边缘户的扶持

当前，非建档立卡贫困边缘户所获得的扶贫政策待遇，同建档立卡户相比依然存在较大差距。贫困边缘户缺乏有力的政策支持，是导致近两年各地新增贫困人数普遍远超返贫人数（见前文统计分析）的一个重要原因。事实上，由于识别标准与程序方面的局限性，前几年很多未评为贫困户的农户，

其实际生活水平未必就优于建档立卡贫困户①，有少数甚至还不如贫困户。因此，2020 年后巩固脱贫攻坚成果，必须着力弥补贫困边缘户政策扶持方面的短板，帮助边缘户降低贫困风险，促进其收入水平与生活质量的稳步提升，从而有效控制新增贫困人口。

加强对非建档立卡贫困边缘户的政策扶持，首先要明确该群体的识别标准。识别标准可从收入、支出与其他生活困难三方面来界定：收入标准宜设为介于国家贫困线与1.5 倍国家贫困线之间；支出主要看有否超过家庭负担能力、因病因学或其他原因造成的大额刚性支出；至于其他生活困难事项，主要包括长年患病、残障失能、家中无劳力、老人无子女赡养、无安全饮水等。只要有一个方面符合识别标准，就应及时列为贫困边缘户加以帮扶。乡村基层部门要做好识别工作，摸清本村贫困边缘户的数量和基本情况；驻村扶贫工作队应将帮扶边缘户纳入巩固脱贫成果的主要任务，与已脱贫建档立卡户的后续帮扶统筹推进、同步实施。

为了增进扶贫政策的群体间公平性，可综合采用如下方法进一步缩小非建档立卡边缘户与建档立卡户间的政策待遇差距：一是扩大政策适用对象范围。将目前面向建档立卡户的部分扶贫特惠政策的适用对象，拓展延伸至贫困边缘户群体，使两类群体平等享受相关政策②。二是平缓政策待遇坡度。贫困边缘户可比照建档立卡户享受某些扶贫特惠政策，但在待遇标准上适当降低，使政策待遇在建档立卡户、非建档立卡边缘户、普通农户间呈现三个梯度。三是调整普惠、特惠两大类政策间的结构。从长远发展趋势看，需结合乡村振兴战略，增加和强化普惠型的农村发展政策，逐步合理调减特惠型的扶贫政策，使边缘户更多从普惠型政策中受益。

对贫困边缘户的扶持要避免大水漫灌，积极开展分类施策、因户帮扶。对于增收乏力但有劳动能力的边缘户，应加强产业就业扶持，在融资、技术、培训等方面给予个性化的帮助。对于医疗、教育支出负担较重的边缘

① 曾有媒体报道，有两家参评贫困户的农户经济状况差不多，其中一家评上了，但另一家仅因为当年多卖了一只羊收入超标而未评上。

② 如果将建档立卡户享受的扶贫特惠政策全部简单平移至非建档立卡边缘户，虽然能消除这两大群体间的政策待遇差异，但又会在边缘户与一般农户间形成新的政策待遇“悬崖效应”。为此，本书提出平缓政策待遇坡度、调整普惠与特惠两大类政策间的结构两种办法，与平移部分政策的方法结合起来运用。

户，帮扶的关键是运用好健康与教育反贫困手段，要资助边缘户购买大病补充保险、对边缘户积极开展大病临时救助，加大对非建档立卡家庭经济困难学生的奖励资助力度。对于面临其他困难的边缘户，要以解决现存的突出问题为导向，采取有针对性的帮扶措施，如为残疾人提供康复救助服务，对饮水安全有隐患的进行饮水安全改造，对住房质量较差的发放房屋修缮补贴等。

四、多渠道完善防贫措施，降低各类贫困风险

进入脱贫成果巩固期后，非高标准脱贫户与贫困边缘户仍面临较高的贫困脆弱性，可能在各种内外部不利因素的影响下（重新）陷入贫困。为此，应积极采取防贫措施，有效降低贫困风险、控制贫困增量，确保脱贫攻坚成果得到巩固。

针对普遍性的返贫致贫诱因（如大病、自然灾害等），要运用好社会保障、政策性保险与商业保险等手段，及时防范与化解贫困风险。首先，充分发挥社会保障防贫作用，为贫困脆弱农户构筑风险“安全网”。让非高标准脱贫户在一定时期内继续享受原有的健康、教育和养老扶贫政策，保持政策的相对延续性；将适用于建档立卡户的医保特惠政策、社会救助政策，合理延伸至非建档立卡边缘户群体。其次，进一步探索利用政策性保险、商业保险方式，提高贫困脆弱农户的风险抵御能力。加快发展政策性农业保险，加大财政补贴保费的力度；结合农户实际需求增加农业保险品种，适当扩大农业保险的覆盖面；鼓励保险公司开通绿色通道，为列入返贫致贫预警范围的农户优先办理理赔。积极开展“防贫保险”业务，各地可结合本地实际情况，或推广运用以魏县为代表的“政保联办、群体参保”模式，或采用“农户自愿参保、政府补贴保费”模式，抑或探索其他合适的创新模式。最后，建立健全贫困联防联控机制。全面整合社保、卫生、教育、民政、保险与财政等相关部门的政策与资源，形成防贫合力。

如何应对新出现的一些贫困风险，是今后防贫的难点所在。针对第二节所述的新的风险诱因，提出如下对策举措：第一，促进产业扶贫的可持续发展。对经济收益不佳、发展潜力不大的项目及时作出适应性调整，突出扶贫产业的特色化、差异化与品牌化；积极开发农业多种功能，逐步延伸农业产业价值链。完善小农户与新型农业经营主体在产业扶贫中形成的利益联结机

制，使小农户公平合理地分享产业发展利益。进一步健全与产业扶贫相配套的财税、金融和土地政策。第二，完善易地扶贫搬迁后续帮扶措施。引导搬迁农户尽快转变生产生活方式，帮助他们适应迁入地的新环境，通过培训提高其劳动技能。研究迁出地宅基地有偿退出的机制与路径，科学制定宅基地退出的补偿标准与方式（耿敬杰、汪军民，2018）。加快迁入地的产业发展，努力增加就业岗位；对于产业基础较薄弱地区，要利用政策支持社区工厂、扶贫车间的建设；对吸纳搬迁户就业达到一定人数的企业给予奖励。解决好自主搬迁户在落户、子女上学与社会保障等方面遇到的问题。第三，保持外部帮扶的合理力度，不断优化帮扶方式。保持扶贫政策与队伍的总体稳定性，防止脱贫攻坚任务完成后政策中断和队伍撤离现象。将物质帮扶与能力帮扶有机结合起来，更加注重能力帮扶，帮助贫困脆弱农户增强自我发展能力。减少使用容易助长惰性的扶持措施，慎用“分红式”扶贫、严格低保审核，财政扶贫宜多采用“以奖代补”方式。第四，采取科学举措预防和控制因疫返贫致贫。积极推进就业反贫困，部署好农村贫困劳动力返岗就业工作；大力开展消费扶贫，探索适应疫情防控常态化的消费扶贫新模式；在确保疫情防控前提下，加快扶贫企业复产稳产、扶贫项目复工开工。第五，通过合理的制度安排，消解就业、金融和法律方面的贫困风险。加强对农业转移劳动力的技术培训，引导农村互联网金融有序、规范发展，落实对农民合法权益的法律保障。

五、依托乡村振兴战略巩固提升脱贫成果

在肯定精准扶贫精准脱贫巨大成就的同时，我们也要看到在脱贫攻坚期内还有一些反贫困难点问题尚未得到有效解决，如贫困户内生动力不足、农村高素质人才缺乏、乡村治理能力偏弱等，这很可能成为今后引发返贫与新增贫困的因素；此外，贫困地区与贫困农户实现脱贫后，其发展基础仍较为薄弱，依然处于相对落后状态，可持续发展面临不少瓶颈制约。在此情况下，迫切需要通过一种长期稳定的制度安排，防范化解贫困风险、巩固提升脱贫成果，确保实现稳定脱贫，并为未来更高层次的发展奠定基础。乡村振兴战略提出的“产业兴旺、生态宜居、乡风文明、治理有效、生活富裕”总要求，是对脱贫攻坚目标的进一步升华，为2020年后巩固与提升脱贫成果提供了长效机制。依托乡村振兴战略的实施，巩固脱贫攻坚成果将获得稳定的

资源和政策支持，进而助力高质量脱贫与可持续发展目标的实现。今后几年中，应遵循依托乡村振兴巩固提升脱贫成果的基本思路，将贫困地区作为实施乡村振兴战略的重点，使乡村振兴的资源要素与支持政策往摘帽贫困县、出列贫困村合理倾斜，确保脱贫成果不反弹、有拓展。

要推动巩固提升脱贫成果与实施乡村振兴战略有机衔接，结合乡村振兴规划做好摘帽县、出列村、脱贫户的后续支持工作。摘帽县和出列村要制订与实施若干年的巩固提升计划，并做好计划执行的绩效评估。对于摘帽、出列时间不长的县和村，要着力夯实产业发展根基，补齐基础设施与公共服务的短板；对于摘帽、出列多年且发展基础相对较好的县和村，则要在“提升”上下功夫，持续壮大县域经济和村域经济，合理提高公共服务的标准。要结合乡村产业发展、创新创业、生态治理与民生保障等乡村振兴重点工作，因户因人研究制定脱贫户的后续帮扶措施。对于非高标准脱贫户，继续跟进落实原有的扶贫特惠政策；对于稳定脱贫户，精准实施满足其更高层次发展需求的支持措施。要按照乡村振兴目标要求，适应从脱贫攻坚转向乡村振兴的形势变化，调整和优化“三农”政策体系，更多更好发挥普惠型政策的作用，使政策红利广泛惠及建档立卡户之外的农村人口，消除因政策待遇“悬崖效应”引发的贫困边缘户及其他脆弱人群的致贫现象。

要将产业发展、基础设施、公共服务、人居环境、人才队伍、基层治理等方面作为衔接实施乡村振兴战略与巩固提升脱贫成果的重点，通过补短板、强弱项、提档次、促升级，实现稳定高质量脱贫。在产业发展上，要改变以往产业扶贫的短期化倾向，推动扶贫产业项目优化升级；积极推进农村产业融合发展，加快培育新产业新业态；促进乡村产业做大做强、提质增效，使脱贫农户持续稳定增收。在基础设施和公共服务上，需加快农村基础设施提档升级，进一步提高农村教育质量和基层医疗服务水平。在人居环境上，要以建设美丽宜居乡村为导向，加强村庄环境整治，强化生活污水垃圾治理，提高农房建造质量。在人才队伍上，应畅通城乡间人才双向流动渠道，为返乡下乡人才创新创业提供平台；加快培育新型职业农民，增强致富带头人的引领、帮带作用。在基层治理上，要推进村党支部的标准化、规范化建设，有效解决基层组织软弱涣散问题；要改革优化驻村帮扶制度，可结合乡村振兴任务需要，在原先驻村扶贫工作队基础上组建新的乡村振兴驻村工作队，工作队主要功能逐渐由扶贫防贫转向推动乡村全面发展。

附录 4－1 选用分层比例抽样法的原因及操作方法

作者起初的设想是测算贫困地区所有县的返贫与新增贫困状况，但在查找各县扶贫对象动态管理名单时发现，有许多县未在网上公布名单，另有一些县公布的名单不全，因此，对贫困地区作为一个全体进行测算行不通。如果以名单齐全的县为考察范围进行测算，虽然能看出县级层面的返贫与新增贫困状况，但难以较准确反映贫困地区贫困增量的总体水平，这是因为名单齐全的县的比例在不同省/自治区/直辖市间差异较大①。在此情况下，作者选用了分层比例抽样法（以省份作为分层依据），通过样本县的相关指标值来推断贫困地区的返贫与新增贫困情况。通过这种抽样法，既能较为准确地获得贫困地区贫困增量水平的估计值，也能大幅度地减少工作量。至于省/自治区/直辖市内的样本县，作者继续以分层比例抽样法（以区内重点县、区内非重点县、区外重点县为分层依据）为基础来抽选，同时兼顾数据可得性、在不同地级市分布的相对均衡性两大因素，对所选的样本县名单进行适当调整，最终确定了如附录 4－2 所示的 76 个样本县。

附录 4－2 按分层比例抽样法选取的 76 个样本县在各省/自治区/直辖市的分布

省/自治区/直辖市	县	省/自治区/直辖市	县
河北	万全区*、涞源县*、望都县#、青龙县	山西	和顺县、河曲县、方山县
内蒙古	科尔沁右翼前旗*、兴和县*、翁牛特旗	吉林	通榆县*
黑龙江	富裕县#、海伦市	安徽	阜南县*、灵璧县
江西	永新县*、横峰县	河南	汝阳县*、柘城县#、滑县、睢县

① 有的省/自治区/直辖市下辖的贫困县大部分有数据，而有的省/自治区/直辖市下辖的贫困县中仅个别有数据。

续表

省/自治区/直辖市	县	省/自治区/直辖市	县
湖北	长阳县*、大悟县*、竹溪县*	湖南	城步县*、辰溪县#、炎陵县#、平江县
广西	凤山县*、天等县*、富川县	海南	保亭县
重庆	巫山县*、彭水县*	四川	古蔺县*、平昌县*、小金县*、理县#、北川县#、青川县#
贵州	镇宁县*、印江县*、晴隆县*、大方县*、施秉县*、湄潭县#、西秀区#	云南	昌宁县*、永善县*、永胜县*、勐腊县*、砚山县*、宁洱县*、盈江县#、祥云县#、富源县
陕西	永寿县*、合阳县、西乡县*、横山区*、平利县#、耀州区	甘肃	榆中县*、会宁县*、麦积区*、环县*、碌曲县#
青海	湟中县*、民和县*、同仁县#、门源县#	宁夏	泾源县*
新疆	乌恰县*、叶城县*、喀什市#、尼勒克县		

注：带*的县表示在集中连片特困地区范围内的重点县，带#的县表示在集中连片特困地区范围内的非重点县，无标记的县表示在集中连片特困地区范围外的重点县。

第五章

制定贫困新标准及按新标准识别贫困

贫困标准是衡量与判断贫困与否的尺度，制定贫困标准是开展反贫困的一项基础性工作。合理的贫困标准，能为识别贫困人口、确定扶贫对象、分析贫困状况以及评估减贫绩效提供科学依据。衡量贫困的标准具有动态性，需要随着经济社会发展和贫困形势变化而作出相应调整。2020 年后，按现行标准衡量的绝对贫困会在统计上趋于消失，现行贫困标准由此失去了沿用下去的合理性。为此，需要抓紧研究制定新的贫困标准。只有尽快出台适应新形势需要的贫困新标准，我们才能回答“2020 年后谁是贫困人口”的问题，进而才能明确反贫困的具体对象。长期以来，中国的贫困标准实际上指的是农村贫困标准，而城市地区尚未有严格意义上的贫困标准①。然而，在进入反贫困新阶段后，为了更好应对城市贫困问题，需要对城市贫困标准加以界定。所以，后脱贫时代制定贫困新标准所涉及的任务，除了调整农村贫困标准外，还包括建立城市贫困标准并推动城乡贫困标准一体化。对于后两项任务，本书将在第七章做详细论述，本章要探讨的制定贫困新标准及按新标准识别贫困的问题，主要针对农村②。

第一节　制定贫困新标准的理论及现实依据

中国 2020 年后制定贫困新标准的主要依据有两条：一是遵循贫困标准制

① 实践中往往将城市低保标准视同城市贫困标准。

② 事实上，由于 2020 年后农村与城市贫困标准均以多维相对贫困标准为基本方向，具有一定共性，因此本章关于农村贫困新标准与新标准下贫困识别的主要设想，总体上也适用于城市贫困标准。

定的内在逻辑与规律，二是顺应全球贫困标准发展演变的基本趋势。全球贫困标准的演进历程，实际上是贫困标准制定规律发生作用的结果，因此，这两条依据在本质上是一致的。

一、遵循贫困标准制定的内在逻辑与规律

不同国家采用的贫困标准有所差异，即便是同一个国家，贫困标准也会随着时间推移而发生变化，理解上述现象需要深刻认识贫困标准设计的影响因素。影响贫困标准制定的因素众多，其中起关键性作用的主要是贫困人口状况、经济发展水平、国家减贫理念与财政能力、社会对贫困的认知等。理解这些因素的作用，有助于把握确定贫困标准的一般规律，进而更加科学合理地制定中国2020年后的贫困标准。

首先，贫困人口状况对制定贫困标准具有决定性的影响。贫困标准采取何种形式、设置什么样的水平，很大程度上取决于当时的贫困形态和贫困程度。许多高收入国家之所以在20世纪后半叶陆续使用相对贫困标准，是因为本国绝对贫困人口数量大幅减少、绝对贫困现象逐步消除，采用相对贫困标准有助于将反贫困重心转向相对贫困人口。其次，经济发展水平是影响贫困标准选择的基本因素。统计分析显示，绝对收入贫困线有随人均收入提高而提高的趋势，绝对收入贫困标准同经济发展水平间具有较明显的正相关性（Ravallion etc，2009）。许多高收入国家从原先使用绝对贫困标准转向采用相对贫困标准，其主要原因也在于经济发展因素。再次，政府是反贫困的最重要主体，国家的反贫困理念与财政能力也直接关系到贫困标准的选择。贫困标准的制定，会受到政府减贫价值取向的影响与客观财政能力的约束。最后，社会对贫困的认知也对贫困标准起到潜移默化的作用。在早期，社会对贫困的主流看法是吃不饱饭、穿不暖衣，此时的贫困标准主要按照满足最低生存需要而设定。但随着生活水平不断提高，这种最低限度的“生存贫困线”逐渐难以为社会所接受。进入现代社会，将体面生活作为国民应平等享有的权利的观念逐渐深入人心，即便是穷人也理应享受到这种权利。相对贫困标准和多维贫困标准的引入，一定程度上就是对贫困认知发生变化的结果。

2020年后制定新的贫困标准，需要结合中国实际情况全面考虑上述因素及其影响。例如，从经济发展与贫困现状方面看，现行的绝对贫困标准已使

用了10年时间。在进入新时代后，随着经济发展水平的提高以及贫困类型结构的变化，迫切需要及时进行适应性的调整与转变，加快研究制定相对贫困标准。再如，在中国全面建成小康社会后，人民群众包括贫困群体对美好生活的需求会进一步快速增长，社会对贫困群体如何过上美好生活将有新的认知。为此，就要对衡量贫困的维度进行合理的拓展，在解决贫困人口绝对贫困的基础上改善他们基本可行能力不足的多维贫困状况（杨艳琳、付晨玉，2019），更好回应与满足这一人群在公共服务、社会权利和个人发展等方面的基本诉求。

二、顺应全球贫困标准发展演变的基本趋势

收入短缺是贫困的最原始表现，所以最初各国主要以收入作为衡量贫困的标准。自英国在20世纪初率先按“购物篮子”测算贫困线后，各国相继制定出了各自的收入贫困线。在各国实践中，形成了基本需求法、马丁法、恩格尔系数法、收支均衡法等多种测算收入贫困线的方法。上述方法尽管在技术手段上有差异，但都是根据“基本生活必需品”来确定贫困线的，由此得到的贫困线称为绝对收入贫困线。20世纪50年代后，发达国家基本消除了未解决温饱的绝对贫困人口，但社会贫富差距仍在扩大，收入不平等与相对贫困问题越发受到关注。在此背景下，英国等欧洲国家开始改革收入贫困线的构造方法，以中位收入的一定比例作为新的贫困线，称为相对收入贫困线。当前，这种相对收入贫困线已经在许多发达国家特别是欧盟国家得到了较广泛的使用。

虽然绝对收入贫困标准与相对收入贫困标准在理论上有较明确的划分，但综观各国制定贫困线的具体实践，两者间的界限出现了一定程度的模糊化倾向：首先，居民平均生活水平的提高，间接推动了“基本生活必需品”所含内容的拓展，收入贫困线水平趋于上升，这就给绝对收入贫困线赋予了相对性意义。其次，许多发展中国家建立了绝对收入贫困线的动态调整机制，贫困线呈现出良好的收入弹性，这恰恰是相对收入贫困线的特点。最后，一些国家在测算收入贫困线的过程中，同时考虑了“基本生活必需品”与社会平均生活水平，使收入贫困线兼具绝对性与相对性。一个典型例子是美国的贫困门槛，它基于营养支出法和恩格尔系数法计算得到，使用了绝对贫困线的测算方法；但它又以全体人口消费类型为依据制定，具有相对贫困线的

特点。

现实中的贫困表现在多个维度，只凭借收入贫困标准难以识别出在非收入维度陷入贫困的人群。20 世纪 70 年代，阿玛蒂亚·森（Sen，1976）将能力贫困纳入贫困分析框架，创立了以可行能力为核心的多维贫困理论。在此之后，学界对贫困的认识从较单一的收入维度转向更丰富的多元维度，贫困标准的制定也逐渐由单一的收入贫困标准拓展至更丰富的多维贫困标准。根据森等人的多维贫困思想，一些国际组织与研究机构先后设计出 HDI 人类发展指数（UNDP，1990）、HPI 人类贫困指数（UNDP，1997）、MPI 多维贫困指数（Alkire & Foster，2007）。这些指数均属于多维贫困标准，相比传统的收入贫困标准能更全面反映贫困人口受剥夺的情况。与此同时，许多国家特别是发展中国家的政府也在积极探索建立多维贫困标准。例如，菲律宾在 20 世纪 90 年代初步构建了社区层面的多维贫困指标，印度自 2002 年起尝试从食品、就业、资产、住房和教育等维度测度和识别贫困。2015 年，联合国《2030 年可持续发展议程》提出了“在全世界消除一切形式的贫困”的可持续发展目标，展现出向多维贫困全面开战的决心，这进一步表明制定多维贫困标准是大势所趋。

由上可见，全球贫困标准的演变呈现出几个重要特点：第一，随着经济发展与生活水平提高，绝对贫困标准有往相对贫困标准转变的趋势；第二，传统意义上的绝对收入贫困线，通过动态调整与测算方法变革也具有了一定的相对性；第三，从单一收入贫困标准向多维贫困标准拓展，非收入贫困标准获得了重视。全球贫困标准的演变轨迹及其特点，为后脱贫时代中国贫困新标准的路径选择提供了指引性参考。

第二节 制定贫困新标准的总体思路和要点

一、从绝对贫困标准逐步转向相对贫困标准

中国现行的贫困标准属于绝对贫困标准，与相对贫困标准对比，绝对贫困标准的最主要缺点是不能反映贫困人口生活与社会一般水平的差距。从长远看，随着相对贫困逐渐成为中国贫困的主类型，由绝对贫困标准转向相对

贫困标准是基本趋势。适时设立相对贫困标准，是顺应中国贫困类型结构变化的必然选择，有利于凸现贫困的社会性特征、更好反映居民生活水平差距状况。在多维贫困视角下，绝对贫困标准往相对贫困标准的转变，包括两方面内容：一是增加非收入方面的维度与指标。这是因为与绝对贫困相比，相对贫困具有更明显的多维性（高强、孔祥智，2020），涉及的维度与内容更加广泛。同绝对贫困不相关的一些维度（如社会参与等）及指标，需要纳入相对贫困衡量标准。二是贫困指标①临界值的表达由绝对形式转向相对形式。指标临界值采用相对形式的标志性特征，就是临界值根据社会一般水平来设定，并随着社会一般水平的提高而相应上调。

虽然改革的方向已明确，但如何设计转变路径仍需要认真研究论证。以收入贫困标准的转变路径为例进行分析。从国外实践看，一些发达国家因本国居民人均收入普遍较高，再用绝对收入衡量贫困意义不大，故在使用相对收入贫困线后就废弃了原有的绝对收入贫困线。但是，根据中国目前实际情况，收入贫困线尚不宜直接从绝对形式转向相对形式。绝对贫困线的特点是关注物质剥夺，使社会最需要帮助、受到剥夺最深的人先得到帮助（杨立雄、胡姝，2013）。现行标准下的脱贫户及边缘户，其收入大多仍处于较低水平，一些家庭仅能勉强维持生计。在此情况下，绝对收入贫困线的优点依然较明显，因此，不宜完全抛弃按基本生活需要计算收入贫困线的方法。

为此，建议采用渐进办法转换标准：在今后较长一段时期内，保持目前测算绝对收入贫困线的基本方法不变，通过调整与拓展“食物清单”内容重新计算贫困线，提高收入贫困线的水平。鉴于中央已明确提出到2020年消除绝对贫困的任务目标，不宜继续使用绝对收入贫困线的概念，可将提高后的收入贫困线称为“一般收入贫困线”，视为绝对收入贫困线的直接“升级版”。与此同时，借鉴发达国家做法加快研究相对收入贫困线的制定方法，并在部分发达地区先行试点。待条件较成熟时，在全国范围内普遍推广使用相对收入贫困线，逐步取代过渡性的一般收入贫困线。上述做法既能较好衔接现有的绝对收入贫困线、降低制度转换成本，又能将收入贫困标准适时扩展至相对收入层面，更好满足新时期反贫困需要。非收入维度贫困由绝对标准转向相对标准的路径，同样可参照上述这种渐进式转换思路进行设计，设

---

① 包括收入与非收入指标。

立有中间过渡性质的一般贫困标准。一般贫困标准的设立，不仅有理论依据，也有现实合理性：从理论层面看，将贫困标准分为绝对贫困标准、一般贫困标准与相对贫困标准，实际上契合了贫困三分法（莫泰基，1993；唐钧，1998）的基本思想。从现实层面看，由于现阶段的相对贫困人口在一定程度上仍然延续了绝对贫困人口的不少特征（白永秀、吴杨辰浩，2020），引入一般贫困标准更切合实际，并且能与之前的绝对贫困标准充分衔接。

将一般贫困标准全面转为相对贫困标准的时机选择，也是一个必须考虑的现实问题。党的十九大提出到2035年人民生活更为宽裕、居民生活水平差距显著缩小，《中共中央国务院关于实施乡村振兴战略的意见》提出到2035年农业农村现代化基本实现、共同富裕迈出坚实步伐。2036年是分两阶段实现第二个百年奋斗目标的重要节点（两阶段的衔接点），在这一年探索实现贫困标准的全面转换是有合理性与可行性的。

二、完善包含收入与非收入维度的多维贫困标准

党的十八大以来的精准扶贫实践中，中国一直是按照多维标准来开展农村扶贫的，中央提出的“一超过两不愁三保障”脱贫目标，就是多维贫困标准的体现。2020年完成脱贫攻坚任务后，虽然农民的收入贫困现象得到了较大程度缓解，但农村贫困人口的生活质量并不高，表现为健康状况不佳、住房条件较差、难以获得基本公共服务等。因此，2020年后农村反贫困将进入到更加关注多维贫困的新阶段，农村多维贫困标准的重要性由此凸显出来。为此，要结合贫困形态变化趋势和贫困人口提高生活质量的需求，不断调整与完善多维贫困标准，在新时期更好识别多维贫困、开展多维扶贫。

在制定新的多维贫困标准的过程中，可以参考借鉴国外现有的多维贫困测度方法，但最根本的是要立足中国农村贫困的实际情况，使标准充分适应农村贫困特点及其变化、符合新时代农村反贫困要求。在农村贫困主类型往相对贫困演变的趋势下，多维贫困标准的调整应当以建立多维相对贫困标准为最终目标导向，逐步引入与设置能较好衡量相对贫困状况的标准。此外，针对目前多维扶贫标准涉及面相对较窄的问题，有必要进一步拓宽维度和指标的覆盖面，使贫困标准更全面地包含贫困的主要维度及内容；与此同时，还要力求简明实用，避免标准过于复杂或在实践中难以测度。

在今后的多维贫困标准中，收入仍是其中的一个重要维度。尽管今后对

贫困的考察将更重视非收入因素，但这是对传统收入维度的补充与延展而非替代。收入依然是测度贫困的基础性指标，收入贫困标准也将长期包含在多维贫困标准之中。所以，合理确定新的收入贫困线，也是完善多维贫困标准的主要任务之一。根据收入贫困线、多维贫困标准测算得到的收入贫困率、多维贫困率，分别反映了收入贫困与多维贫困的相对人口规模。多维贫困率与收入贫困率的差额，能体现非收入贫困与收入贫困的相对程度，具有重要的政策含义，两者差额越大说明非收入贫困相比收入贫困越严重。

三、国家贫困标准与地方贫困标准有机结合

贫困标准既可由中央统一制定，也可由地方自行设定，如何处理国家贫困标准与地方贫困标准间的关系，是制定贫困标准绕不开的问题。对中国而言，仅实行国家标准或地方标准均不可行：中国是一个区域发展不平衡程度较高的大国，各地生活水平存在较大差距。如果仅采用全国统一的贫困标准，虽然简便易行、实施成本低，但会忽视区域发展的异质性，容易引起贫困识别上的偏差，出现区域性的扶贫遗漏现象。也正因为如此，在近年来的扶贫实践中，不少经济发达省市在国家贫困线之外，也制定了本地的贫困线，并据此开展地方扶贫。反过来，如果贫困标准完全交由地方自行制定，就无法直接比较不同地区的贫困状况，也无法获得统一口径下的全国贫困人口规模。所以，2020 年后制定贫困新标准，应坚持国家标准与地方标准相结合的原则。

将国家贫困标准与地方贫困标准有机结合起来的基本思路为：一是参照国家标准制定地方标准。地方政府在制定本地区贫困标准时，应充分参考中央政府制定的国家贫困标准，使地方标准与国家标准保持整体上的相对统一性和一致性。二是通过制度设计使国家与地方标准衔接起来，这主要体现在一般收入贫困线上。各省/自治区/直辖市可根据本地物价和生活水平，在国家收入贫困线基础上加以适当调整，因地制宜地确定本地收入贫困线，这样就能实现两种贫困线的有效衔接。三是明确国家标准与地方标准的不同功能定位。基于国家标准具有的优势，使用该标准的主要目的是在全国层面把握贫困人口规模与结构、研判贫困总体状况；至于识别贫困人口、确定扶贫对象，则以地方标准为主来衡量更合适，尤其是在经济发达地区。另要指出的是，无论国家贫困标准还是地方贫困标准，都属于多维贫困标准，并以多维

相对贫困标准为目标导向。

四、小结：贫困新标准的整体框架及动态演进

中国后脱贫时代的贫困新标准，是以相对贫困标准为方向、以多维贫困标准为核心，包含国家与地方双层标准的一个体系。基于静态视角，新标准的整体框架可用图 5－1 表示：首先，收入贫困标准与非收入贫困标准共同构成了多维贫困标准；其次，收入与非收入贫困标准，均可划分为一般贫困标准与相对贫困标准；最后，中央、地方（主要指省级）分别制定国家、地方层面的多维贫困标准，由此形成国家贫困标准、地方贫困标准。

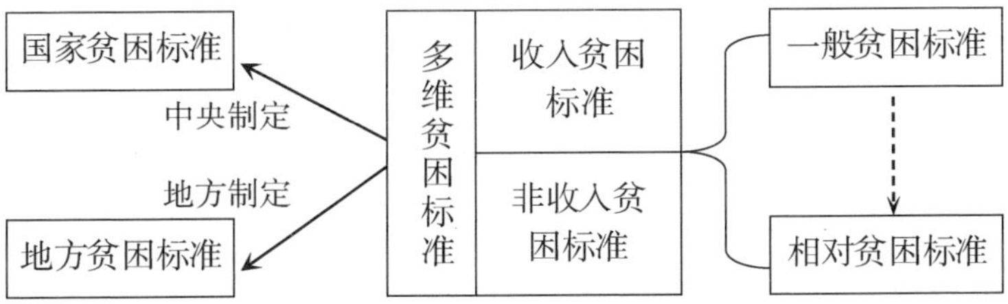

图 5－1　后脱贫时代贫困新标准的整体框架

基于动态视角，新标准的演变过程可用图 5－2 表示：无论是国家还是地方的多维贫困标准，均沿着"绝对贫困标准（目前）→一般贫困标准（短期过渡）→相对贫困标准（长期目标）"的路径加以调整与完善①，最终构建起国家和地方两个层面的多维相对贫困标准。设立一般贫困标准是本书提出的一种创新设想，该标准介于绝对贫困标准和相对贫困标准之间。由于现行标准下大部分脱贫户及贫困边缘户的生活质量仍处于较低水平，设立一般贫困标准是有其现实合理性的，可以作为绝对贫困标准往相对贫困标准转变的过渡"桥梁"。

① 对于经济发达地区，因居民生活水平普遍较高，2020 年后可直接制定相对贫困标准，而不必设置有过渡性质的一般贫困标准。

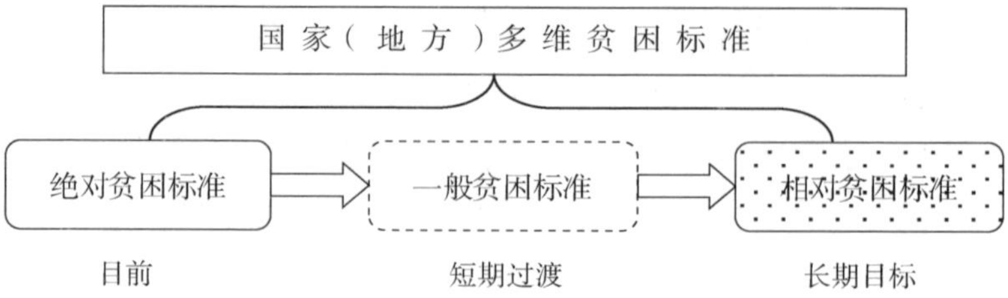

图 5－2　后脱贫时代贫困新标准的动态演进

第三节　制定贫困新标准与按新标准识别贫困的方案

根据第二节所述的总体思路，接下来进一步探讨调整收入贫困线与识别相对收入贫困人口、设计多维贫困标准与识别多维贫困人口、衔接国家与地方收入贫困线①的具体对策措施，为相关部门制定及运用贫困新标准提供决策参考。

一、调整收入贫困线与识别相对收入贫困人口

1. 确定一般收入贫困线

一般收入贫困线仍可大致沿用当前绝对收入贫困线的测算方法，但与绝对收入贫困线相比，一般收入贫困线下的基本生活需要所含内容应更加丰富、生活必需品范围也要扩大。我们对全面建成小康社会后的基本生活需求要有新认识，随着社会进步合理扩展生活必需品清单、适度提高基本消费水准，使收入贫困线在确保吃饱穿暖基础上，适当满足吃好穿好的需要，并更多顾及吃穿之外的基本生活费用（如用电、教育、医疗、交通等方面的支出）。

就具体操作而言：在确定食物贫困线时，适当提高热量摄入标准，并增加营养方面的需求，提高蛋白质含量较高食物在食物清单中的比重，以此提升食物贫困线；然后，沿用恩格尔系数法，根据食物贫困线推算非食物贫困线。由于新的食物贫困线水平上升，而恩格尔系数又是趋于下降的，这必然

① 针对的是一般收入贫困线。

使新的非食物贫困线水平提高。如此，就能实现提升收入贫困线（食物贫困线+非食物贫困线）的目标。另外，考虑到家庭消费存在“规模经济”效应①，可借鉴美国做法，根据家庭人口规模设置不同的贫困线，这有助于增强贫困标准的公平性。建议采用渐进方式提高一般收入贫困线——每隔若干年（如5年）提高一次，每次增幅不宜过大，避免出现因标准提升而导致统计意义上的贫困率显著上升的现象。

2. 引入新的相对收入贫困线

对于如何确定相对收入贫困线，学界提出了不少方法，较有代表性的是预算标准法、社会指标法、扩展线性支出系统法、收入比例法（池振合、杨宜勇，2012）。而在反贫困实践中得到较普遍运用的，主要是由汤森（Townsend，1954、1979）最先提出的简便易操作的收入比例法。参照国际通行做法，中国今后也可探索试行收入比例法，按人均可支配收入中位数的一定比例来计算相对收入贫困线。但就近期而言，实行收入比例法会遇到特殊难题。

在既定收入/人口分布下，划定比例值后，相对贫困人口规模也就相应确定了。比例值设得高，相对贫困人口规模就大，反之则反是。因此，确定比例值时的一个重要考量，是结合收入不平等程度、反贫困政策目标和扶贫资源状况，大致框定相对贫困人口的适度规模范围，防止比例值设置过高或过低导致相对贫困人口规模过大或过小。在发达国家，居民收入分配格局相对比较稳定，收入/人口分布变化不大，在此情况下，按中位收入一定比例设定相对收入贫困线后，相对贫困人口占总人口比重（即相对收入贫困率）一般也比较稳定②。但中国的情况有所不同，改革开放以来中国居民收入分配结构经历了较大变化，不同时期收入/人口分布曲线的差异较大③。在此情况下，如果按收入中位数的某一比例来划定相对收入贫困线，很可能导致相对收入贫困率在年度间的较大幅度波动，使不同年份相对收入贫困人口规模

---

① 指多名家庭成员因共享某些生活设施（如炊具、冰箱等）而使家庭人均消费支出降低的现象。

② 例如，据EUROMOD数据显示，欧盟28国的相对收入贫困率就长期保持在15.5%～16.5%区间。

③ 这已经为大量关于居民收入分布的经验研究所证实，限于篇幅不再一一列出相关文献。

差异显著。中国收入分配格局变化的总体趋势是从金字塔形转向橄榄形，就这种演变过程来讲，当比例值固定时，相对收入贫困率与相对收入贫困人口数均会呈现出下降趋势。如果设置的比例值过高，会使得当前相对收入贫困率偏高、反贫困压力过大；反之，如果设置的比例值较低，又会造成今后相对收入贫困率偏低、反贫困覆盖面不足。

解决上述问题的一种办法是在收入分配结构转换期，以收入等份比例法而不是中位收入比例法来识别相对收入贫困群体——即将收入排在最后的一定比例（如15%）的人群作为相对收入贫困者。这种方法可以保持相对贫困人口规模的稳定性，使既定比例的最低收入人群获得有效扶持。然而，由于现实中我们往往较难获悉全体居民的收入情况，因而无法直接进行识别。为此，可依托统计部门的住户抽样调查数据，按照图5－3所示的流程来间接确定相对收入贫困线，进而识别全社会的相对收入贫困人群。待居民收入分配格局转变基本完成、收入/人口分布趋于稳定后，再参照国外做法使用中位收入比例法设定相对收入贫困线。至于那时具体比例值的选择，要尽可能使新老两种方式下的相对收入贫困率基本相同。

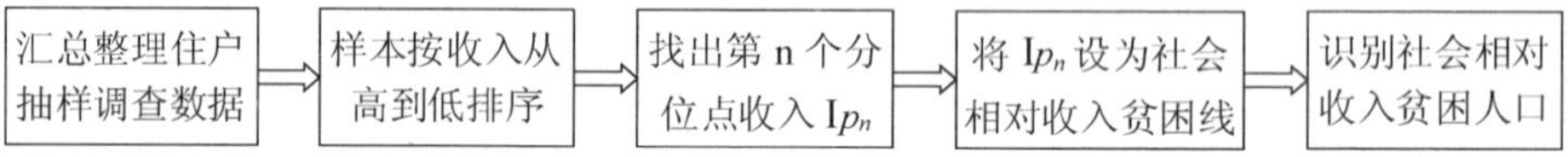

图5－3　收入等份比例法下确定相对收入贫困线与识别相对收入贫困人口的流程

二、设计多维贫困标准与识别多维贫困人口

1. 将家庭作为多维贫困的识别单位

在构建多维贫困标准时，建议以家庭而非个人作为贫困识别的单位，其理由在于：第一，多维贫困标准中的相当一部分指标，是直接针对家庭的，通常以家庭为单位进行统计调查，如住房、饮水、燃料等；至于针对个人的那些指标，往往也可以通过一定方式转化为以家庭为单位来表示，如营养、受教育程度等。第二，家庭成员往往是作为一个集体来应对贫困的，即使只是某位成员在某一维度遭受贫困（如身患大病），其他成员也会采取集体行动来化解贫困冲击。第三，从反贫困实践角度看，政府出台的大量扶贫政策，主要是针对家庭而不是个人的。第四，国际上现有的官方多维贫困标

准，也普遍是以家庭作为分析对象的。所以，中国的多维贫困标准应将家庭作为考察和分析的基本单位。

2. 合理选取维度和指标并设定临界值与权重

综观全球，使用多维贫困标准的国家大部分是发展中国家①，墨西哥、哥伦比亚、南非、越南等国的多维贫困指数（附录5－1）较有代表性。从这些国家的多维贫困指数来看，贫困的维度主要包括收入、就业、教育、健康、生活条件等，每个维度下均设置一个或若干个指标。这对中国多维贫困标准维度和指标的选取具有参考意义。借鉴国外经验做法，结合联合国2030可持续发展目标和中国全面建设社会主义现代化国家第一阶段目标，在考虑当下中国农村贫困基本现状的基础上，设计出如表5－1所示的农村多维贫困标准。该标准主要适用于全面建设社会主义现代化国家的第一阶段——基本实现社会主义现代化阶段（2021～2035年），性质上属于过渡性的一般贫困标准，故可称为“农村多维一般贫困标准”。这一标准较好顺应了绝对贫困往相对贫困转变的形势需要，是农村绝对贫困标准通往农村相对贫困标准的“桥梁”。

农村多维一般贫困标准分为经济状况、生活条件、健康、教育、社会保障5个维度，共包括16项指标，总体上较全面覆盖了贫困的主要维度和内容。各个指标的临界值均按照一般贫困标准要求进行设定，力求契合2020年实现全面脱贫后农村贫困的基本状况，防止临界值过低或过高，区分多维贫困与否的加权总分的临界值为1/3。至于各维度和指标的权重，本书同大部分现有相关研究（郭熙保、周强，2016；张全红、周强，2018）的处理方法一样，也采用等权重法。该方法虽然主观随意性较强、在科学严谨性上有所不足，但有操作简单和易于理解的优点，使用起来较方便。

---

① 这主要是因为发展中国家的公共服务水平通常较低、均等化程度普遍不高；至于发达国家，由于公共服务和社会保障体系完善，非经济贫困问题不是很突出，故在实践中大多仅使用收入贫困标准。另外，发达国家在制定相对贫困标准时，多维贫困理论尚未得到广泛运用，这也是这些国家主要使用收入贫困标准的另一个重要原因。

表 5-1 后脱贫时代的农村多维贫困标准设计（一般贫困标准）

维度	指标	临界值（达到取值为 1，否则为 0）	权重	
经济状况	人均收入	人均收入低于一般收入贫困线	1/20	1/5
	消费结构	恩格尔系数大于 50%	1/20	
	人均货币资产	人均货币资产低于一般收入贫困线的 1.5 倍	1/20	
	家庭实物资产（耐用品）	以下耐用品最多拥有三项：汽车、摩托车（或助动车）、彩色电视机、洗衣机、电冰箱、计算机、电话（含手机）	1/20	
生活条件	住房结构	不是钢筋混凝土或砖混材料结构	1/25	1/5
	卫生设施	没有水冲式卫生厕所	1/25	
	安全饮水	不能方便地获取清洁饮用水	1/25	
	炊用燃料	主要燃料类型是柴草（秸秆、木材、牲畜粪便等）	1/25	
	互联网	家中无任何互联网基础设施接入	1/25	
健康	疾病与伤残	有家庭成员因疾病伤残而完全或基本丧失劳动能力	1/15	1/5
	营养状况	有家庭成员处于营养不良状态	1/15	
	儿童和孕产妇死亡	过去一年内家中有 5 岁以下儿童或孕产妇死亡	1/15	
教育	儿童入学	家中有学龄儿童处于失学或辍学状态	1/10	1/5
	受教育程度	家中有劳动年龄人口最高受教育程度为小学	1/10	
社会保障	养老保险	有符合参保条件的家庭成员未参加社会养老保险	1/10	1/5
	医疗保险	有家庭成员未参加社会医疗保险	1/10	
加权总分	大于等于 1/3 时可认为面临多维一般贫困			

注：①按联合国划分标准，消费支出恩格尔系数大于 60% 为贫困、50% ~60% 为温饱、40% ~50% 为小康，由于 2020 年全面建成了小康社会，故将 50% 作为衡量贫困的临界值；②人均货币资产、家庭实物资产、住房结构、受教育程度指标的临界值，主要通过分析现有的住户调查数据并结合调研所了解的情况确定。

表5－1所示的农村多维一般贫困标准并非是固定不变的。今后，随着经济社会发展和贫困形势变化，应当适时进行必要的阶段性调整。到2035年后，还要进一步在多维一般贫困标准基础上，通过拓展维度、增减指标、修正临界值，实现建立多维相对贫困标准的目标。由于相对贫困是与社会一般水平相比较而言的，所以多维相对贫困标准中临界值的设定尤为关键，要力求使临界值合理反映同社会一般水平的适度差距。例如，为了衡量教育方面的相对贫困状况，未来可将受教育程度指标的临界值改为“家庭劳动年龄人口平均受教育年限低于全社会劳动力平均受教育年限的x%”①。

3. 在实际运用中可灵活调整维度、指标与临界值

前文构建的农村多维一般贫困标准，可视为指导性的“基准标准”。在反贫困实践中，可能需要对该标准作出适当调整后才能付诸实际运用。这主要出于以下几方面的现实考虑：一是降低操作成本。短期内受信息收集能力方面的制约，基准标准中某些指标和临界值的信息较难获取或者获取成本较高，直接使用该标准来识别贫困人口、确定扶贫对象或分析贫困状况，可能导致高昂的操作成本，使标准的实际可用性大打折扣。当贫困标准用于分析贫困状况（主要是贫困率）时，还可以借助抽样调查以减少工作量和成本；但如果是用于识别贫困人口、确定扶贫对象，由于要对全体人口进行家计调查，信息获取高成本必然造成贫困识别与扶贫瞄准的高成本。因此，在实际运用贫困标准的过程中，特别是将标准用于识别贫困人口、确定扶贫对象时，对部分不易获取信息的指标或临界值，可删除或替换。二是符合本地实际。中国区域经济社会发展差异较大，在多维贫困的表现上存在一定程度的区域差异。尤其是在少数民族地区、边疆地区等特殊区域，会出现一些地方特有的贫困现象。针对这种情况，各地可在基准标准的基础上，因地制宜地对指标及临界值进行合理调整，建立与当地贫困环境相适应的（庄天慧等，2018）、便于操作的多维贫困标准。三是契合特定目标。基准标准是从总体上衡量多维贫困的，但在反贫困实践中，经常遇到只需要从某一个或几个维度来考察贫困的情况。如识别经济贫困家庭，确定教育或健康反贫困重点对象，评估公共服务减贫绩效等。这时，只需要选取与特定目标相关的维度即可，同时可结合特定目标对具体指标进行必要的补充。

① x%中的x根据具体情况设定。

4. 通过技术和制度创新降低多维贫困识别成本

识别贫困人口是要付出成本的，如何有效控制并努力降低识别成本，是贫困标准运用环节必须考虑的问题。在前几年的精准扶贫实践中，许多地方就曾面临精准识别成本高的困境（谷联磊、马华，2016）。按多维一般贫困标准或多维相对贫困标准识别贫困人口后，由于衡量贫困的指标数增加，可以预期识别成本相比以往精准扶贫时期将趋于上升。新增的人力、物力、财力等有形成本以及无形的时间成本，无疑会加重基层识别多维贫困的负担。另外，贫困的识别是一个动态过程，具有周期性特点，随着贫困户各类经济社会特征发生变化，每过一段时间就需要重新识别，这会进一步增加识别成本，可能导致基层不堪重负。一旦多维贫困识别成本过高超出承受能力，只能通过减少识别程序、放宽识别标准来解决，这自然会以牺牲识别精准度为代价。要解决上述难题，需要依靠技术创新和制度创新，尽可能降低多维贫困的识别成本。

近年来，人工智能、云计算和大数据等新技术快速发展，在扶贫领域得到了越来越广泛的运用，这为降低贫困识别成本带来了有利条件。多维贫困识别的技术难点主要在于信息采集和信息处理上，通过大数据平台的建设和使用，可以对海量的住户数据进行高效率的汇总整理，并加工生成标准化的数据流，这有助于以低成本实现精准识别目标。另外，合理使用某些技术手段，还能起到减少入户调查工作量的作用。例如，对于家庭耐用品中的手机，如果挨家挨户调查，成本很高；但如果借助手机实名制信息，就能做到在不入户的情况下掌握农户的手机拥有情况。除了技术层面的方法外，制度创新也是降低多维贫困识别成本的可行途径。今后，要继续完善跨部门数据共享机制、破除信息孤岛困境，加强行政记录在住户调查统计中的运用，以此拓宽住户数据来源、提高信息获取便利性；还可以探索将多维贫困识别与全国人口普查结合起来，将人口普查工作渗入到多维反贫困工作中去，充分利用人口普查获得的信息为精准识别多维贫困人口提供数据支持，这对降低识别成本也是有益的。

三、衔接国家与地方收入贫困线

地方收入贫困线需要充分契合本地实际情况，但又不能过于脱离国家收入贫困线。为此，可以将国家收入贫困线作为基础，通过一些必要修正得到各地的收入贫困线，从而将两种贫困线衔接起来。地区之间的物价水平是有差异的，同等数量的货币收入在不同地区的购买力并不相等。所以，首先要按照地区间价格水平差异，对国家收入贫困线进行调整。从国外反贫困实践看，美国等国家就是通过地区消费价格指数来调整国家贫困线的。但是，仅仅对价格差异进行调整仍是不够的。在本章第一节中曾说明，贫困线随着经济发展水平而提高是贫困标准变化的基本规律，根据这一规律，经济发达地区制定适当高于国家标准的贫困线是合理的。两者间的差额反映出经济发展水平更高的地区，对基本生活需要界定标准的提升。近年来，已有学者沿着这一思路来研究地方贫困标准问题，如 Ravallion（2012）基于地区平均消费与统一贫困线之差提出了计算地方贫困线的公式，值得我们借鉴。

综上，2020 年后，在国家统一贫困标准的基础上，各省/区/市可按照如下公式确定省级地方贫困标准：$LPL_i = NPL \times PI_i + LI_i$，其中，LPL、NPL、PI、LI 分别表示地方贫困线、国家贫困线、地区价格调整因子、地区生活水平调节因子，下标 i 表示第 i 个省/区/市。地区价格调整因子的作用是保证各省/区/市的 $NPL \times PI_i$ 都代表同等的购买力。至于地区生活水平调节因子，可设为 $LI_i = (C_i - C_{min}) \times s$，其中，$C_i$、$C_{min}$ 分别表示 i 省/区/市收入最低 10% 人口的人均消费、消费水平最低省/区/市收入最低 10% 人口的人均消费①，s 是调节比例（取值在 0 到 1 之间，由地方自定合理数值）。为了避免地方贫困线标准过高，可按本省/区/市中位收入的一定比例设置上限，规定地方贫困线不得超过该限度。

① C_i、C_{min} 均消除了地区价格差异。

附录 5-1 墨西哥、哥伦比亚、南非、越南的多维贫困指数

国家	维度	指标
墨西哥	收入	家庭人均收入
	食物	食物安全
	教育	受教育程度
	健康	健康服务
	社会安全	劳动者权益，养老保障，医疗保障
	住房空间与质量	住房面积，房屋地面，房屋墙面，屋顶材料
	室内基本服务	供水，排水，供电，炊用设施
	社会融合	经济不平等，社会分化，社交网络
哥伦比亚	就业	长期失业状态，正规就业状况
	教育	受教育程度，读写能力
	健康	健康保险，健康服务
	儿童	入学情况，辍学情况，儿童保育服务，童工
	公共设施与住房	供水设施，下水道设施，房屋地面，房屋外墙，居住空间
南非	健康	儿童死亡
	教育	受教育程度，儿童入学情况
	生活水平	照明燃料，供暖燃料，烹饪燃料，饮用水，厕所，住宅类型，资产拥有情况
	经济活动	失业状况
越南	健康	健康服务，健康保险
	教育	儿童入学，成人教育
	住房	住房面积，住房质量
	水和卫生	饮用水来源，厕所
	信息获取	电信服务，获取信息的资产

资料来源：根据各国官方网站相关信息汇总整理。

第六章

建立健全贫困的事前预防机制

反贫困既需要针对现存的贫困开展帮扶，也需要在贫困发生前做好预先防范。对贫困进行事前干预，是反贫困不可或缺的重要内容。长期以来，中国反贫困的制度设计与政策实施，主要是面向已有的贫困群体，目标在于帮助贫困人口摆脱绝对贫困状态。到目前为止，尚未建立起系统性的、在事前预防贫困发生的体制机制。即使有很多具有防贫效果的政策工具，也都是作为开发式扶贫的辅助手段加以运用的（李小云等，2020）。2020 年后，中国进入到反贫困新阶段，为了巩固脱贫攻坚成果、降低反贫困成本与贫困带来的福利损失，亟待增强贫困预防理念、加强贫困预防工作，逐步建立健全贫困的事前预防机制，使对贫困的事前干预成为常态化贫困治理的日常任务，由此形成事前事后双层结合的反贫困模式。从长远看，这也是从根源上消除长期贫困、打破贫困代际传递的治本之策。本章说明了加强贫困事前预防的重要性，分析了社会保障、社会投资和贫困预防的内在关系，在总结国内外防贫经验做法的基础上，提出后脱贫时代建立健全贫困预防机制的设想。

第一节　更加重视对贫困的事前预防

一、后脱贫时代加强防贫有重要意义

贫困具有动态性，当前的贫困者可能在今后脱贫而成为非贫困者；反过来，目前并不贫困的人也可能由于各种原因在将来陷入贫困。所以，研究贫困问题不能仅将视野局限于当下观察到的现存贫困现象，潜在的致贫风险因素与未来的贫困可能性也应当考虑在内。反贫困除了要在贫困发生后对已经

处于贫困状态的人群进行“扶贫”、帮助他们缓解与摆脱贫困外，还需要在贫困发生前预先做好“防贫”工作。与扶贫不同的是，防贫的目的是在贫困未发生前就采取必要措施避免贫困的形成。从减贫目标角度看，防贫与扶贫都是不可或缺的。减贫成效一方面取决于脱贫人数；另一方面也取决于新增贫困人数，扶贫与防贫分别通过减少贫困存量与控制贫困增量两条路径实现减贫。如果在贫困人口不断脱贫的同时又出现大量新的贫困者，反贫困也无法取得预期成效。因此，只有将事前防贫与事后扶贫结合在一起，才能构成反贫困的全部内容。

与事后的扶贫相比，事前的防贫表现出一些鲜明特点：首先，防贫是一种富有前瞻性和预见性的反贫困行为，能在贫困发生之前就阻击贫困，而不是等贫困发生后再被动地进行“亡羊补牢”。其次，防贫能减少由贫困造成的福利损失，更有利于增进居民福利。再次，贫困陷阱理论表明，事前的防贫成本通常低于事后的扶贫成本，预防贫困发生是成本最低的反贫困政策。因此，加强防贫还能起到降低反贫困总成本的作用。正因为预防贫困具有上述优势，进入20世纪90年代后，国际社会对“贫困事前干预”的呼声越来越高。反贫困实践逐渐从事后扶贫的单一视角中跳脱出来，开始更多关注事前的贫困预防。在学界，基于生命周期的反贫困理论、社会风险管理理论、贫困脆弱性理论等相关理论的形成与发展，也有效推动了贫困预防机制的建设：基于生命周期的反贫困理论提倡在生命周期上游阶段①进行政策干预，从上游消除导致贫困的条件，从而切断贫困产生的链条；社会风险管理理论关注风险对贫困的影响与致贫的风险因素，主张通过增强抵御贫困风险的能力来预防贫困；贫困脆弱性理论在基本思想上与社会风险管理理论有共通之处，也是将风险与风险管理理念引入了贫困分析框架，提出可根据风险特征与应对风险能力来衡量家庭的贫困脆弱性，识别出未来可能陷入贫困的家庭并采取适当政策以阻止贫困的发生。上述理论，一方面使人们更加深刻地认识到事前预防贫困的重要意义，另一方面也为建立健全防贫机制提供了有益的启示和指引。

长期以来，中国反贫困的重心一直放在针对现存贫困人口的扶贫上。从

① 生命周期上游的含义要从广义上来理解：对成年时期而言，儿童时期是上游；而对老年时期而言，中青年时期又成了上游。

很大程度上讲，中国农村减贫工作从中央和地方制定的减贫目标到相应减贫措施的配置，都主要集中在解决已经是贫困的目标群体上（李小云，2019）。这导致现行的反贫困政策未能充分考虑风险冲击与贫困脆弱性问题，较为缺乏对未来贫困的预见性。尽管前几年的精准扶贫精准脱贫实践也关注到防贫并出台了一些预防贫困的政策措施，呈现出防贫与扶贫相结合的趋势，但反贫困的总体框架仍是建立在事后扶贫基础上的，在预防贫困方面依然显得较为薄弱。例如，有些地区对贫困边缘人口的政策扶持乏力，成为部分边缘户致贫的原因之一，部分抵消了脱贫攻坚取得的成效；农村地区的儿童早期发展较为滞后，相关政策尚不完善，造成后期贫困治理难度提高、成本上升，贫困代际传递问题突出等。因此，在进入后脱贫时代后，亟待强化贫困预防理念，更加重视贫困的事前预防。要加强对贫困脆弱人群与潜在贫困群体的监测，构建与完善预防贫困的体制机制和政策体系，对未来可能发生的贫困进行有效的事前干预，将贫困遏制在可能发生而尚未发生之时，以达到防贫于未然的目标。

二、对防贫内涵的深入解析

综观关于防贫的现有研究，在贫困预防内涵的阐释上仍有一些模糊之处。例如，防贫的人群对象到底如何界定（仅仅针对目前的非贫困群体吗）？防贫究竟要预防哪种类型的贫困？对此，已有文献尚未给出清晰回答。所以，在探讨贫困的预防机制前，本书拟从贫困持续时长、致贫成因两个角度，对防贫的含义再作一些深入解析。

防止目前处于非贫困状态的人在将来遭遇贫困，这当然是预防贫困的重要任务，但并非防贫的全部内容。按照持续时间长短，贫困可分为暂时贫困与长期贫困①。目前处于贫困状态的贫困者，如能在不久的将来摆脱贫困，就可避免沦于长期贫困。因此，防贫的人群对象除了当前的非贫困者外，现有的贫困人口也需要包括在内。对后者而言，要防范的贫困类型就是长期贫困，防贫的目的在于防止贫困的长期化、持久化。再把时间维度延伸至跨代，防贫所要预防的贫困类型还将扩展到代际贫困。事实上，贫困代际传递也是动态贫困的一种主要形态，对于下一代来说，代际传递既是长期贫困产

① 在有些文献中，长期贫困也称为“持久贫困”或“慢性贫困”。

生的原因，也是长期贫困的结果（王卓，2017）。阻断贫困从父代向子代的传递，同样是贫困预防的重要内容。

预防贫困是针对未来可能发生的贫困来讲的，按照致贫成因来源，今后可能发生的贫困大致分为两类：第一类是遭受各种风险冲击（如疾病、灾害、意外伤害等）导致的贫困，此类贫困多属于暂时贫困①；第二类主要是因自身发展能力不足造成的贫困，如果不从个体能力上解决问题，形成长期贫困的概率会比较高。对未来可能发生的贫困作出上述分类是很有必要的——因为防范两类贫困的主要政策工具有所差异。对于第一类贫困风险，更多借助于社会保障、政策性保险等风险管理工具加以防范；至于第二类贫困风险，则更多依靠生计资本（专栏6-1）积累等有助于个体发展能力提升的手段来应对。

专栏6-1 生计资本与贫困

生计资本是居民维持生存或求得发展所需各类资本的总称，是居民开展生计生活的重要基础和要素。英国国际发展署（DFID）根据可持续生计分析框架，将生计资本划分为自然资本、物质资本、金融资本、人力资本和社会资本，形成了现阶段广泛运用的生计五边形。在不同条件下，五种生计资本间是可以相互转化的。生计资本与贫困及其治理存在密切关系：生计资本不足会导致贫困脆弱性的加剧，成为家庭或个人陷入贫困的重要原因；生计资本是解决贫困问题的关键切入点，改善生计资本状况对提升个体发展能力、有效治理贫困具有积极作用。

另要指出的是，防贫并不是完全独立于扶贫而进行的。尽管防贫与扶贫在理论内涵上有较明确的区分，但实践中两者的界限则是相对的，表现出一定程度的融合性。预防长期贫困的举措，就往往同扶贫措施交互在一起。在动态贫困、多维贫困视角下，特定的反贫困行为可能兼具扶贫与防贫双重属性——即从当前某个维度看属于扶贫，而基于另一维度往今后看则属于防贫。例如，家庭经济困难是导致未成年子女失学辍学的重要原因之一，对收

① 当然，在某些情况下也会导致长期贫困，如家庭中劳动力身患大病后长期失去劳动能力。

入贫困家庭给予经济上的扶助（扶贫措施），可在一定程度上避免因贫失学辍学，由此也可视为预防教育贫困和跨代贫困的举措。再如，对经济贫困家庭开展儿童营养改善项目（扶贫措施），有助于降低贫困儿童成年后发生健康贫困与经济贫困的概率，因此该扶贫项目也具有预防儿童成年后陷入贫困、阻止贫困代际传递的作用。所以，我们应当从扶贫与防贫有机衔接、相互交融的角度来深化对反贫困的认识，着力探索形成事前事后双层结合的反贫困新模式，进而更加全面有效地开展反贫困工作。

第二节　社会保障、社会投资和贫困预防

在具有贫困预防作用的诸多制度安排中，社会保障和社会投资处于关键地位。两者的内在属性决定了它们有良好的防贫功能，是应对未来多维贫困风险的有效手段。在长期实践中，两项制度预防贫困的效果已经显现出来。许多国家也正致力于通过完善社会保障、加强社会投资对贫困进行更有针对性的事前干预。理解社会保障和社会投资预防贫困的内在机理与实现路径，有助于科学制定预防性的反贫困政策体系。

一、社会保障与社会投资：预防贫困的关键制度安排

社会保障的本质属性决定了减贫是其最主要的功能之一。为贫困人口提供基本生活保障，避免社会成员在遭遇困难时陷入贫困，是世界各国社会保障的最低要求与最基本目标。溯源历史不难发现，现代社会保障制度的产生，与工业化社会出现的大量贫困现象直接相关。自诞生之日起，社会保障制度一直是反贫困的一种重要手段。世界各国的长期实践也已经证明，社会保障具有较明显的减贫效果——除了能大量减少绝对贫困外，还能在一定程度上缓解相对贫困。就中国而言，社会保障在反贫困中的作用也有目共睹，前几年的精准扶贫精准脱贫中，“社会保障兜底一批”是“五个一批”减贫方略的有机组成部分，为实现脱贫攻坚目标作出了重要贡献。然而，以往关于社会保障反贫困的讨论更多聚焦在对贫困的事后干预上，主要探讨社会保障如何对已陷入贫困者进行经济救助、帮助其缓解与摆脱贫困，偏重于社会保障的被动补救功能；至于社会保障在贫困发生前的防贫作用，相对来说较

少论及。已有研究表明，贫困的产生与各类风险冲击有密切关系，而社会保障形成与发展的主要目的之一就是为了化解经济社会风险、增强社会成员应对不确定性的能力。基于社会风险管理理念的贫困治理，就强调要重视事前防范而不仅仅是对事后风险损失进行补偿。通过风险管理机制，可帮助家庭与个人应对多元风险，及早预防贫困的发生（Holzmann etc，2003）。因此，社会保障在事前预防贫困方面大有可为，是帮助居民尤其是脆弱人群化解风险、阻止贫困现象发生的一项关键性制度安排，社会保障通过“扶贫”与“防贫”两条路径共同发挥着反贫困功能。

与社会保障相比，社会投资对广大公众而言是一个相对陌生的概念（国内更是如此）。社会投资是 20 世纪 90 年代后，从西方逐步发展起来并引起学界与政府关注的一种社会政策范式。它是在反思传统福利国家模式与新自由主义福利模式的过程中形成的，构成了积极社会福利思想和发展型社会政策的核心。社会福利意义上的“社会投资”有其特殊内涵，专指以投资人力资本、社会资本的形式，增强社会成员特别是弱势群体自主应对未来的能力。社会投资旨在将传统的消费性福利支出转变为教育、培训、健康、就业等方面的投资性支出，实现对“人的未来投资”，达到社会公平与经济发展的双重目标。英国社会学家吉登斯（Giddens，1998）在其代表作《第三条道路》中，专门对社会投资理论进行了详细阐述，还提出了建立社会投资型国家的构想。社会投资的思想理论深刻影响了发达国家的福利制度改革，主导着不少国家福利体系变革的方向，并体现在一系列具体政策行动中，如增加教育投资、加强技能培训等。尽管社会投资政策的提出和实施并不直接针对反贫困问题，但它同贫困治理尤其是贫困预防密切相关。在传统福利国家模式下，穷人虽然能从政府那里获得经济援助而免于陷入生活困境，但这种消极补偿式的福利无助于使穷人依靠自身力量彻底摆脱贫困，而且加剧了效率与公平的矛盾。与此不同的是，采用社会投资取向的干预策略，可使受益者提高今后参与经济活动与融入社会的能力，减少弱势群体在就学、就业和生活中遇到的制度性障碍。这有利于促进家庭与个人的自我发展，更好解决社会成员的持续性生计问题，从长期来看能起到降低个体贫困风险、预防贫困的作用。此外，由于社会投资是以增进机会平等而非直接再分配方式来实现社会公平的，因此相比以往福利模式更有可能走出效率 - 公平两难困境。正因为社会投资具有上述优点，当前不少西方国家已经将社会投资纳入贫困治理体系，作为预防贫困的一种重要手段付诸实施。

社会保障与社会投资虽是两个不同的范畴，但两者间也有较强的内在关联性。自20世纪90年代中期开始，在欧洲社会保障制度改革中，“社会投资转向”的呼声越来越高（郭灵凤，2014），社会投资型社会保障成为社会保障改革的主流方向之一。从内容上看，社会保障与社会投资也有不少相互重叠的地方，如就业导向型的失业保障项目、儿童健康福利计划等。上述关联性也使得两种制度安排能彼此衔接、有机结合，在贫困预防中发挥协同作用。

二、社会保障与社会投资防贫的作用空间

社会保障与社会投资在防贫领域的作用空间广阔：从贫困的维度看，既有预防经济贫困的功能，也有预防非经济贫困的功能；从贫困的成因看，不仅能化解负面冲击引发的暂时贫困风险，也能应对自我发展能力不足造成的长期贫困风险。

1. 预防经济贫困和非经济贫困

无论社会保障还是社会投资，它们的防贫作用均表现在多个维度，能起到预防多维贫困的作用。预防经济贫困（包括收入、消费和资产贫困），是社会保障、社会投资防贫功能的基本表现。社会保障预防经济贫困的效果是比较显而易见的。以医疗保障为例，当低收入者身患大病、面临高额医疗支出时，假如无法获得外部经济补偿，将会采取缩减其他正常消费支出甚至变卖部分资产的方式来筹措医疗费，由此可能陷入经济贫困。如果该患者事前参加了医疗保险或者能获得医疗救助，就可减少自付的医疗费，减轻医疗支出负担，降低因病支出型贫困的概率。再看社会投资，它原本就是以鼓励和促进劳动者更好参与市场活动为导向的。各种社会投资政策的实施，能促进人力资本开发与社会资本积累，增强家庭与个人获取市场收入、增加经济财富的能力，由此达到预防经济贫困的目的。

社会保障、社会投资在预防非经济贫困方面也同样大有可为：一是预防健康贫困。医疗保障通过医疗费用的社会分担，能提高患者的就医率，使患者在病症较轻时就及时接受医疗服务，防止小病拖成大病，由此降低健康贫困率。健康投资是社会投资的组成部分，作为一种预防疾病的手段，健康投资对健康状况的改善起着重要作用（韦艳等，2017），增加健康投资能提高

居民的健康水平，进而化解健康贫困风险。二是预防知识与能力贫困。儿童的教育福利、对经济困难家庭学生的教育救助等涉及教育的社会保障项目，有利于促进年青一代的教育投资，提升其人力资本水平，起到预防知识贫困的作用。社会投资强调对“人”的投资，倡导将社会福利投入到教育、培训和就业项目中，提升劳动者应对未来经济社会变革的素质与能力，这是知识经济时代预防能力贫困的有效途径。三是防止权利贫困。完善社会保障制度，向全体社会成员提供均等化的基本社会保障，本身就是权利公平的体现。至于社会投资，其防止权利贫困的目标取向也非常明显。社会投资政策致力于消除社会成员参与经济社会活动的各种制度障碍（如就业歧视等），促进弱势群体人力资本积累以增进机会公平。欧盟 2013 年出台的《经济增长和社会凝聚力社会投资计划》，明确提出要“改善公众融入社会与劳动力市场的机会”①，其目的就在于减少社会排斥与权利不公现象，特别是为即将跨入社会的年轻人营造权利公平的环境。

2. 预防暂时贫困和长期贫困

社会保障之所以能预防风险冲击引发的暂时贫困，是因为当引致贫困的冲击事件发生时，事件遭遇者能从社会保障中及时获得必要的经济补偿，避免因冲击造成大量损失而在近期陷入贫困。在这种情况下，由于致贫事件已经发生、贫困即将形成，社会保障防贫的事前干预属于“扶人于危难来临之际”的应急行为；并且，贫困预防目标的实现主要依赖于外部力量的援助。同预防暂时贫困相比，社会保障预防长期贫困的效果不那么直观，相对而言较容易被人们所忽视。前文说明，社会保障有助于预防能力贫困，而能力贫困正是导致长期贫困的主要根源之一，因此，社会保障可以通过改善贫困脆弱人群的发展能力而降低他们陷入长期贫困的概率。社会保障预防长期贫困的作用有更鲜明的事前预防特征，并体现出依靠个体的内在因素来实现防贫目标。此外，在某些贫困脆弱家庭中，会出现在避免眼下暂时贫困同时却使未来长期贫困风险上升的现象。面临风险冲击时，一些贫困脆弱家庭可能会采取侵蚀性应对策略（Scott & Diwakar，2018）。例如，低收入农户为支付高额医疗费而被迫出售农业生产资料，尽管这能缓解当前的困境，但会减少未

① European Commission. Citizens' summary：Social Investment Package for Growth and Cohesion. 2013，https：//ec. europa. eu/social/BlobServlet? docId = 9755&langId = en.

来的农业经营收入，增加今后陷入长期贫困的概率。再如，在学子女因家庭重大变故而退学打工，虽然能暂时增加家庭收入，避免家庭沦于经济贫困，但从长远来看，这种减少人力资本投资的行为可能使子女在未来的劳动力市场上失去竞争力，埋下今后长期贫困的种子。而通过社会保障的干预，在缓解当下经济困难、防范暂时贫困的同时，还能在一定程度上减少侵蚀性的应对策略，避免为了应付短期困境而牺牲长期利益与福祉。

社会投资是着眼于将来的发展型福利政策，基于整个生命周期历程来设计与实施社会政策，将早期人生阶段的投资作为人力资本积累的重要手段，帮助个体实现生命历程各个阶段的顺利转换，增强人们应对未来各种风险的能力。在竞争激烈的现代社会中，注重激活主观能动性、提升劳动者素质能力的社会投资策略，能通过一系列事前干预性政策的组合运用，使家庭与个人更从容地迎接经济社会转型带来的挑战，降低今后因无法或难以适应社会发展变革而沦于贫困的可能性。因此，社会投资在防范长期贫困上具有独特的优势。21 世纪以来，不少国家在社会投资政策实践中以儿童、青年等年青一代为重点对象，这更凸显出社会投资早期预防的特点。早期投资不仅可以造就有质量的劳动者，而且节约了后期解决问题的投入，从而有效防止困境陷阱（潘屹，2013）。与社会保障相类似，社会投资也关注风险问题及其化解，但它更注重于应对持续发展过程中不断出现的新风险，这使得社会投资相比社会保障更适用于长期贫困的防范。在预防暂时贫困方面，社会投资同样能发挥一定作用。社会投资并不是要取代传统的社会保护，最低收入保护政策也是社会投资福利制度的基本组成部分，并成为有效实施社会投资战略的基本前提（李姿姿，2016）。而最低收入保护政策，显然能为因某种原因暂时失去生活来源的社会成员提供“安全网”，避免暂时贫困的发生。除此之外，社会投资中的就业咨询、指导等就业服务也具有预防暂时贫困的效应。

三、社会保障与社会投资防贫的作用路径与机制

预防贫困涉及经济贫困与各种类型的非经济贫困，但对经济贫困的预防处于基础性地位，因此，我们着重从经济贫困角度探讨社会保障、社会投资防贫的作用路径与机制，以此揭示两大制度安排预防贫困的内在机理。概括而言，社会保障与社会投资主要是通过托底援助、风险分散、行为优化、能

力提升四条路径实现贫困预防功能的（见图6-1）。这四条路径各有特点、互为补充：托底援助、风险分散的作用，表现为在致贫风险事件发生后为临贫人群提供经济保护；行为优化、能力提升有更明显的事前干预特征，其着眼点在于从源头上消除或弱化引起贫困的因素。托底援助、风险分散多建立在转移支付和经济补偿基础上，主要依靠外部力量来防止贫困；行为优化、能力提升则致力于改善家庭与个人抵御贫困的内在素质，最终主要依靠个体自身力量实现防贫目标。托底援助、风险分散的防贫重点是暂时贫困，而行为优化、能力提升的防贫重心在长期贫困。

1. 托底援助

社会保障中的社会救助，能够为由于各种原因而临贫的社会成员提供托底性的基本生活保障，避免他们陷入贫困境地。其中，最低生活保障通过现金援助防止收入贫困，医疗、教育和住房等专项救助主要用于防范支出型贫困，急难性救助旨在预防灾害等意外事件引发的暂时贫困。尽管社会投资理论倡导以投资人力资本取代直接提供经济资助，但也不完全否定经济援助的必要性。最低收入支持计划作为社会投资政策的有机构成内容，就直接发挥着收入方面的兜底支持功能，也是预防贫困的一种重要手段。

2. 风险分散

风险分散作用主要表现在社会保障中的社会保险项目上。由国家主办的社会保险，具有责任分担、互助共济的制度优势，通过经济补偿为个体提供了一种良好的风险分散机制，能较大幅度减少个体在风险冲击下遭受的损失，避免家庭与个人因损失超过承受范围而跌入贫困境地。就社会保险的具体险种而言：养老保险通过收入的个人跨期再分配和代际间转移，向退出劳动力市场的老年人提供较稳定的养老金，保障老年人基本生活需要，达到预防老年经济贫困的目的。医疗保险使疾病风险在所有参保群体之间进行分散，医疗资源在患大病者、患小病者及不患病者之间进行分配（左停等，2018），由此减轻患者尤其是大病患者的个人医疗费用负担，降低因病致贫的概率。失业保险在失业人员和就业人员之间建立起了风险分担机制，失业人员依靠失业保险金，能在失业期间维持基本生活，避免因失去工作而沦于贫困。工伤保险是分散职业伤害风险的有效工具，遭受职业伤害的劳动者从工伤保险中获得补偿，能防止因工伤引起收入中断或减少而陷于贫困。无论何种社会保险，它们在本质上都是通过参保成员的互助共济降低个人风险，进而实现预防贫困目标的。

3. 行为优化

贫困通常与个体的行为选择有关。有些家庭出于规避风险考虑，不愿参与有一定风险但回报较高的经济活动，从而失去了一些有利机会。在现代激烈的市场竞争环境中，家庭采取过度的风险规避行为会降低其经济收益率，使今后发生相对贫困的可能性加大。社会保障为家庭提供了分散风险的有效方式，能促使家庭适度提升风险偏好，合理参与有更高回报的风险性经济活动，这对家庭防止相对贫困是有益的。另外，在面对风险冲击时，贫困脆弱家庭有时会被迫采取一些消极的侵蚀性应对策略，如变卖生产资料、让子女退学务工等。这些做法虽能暂时缓解生活困难，但将来发生长期贫困的可能性会因此上升。而有了社会保障所提供的经济补偿后，贫困脆弱家庭在应对风险冲击时就会减少使用侵蚀性措施，由此降低未来陷入贫困的可能性。

与短时期内的暂时贫困相比，长期贫困与贫困代际传递更加令人担忧，预防的难度也更高。许多调查研究发现，处于长期贫困的家庭与个人，往往缺乏摆脱贫困的内生动力，在价值观与行为方式上形成了一种以自卑、依赖、自暴自弃、不思进取为特征的“贫困亚文化”。不改变贫困人群的行为模式，就难以从源头上根除长期贫困和跨代贫困现象。社会投资论以增强自主能力为宗旨，强调减少福利依赖，鼓励个人自强独立、发挥个体效能，并提出了落实上述理念的政策思路与措施。这些政策对重塑反贫困领域个人与社会的权责关系有积极意义，可在一定程度上纠正用社会或国家行为代替个人责任的现象，激励贫困人口通过自我完善来摆脱贫困，避免贫困的长期固化。从政策实施层面看，社会投资可通过物质经济奖励、给福利附加限制条件等手段，促使贫困者逐步改变源于“贫困亚文化”的不良习惯与习俗，引导他们培养与形成有利于自我发展能力提升的行为模式。

4. 能力提升

社会保障的干预，能起到促进人力资本投资的作用，使家庭与个人自身抵御贫困的能力得到增强、贫困脆弱性得以降低，进而避免贫困的发生。从不同社保项目来看：对弱势群体实行教育救助与教育福利，能改善他们的受教育状况，促进知识资本的积累；医疗保障有助于病人增加对医疗服务的利用，加快恢复健康人力资本；健康方面的社会福利，可使受益者享受到免费的健康服务，起到提升健康水平的效果；就业保障中的就业培训，则具有提高失业者技能人力资本的效应。由上可见，社会保障通过发挥对人力资本的改善作用，使人们拥有更强的能力去参与市场竞争、应对风险冲击，从而降低长期贫困发生的概率。

社会投资型福利体系包括三个相互交叉的公共政策领域：收入支持、能力建设、社会服务（李姿姿，2016）。其中，能力建设居于核心地位，集中体现了社会投资政策重心从“物质补给”向“人的投资”的转变。社会投资的诸多政策工具，如职业培训、终身教育、就业服务、儿童保育和健康福利等，无一不是聚焦于提升人的发展能力。政府在涉及弱势群体改变生活现状、增强自身能力的公共服务领域履行主体责任，能促进该群体的人力资本积累，使他们逐步储备起抵御未来经济社会风险的能力。社会投资倡导的能力建设，不仅仅是简单地培养和发展适应现代社会需要的某种技能，而且还包括塑造积极的价值观、生活态度与行为方式。这种全面性的能力提升，成为有效预防贫困的重要内生因素。

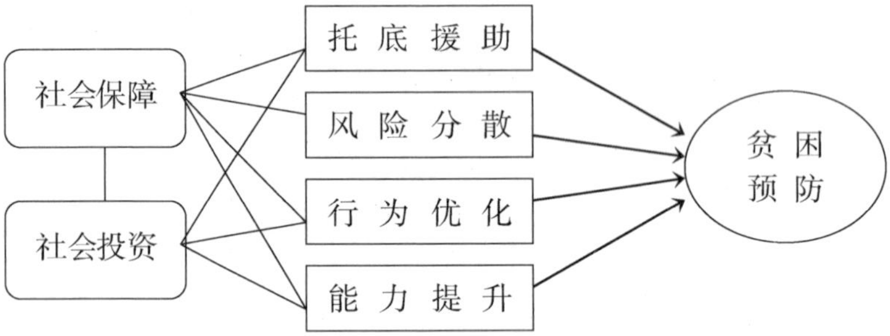

图6－1　社会保障、社会投资防贫的作用路径

第三节　预防贫困的国内外实践探索与经验启示

前文曾说明，预防贫困既要防范因风险冲击造成的暂时贫困，也要防止因缺乏自我发展能力引发的长期贫困。本节通过对“防贫保”改革试点探索、有条件现金转移支付政策创新两个典型案例的剖析，分别探讨如何借鉴相关做法和经验来防范化解暂时贫困风险、降低长期贫困风险。

一、防贫保：精准防贫的创新探索与实践

1. “防贫保”的试点和推广

在精准脱贫攻坚战中，各地均不同程度存在边脱边返、边扶边增的“沙漏式”扶贫难题，特别是非高标准脱贫户与贫困边缘户，返贫致贫风险高，很容易因疾病、灾害等意外事件的冲击而（重新）陷入贫困。通过什么样的办法能为这些人设立一种防贫机制，进而守住来之不易的脱贫成果呢？这成为广大扶贫工作者共同思考的问题。

2017 年 10 月，河北省邯郸市魏县政府联合中国太保产险河北分公司，创造性地将商业保险机制引入反贫困领域，试点推出了国内首款商业防贫保险项目——精准防贫保险（简称“防贫保”）。“防贫保”以政保联办、群体参保、基金管理、社会经办、阳光操作的新型扶贫模式，开创了未贫先防的保险防贫新模式，填补了贫困预防领域的空白。“防贫保”的运作方式为：地方政府与保险公司合作，签订协议创设“防贫保”项目。按当地农村人口的 10% 确定参保人数、计算保险费，保费由地方财政出资。保险公司作为承保主体，根据防贫要求制订保险方案、提供理赔服务。根据因病、因学、因灾三大返贫致贫因素，分类设置防贫监测线；同时，按国家贫困线的 1.5 倍标准设置防贫保障线。当家庭因病、因学、因灾的支出或损失金额超过相应的防贫监测线，且人均可支配收入低于防贫保障线时，就纳入防贫对象范围。对经核实确认符合条件的防贫对象，保险公司按标准及时发放防贫保险金。“防贫保”的重点对象，是非高标准脱贫户和非贫低收入户这两类贫困脆弱人群。“防贫保”项目的实施，使魏县的新增返贫致贫对象从 2016 年的 3251 户锐减至 2017 年的 77 户，2018 年后再无一例①。

在魏县试点后，“防贫保”在全国许多地区进行了广泛推广，尽管各地在具体方案设计上有些区别，但总体而言大同小异。截至 2020 年 3 月末，太保产险已在全国 24 个省份 210 个区县开办“防贫保”业务，累计提供保险

① 《中国太保产险“防贫保”项目荣获 2019 年全国脱贫攻坚奖》，河北新闻网，2019 年 10 月 17 日，http：//finance. hebnews. cn/2019 – 10/17/content_ 7497277. htm。

保障2.94万亿元，“防贫保”惠及全国超过8000万人口①。“防贫保”试点取得的显著成效，获得国务院扶贫办、地方政府和受助群众的高度认可。当前，太保集团还在继续有针对性地定制符合各地实际、彰显太保特色的防贫保障方案，力争到2022年底实现“防贫保”覆盖全国1000个县区的“千县计划”，让“脱贫不返贫”的长效保障惠及更多易贫、临贫人群②。此外，太保集团还将积极探索“防贫保”与农业保险、产业扶贫的深度融合，推动“扶防结合”，使保险产品在反贫困领域发挥更大作用。

2. “防贫保”的创新特点及经验启示

一是致力于贫困事前预防，做到关口前移、未贫先防。防贫是一种富有前瞻性和预见性的反贫困行为，“防贫保”紧紧抓住疾病、就学、灾害三大返贫致贫的风险因素，对触碰到防贫红线的群众第一时间提供保险金救助，将贫困遏制在即将发生而尚未发生之时，较为有效地解决了因病、因学、因灾返贫致贫的难题。“防贫保”的重大创新在于从源头上筑起了返贫致贫的“拦洪闸”，开创了通过商业保险预防贫困的新模式。这既为保险业运用市场化手段开展防贫工作积累了经验，也为巩固脱贫成果、构建防贫长效机制提供了有益思路。

二是用“监测线”和“保障线”两条线确定救助对象，实现精准防贫。事前防贫相比事后扶贫的不同之处在于，防贫的具体对象是难以预先确定和识别的。而传统的保险，均是以家庭或个人为参保对象的，在不能确定今后谁将陷入贫困的情况下，保险如何实现精准防贫确实是个难题。对此，“防贫保”采取了不事前明确具体保障对象的办法，保险产品不固定人头、面向全体农户。然后，依靠“监测线”预警识别以及“保障线”划定范围，将符合条件的农户作为防贫对象，按相关标准发放保险金，使他们免于陷入经济贫困，达到了精准防贫的目标。

三是政府与企业协作防贫，发挥各自比较优势。贫困脆弱人群通常收入水平较低、保险意识也普遍较弱，如果采用自愿参加商业保险的方法，参保率就会很低，保险防贫就会因为覆盖面太小而无法获得良好效果。“防贫保”

① 《中国太保“防贫保”累计提供保险保障2.94万亿元》，证券日报网，2020年4月20日，http://www.zqrb.cn/jrjg/insurance/2020-04-20/A1587387514475.html。

② 《“防贫保”筑起“防贫堤”》，《人民日报》2019年11月14日。

项目由地方政府出资缴纳保险费，并通过“监测线”和“保障线”确定面临贫困风险需要加以救助的对象，不需要居民主动参保与缴纳保费，这充分体现了“防贫保”的准公共品属性及财政对保险反贫困的支持。至于太保产险，则凭借自身在网络技术和调查人力等方面的长处，在短时间内完成了大量入户调查任务，运用市场化手段助力项目运行。在今后的防贫工作中，需要借鉴“防贫保”做法经验，促进政府与企业、社会组织间的高效合作。

四是为贫困边缘户提供了防贫托底保障，弥补了以往边缘户较少受益于反贫困政策的不足。长期以来，贫困边缘户无法享受扶贫政策的现象较为普遍，间接加剧了其贫困脆弱性。“防贫保”将非贫低收入户作为重点保障群体之一，使该群体在面临高额医疗、教育支出或因灾遭受较大损失时，能及时获得经济上的援助，进而增强抵御风险冲击的能力。“防贫保”这一做法，有效提升了反贫困的公平性，对完善贫困边缘人群扶持政策具有启示意义。

二、有条件现金转移支付：防贫与扶贫相结合的创新实践

1. 有条件现金转移支付的缘起、发展及成效

作为一项有全球影响力的创新性减贫政策工具，有条件现金转移支付①最早诞生于拉美国家。在整个20世纪80年代以及90年代初大部分时间里，拉美地区的多数国家都将社会政策理解为针对贫困人口的专项补偿性措施，这种理解阻碍了各国政府从综合、宏观的角度来规划其社会政策（郑皓瑜，2013）。许多直接补贴项目只具有一些短期减贫效果，但是治标不治本，难以消除贫困生产与再生产的根源。在世界银行、美洲开发银行等机构的帮助下，拉美各国从20世纪90年代中期开始，着手对贫困救助政策进行了改革，陆续制定出台了新一代的反贫困政策工具——有条件现金转移支付计划。与传统现金补贴不同的是，有条件现金转移支付主要面向有未成年子女的经济贫困家庭，并要求受助的贫困家庭履行某些义务——这些义务主要与儿童的教育、健康、营养等方面相关，不履行义务者将受到一定的惩罚（见表6-1）。CCT项目的宗旨，在于通过加强贫困家庭的长期人力资本投资，阻断贫困代际传递链条，以此减少未来的贫困。

① 英文名为Conditional Cash Transfer，简称CCT。

表 6－1 拉美国家"有条件现金转移支付"计划基本情况

国家	计划名称	目标人群	履行义务	惩罚措施
巴西	家庭补助计划	有未成年子女或孕妇、人均月收入低于100雷亚尔的家庭	①教育：6～15岁儿童上学出勤率达到85%以上；②健康：7岁以下儿童接种疫苗，孕妇接受孕期检查	首次违规警告，违规两次及以上将冻结救助金一定时期，第五次违规取消资格
	学校救助计划	有6～15岁儿童、人均月收入低于90雷亚尔的家庭	儿童在校出勤率达到85%以上	不详
	营养补贴计划	人均月收入低于15雷亚尔，有孕妇、哺乳期妇女或6岁以下儿童，长达11个月以上营养无法保障的家庭	孕妇接受产前检查，哺乳期妇女接受哺乳期指导，儿童接受疫苗注射和营养水平检查	不详
阿根廷	拥有所有权利：布宜诺斯艾利斯公民权利计划	有未成年子女、孕妇或残疾人的赤贫家庭	①教育：3～4岁儿童入托，5岁儿童进入学前机构，6～18岁儿童达到规定的在校出勤率；②健康和营养：儿童接受微量元素与健康状况体检、接受疫苗注射，孕妇接受产检	减少补贴，严重者中止受益
智利	团结计划（桥计划）	极端贫困家庭	履行身份认证、健康、教育、家庭活力、住房、工作、收入七个方面规定的义务	多次不履行义务将被停止支付

续表

国家	计划名称	目标人群	履行义务	惩罚措施
墨西哥	机会计划（即原教育、卫生和营养计划）	有儿童、孕妇或哺乳期妇女的处于贫困线以下的家庭	①教育：8～18岁儿童上学出勤率达到85%以上；②健康：全体家庭成员定期参加体检；③营养：救助金仅用于购买供全家食用的食品并按要求服用营养素	根据具体违规行为，采取单月停发、双月停发、整学期停发、无期限停发、终止发放等措施
哥伦比亚	家庭行动计划	贫困监测（SISBEN）显示分类为Ⅰ、有未成年子女的家庭	①教育：上学出勤率达到80%；②健康：儿童接受定期体检；③其他：母亲或其他家庭成员参加相关培训	一年内连续三次或非连续四次违规，将被取消受助资格
尼加拉瓜	家庭社会保护计划	有0～13岁儿童或孕妇的贫困家庭	①教育：无故缺课次数不超过3次/月，并能升入上一级；②健康和营养：儿童按时接种疫苗，孕妇定期体检，家长参加卫生和营养讲座	对不遵守者暂停转移支付

资料来源：根据官方相关政策文件整理。

拉美国家CCT计划的实施，在降低贫困发生率以及改善受助贫困家庭儿童的入学率、营养健康状况等方面取得了良好成效。Soares等学者（2006）的实证研究发现，巴西的基尼系数从1995～2004年下降了4.7%，其中21%归功于CCT计划。在教育方面，巴西通过“家庭补助计划”“学校救助计划”等项目，促进了各个阶段入学率的提高，特别是中等教育的入学率，比10年前提高了3倍多（韦洛索、佩雷拉，2013）；墨西哥的“机会计划”实施后，中学男童入学率提高了3.5%～5.8%、女童入学率提高了7.2%～9.3%；尼加拉瓜的“家庭社会保护计划”，使小学的入学率提高了22个百分点①（Villatoro，2005）。在健康和营养方面，墨西哥“机会计划”的项目

① 尼加拉瓜“家庭社会保护计划”的成效显著，与该国计划实施前入学率基数较低也有关系。

受益者进行体检的次数增加了约18%，哥伦比亚“家庭行动计划”的受助家庭儿童的身材矮小率下降了7%左右（Adato & Hoddinott，2007）。由于CCT实行时间相对较短，目前该计划对贫困家庭人力资本长远发展和摆脱长期贫困的影响尚不很明显，但随着时间推移，可以预期这方面的作用将逐步显现出来。

进入21世纪后，拉美以外的国家也陆续引入了有条件现金转移支付。根据世界银行公布的《2015社会安全网报告》，2014年实施CCT计划的国家已有63个，其中中等收入国家数量最多（43个）。有条件现金转移支付还被联合国纳入“社会保护论坛”创新行动中，全球影响力不断扩大。2013年，由联合国儿童基金会无偿援助的CCT项目，在中国云南、甘肃和四川三省开展试点，旨在为三省农村贫困地区的妇幼保健服务提供现金补助，以改善当地的妇幼健康水平。通过项目的实施，试点地区的产前检查率、住院分娩率、产后访视率和新生儿访视率分别从试点前（2012年）的31%、44%、30%和23%提高到2015年的60%、86%、55%和63%①，成效显著。

2. 有条件现金转移支付的经验启示

第一，在反贫困中增强贫困人口的自身责任。贫困的形成原因是复杂的，既有社会外部因素，也有个体内部因素。所以，反贫困不能单方面地依靠国家政策帮扶或贫困者自身努力，而应建立使国家与贫困者共同担负摆脱贫困责任的机制。不同于传统的社会救助，有条件现金转移支付要求受益人与有关机构签订协议，并按照规定的“责任清单”履行义务，以此强化贫困人口自身的脱贫意识与脱贫责任。在有条件现金转移支付计划中，受助贫困家庭被视为有能力自行解决（贫困）问题的“成人”，政府则成了受助家庭的“合作者”而非“保姆”（Fiszbein etc，2009）。这有助于克服贫困个体与国家之间在权利和责任上的不对等关系，构建起政府与家庭在反贫困领域的责任共同体。

第二，将缓解当前贫困与防止长期贫困结合起来。有条件现金转移支付

---

① “商务部－联合国儿童基金会有条件现金转移支付项目成效显著”，商务部网站，2016年6月16日，http：//www. mofcom. gov. cn/article/difang/201606/20160601340272. shtml。

具有现金转移支付的一般性质，通过给予现金补助①，能起到减轻受助贫困家庭经济困难的作用。补贴金额标准力求科学合理，通常根据受助家庭的贫困程度、人口数量及构成来确定，既防止标准过高造成负向激励，又避免额度偏低削弱减贫效果。此外，补贴标准还会随着物价变化作出相应调整，保持了良好弹性。然而，有条件现金转移支付并不局限于减轻当前贫困，其更重要的目标是增强贫困家庭自我发展能力、进而摆脱长期贫困。要求受助者履行教育、健康、营养等方面的义务，体现了这项创新性政策致力于促进贫困家庭人力资本投资的目标取向。从政策实施效果看，有条件现金转移支付计划也确实在提高入学率、改善健康状况方面取得了一定成效，在预防长期贫困上展现出良好发展前景。

第三，促进儿童人力资本发展，阻断贫困代际传递链条。大量研究表明，投资于儿童的人力资本发展，是从根本上打破贫困代际传递的重要途径。各国所实行的有条件现金转移支付计划，普遍具有促进贫困家庭儿童人力资本投资的政策导向——在目标人群上，主要瞄准有未成年子女的贫困家庭；在规定义务上，基本上都有针对儿童的上学出勤率、疫苗接种、营养摄入和健康检查等方面的要求。这种做法能在一定程度上改变贫困家庭对下一代人力资本投资不足的现象，通过年青一代人力资本的积累与提升增加他们今后摆脱贫困的可能性，减少贫困代际传递现象。另外，将政策着力点聚焦在贫困儿童群体上，还有利于提高反贫困资源的利用效率，最大限度释放出长期减贫效应。

第四，改变贫困家庭行为方式，推动人力资本与能力提升。有条件现金转移支付的最大特点，在于受益人必须按照规定履行一定义务，这些义务与家庭成员特别是未成年子女的人力资本投资密切相关。该政策的基本逻辑，可以用“规定受助义务→采取相应行动→人力资本投资→发展能力提升→预防长期贫困”这一作用过程来表示。惩罚机制的引入，进一步提高了受助者履行义务的遵从度，使补贴严格用于项目所要求的行为，增强了资金使用的针对性与精准性，确保以人力资本投资防止长期贫困的政策意图得以实现。但是，一些国家在项目实施中，也遇到了贫困家庭为持续获得补助而采取不利于儿童人力资本投资与健康成长的行为。如有关部门对巴西“营养补贴计

① 有些项目也包含了少量的实物补助。

划”进行评估时发现，在参与计划6个月后，一些受助儿童的体重再没有像原先一样按月递增。究其原因，在于计划规定了享受补贴的条件是儿童体重必须低于一定水平，某些家长担心子女体重超过标准后就会丧失补助待遇，故采取了控制子女体重的办法（Villatoro，2005）。这种现象也启示我们在设计政策方案时，要从实施对象角度更加周全地考虑相关影响，避免造成适得其反的结果。

第四节　建立健全贫困预防机制的设想

一、建立健全贫困预防机制的总体思路

完成脱贫攻坚任务进入反贫困新阶段后，要全面树立并不断增强贫困预防理念，加快建立健全贫困的事前预防机制，努力做到“未贫先防”，以此降低反贫困的社会成本与实施成本。后脱贫时代构建贫困预防机制的总体思路，可用“四个结合”来表述：

预防经济贫困同预防非经济贫困相结合。经济贫困是贫困的最直接表现，尽管2020年后将更加重视解决非经济维度的贫困问题，但治理经济贫困依然处于重要地位。事实上，经济与非经济贫困通常互为因果。以经济贫困与能力贫困间的关系为例，如阿马蒂亚·森（2002）所言“贫困的实质不是收入的低下，而是可行能力的缺乏”，经济贫困往往根源于能力贫困；而另一方面，经济上的贫困容易导致人力资本、社会资本投资不足，由此进一步加剧能力贫困。所以，基于多维贫困的内在关联性，对贫困的预防应当从贫困的不同维度全面展开，促进预防经济贫困和预防非经济贫困的联动，积极推动构建立体式的多维防贫体系。

预防暂时贫困同预防长期贫困、跨代贫困相结合。防贫既包括预防暂时贫困，也包括预防长期贫困和跨代贫困。要根据暂时贫困、长期贫困与跨代贫困的主要成因，采取分类预防办法，制定差异化的防贫政策措施。对于暂时贫困的预防，重点是化解各种负面冲击事件引发的致贫风险；而预防长期贫困和跨代贫困，关键在于提升家庭与个人适应经济社会发展的自身能力。暂时贫困可能转化为长期贫困，父代的长期贫困也可能传递到下一代形成跨

代贫困。为此，还应深入研究贫困转化与传递的条件，探索建立起防止暂时贫困转变为长期贫困、阻断贫困代际传递的长效机制。

建设防贫机制与深化经济社会改革相结合。贫困预防体系的建设，要同相关领域的经济社会改革结合起来统筹推进，通过相关领域的改革深化，为建立健全防贫体系提供更完善的制度保障。和贫困预防相关的改革事项主要包括：破除阻碍要素自由流动和妨碍市场公平竞争的体制机制，尤其是建立统一公平的劳动力市场；全面建成多层次、可持续的社会保障体系，密织社会安全网；优先发展教育，推动教育公平；实施健康中国战略，提高基本医疗卫生服务均等化水平；实施就业优先战略和积极的就业政策，完善职业技能培训体系等。

事前防贫和事后扶贫相结合。防贫和扶贫是反贫困不可或缺且紧密关联的两大组成部分，一个完善的反贫困体系必然是事前防贫与事后扶贫有机衔接、协调运行的整体。要探索建立健全事前事后双层结合的反贫困模式，一方面通过提前干预防止贫困发生；另一方面对现存的贫困开展帮扶，由此形成防贫与扶贫并举推进格局。要调整、优化贫困治理的绩效评价机制，综合考量防贫成效与扶贫效果。要不断丰富与完善事前防贫和事后扶贫的手段，重点开发和发展兼具防贫与扶贫作用的政策工具，持续提升防贫与扶贫的效能。

二、建立健全贫困预防机制的重点人群对象

贫困边缘人群①。收入与生活水平略高于既定贫困标准的边缘人群，其抵御风险的能力通常较弱，容易在负面冲击下陷入贫困状态，是防贫应当关注的首要重点人群。在2020年后的若干年内，防贫的重点是巩固脱贫攻坚成果、防止返贫与新增贫困，贫困边缘人群仍沿用现行绝对贫困标准来衡量。在脱贫攻坚成果得到充分巩固后，则需转为使用新设立的一般贫困标准来界定贫困边缘人群，按更高的基本生活需求标准预防贫困的发生。

① 这里的贫困边缘人群，是按绝对贫困标准或一般贫困标准来界定的，即专指绝对贫困边缘人口或一般贫困边缘人口。针对贫困边缘人群防贫，就是防止绝对贫困边缘人口陷入绝对贫困（或一般贫困边缘人口陷入一般贫困）。将如上界定的贫困边缘人群作为防贫重点人群对象，是为了防止社会成员出现无法维持基本生活的现象，这是防贫的底线要求。

老幼残等生理性弱势群体①。综观人的整个生命周期，相比中青年阶段，儿童期与老年期往往面临更高的贫困脆弱性，这与儿童和老年人的生理特点直接相关。儿童自身不具有或严重缺乏获取资源的能力，在很大程度上需要依靠父母、家庭或其他抚养人、社会成员的资源分配才能满足其基本需要（秦睿、乔东平，2012）。因此，儿童相比成人处于弱势地位，其成长表现出较强的依赖性与脆弱性。老年人在退出劳动力市场后，将失去劳动收入来源，由此可能导致收入与生活水平的下降；与此同时，随着年龄增大、生理机能衰退，医疗和照护等方面的支出趋于攀升。这使得老年人的致贫风险较高，成为贫困高发人群之一。至于残疾人，生理上的缺陷导致该群体在正常参与经济社会活动上存在诸多困难，面临较高的多维贫困风险。可见，无论出于提高防贫精准性还是促进社会公平目的，都理应将老幼残等生理性弱势群体作为贫困预防的重点对象。

农业转移人口等社会性弱势群体。社会性弱势群体主要是指由于社会原因导致的在社会竞争与资源分配中处于不利地位的人群，其具体构成会随着时空条件变化而有所变化。社会性弱势群体的形成源于转型期制度变革带来的成本转嫁，涉及收入分配、利益表达、法律保护和风俗观念等一系列问题（张乃仁，2015）。这一群体的贫困脆弱性，多与权利缺失和能力缺乏相关联，这决定了必须通过经济社会的结构性改革，才能从根源上消除引发该群体贫困的因素。就中国而言，目前及今后一段时期的社会性弱势群体，主要包括农业转移人口、农村留守人群、失地农民、城市失业下岗人员等。

经济社会转型发展中受到较大负面冲击的人群。在中国经济社会快速变革、转型发展步入深水区的时代背景下，如果仅由市场机制发挥作用，必然出现部分人群因无法适应改革发展步伐，在竞争中被淘汰或边缘化而陷入贫困的现象。贫困风险可能来源于多方面的负面冲击，如技术进步引发的技术性失业、市场环境变化造成的经营失败等。为此，需要在前瞻性研判经济社会发展趋势的基础上，科学分析在改革和转型中可能遭受较大负面冲击的潜在群体，并未雨绸缪及时采取预防性的干预措施。

---

① 学术界一般将弱势群体分为生理性弱势群体和社会性弱势群体，本书也遵循这种分类方法。

三、建立健全贫困预防机制的目标任务及实现路径

1. 在现行标准下防止返贫与新增贫困

当前，现行标准下的脱贫成果还不十分稳固，脱贫户的返贫风险不容忽视；同时，大量贫困边缘户也面临较高的致贫风险。所以，在2020年后的若干年内，预防绝对贫困的任务依然艰巨，近期防贫的重点仍应放在预防绝对贫困上。只有有效防止现行标准下的返贫与新增贫困，才能确保全面消除绝对贫困的成果得到完全巩固。

为此，要保持原有扶贫政策的相对稳定性和连续性，严格落实好“四个不摘”要求，杜绝任何形式的政策“急刹车”现象。要加快建立健全返贫致贫监测预警机制，及时发现可能返贫或致贫的家庭与个人，并采取有针对性的帮扶措施。要加强对非建档立卡贫困边缘户的扶持，在明确识别标准的基础上，进一步缩小其与建档立卡户间的政策待遇差距。要多渠道完善防贫措施，降低各类贫困风险，着力促进产业扶贫可持续发展、完善易地扶贫搬迁后续帮扶、保持外部帮扶合理力度。要依托乡村振兴战略巩固提升脱贫成果，确保脱贫成果不反弹、有拓展。

2. 化解负面冲击引发的暂时贫困风险

灾害、疾病、市场波动等不确定性事件，往往会成为诱发暂时贫困的风险因素。在这些事件的负面冲击下，社会成员发生贫困的可能性大小，一方面取决于个体的风险抵御能力，另一方面也同社会保护体系有关。要有效化解负面冲击引发的暂时贫困风险，关键是从以下三方面入手：

首先，尽可能从源头上消除、减少或减弱致贫风险因素（事件）。要充分利用现代科技手段做好减灾工作，最大限度避免因破坏生态环境而造成的人为自然灾害；要全面实施健康中国行动，落实以预防为主的方针，培养健康生活方式，加强健康早期干预；要更好发挥政府对市场供需与市场价格的调控作用，完善农产品价格稳定机制、减少市场的波动性。其次，家庭与个人着力优化生计策略、做好防贫计划，不断增强自身抵御风险冲击的能力。要完善家庭储蓄和投资等理财规划，合理控制家庭杠杆率；要树立和加强风险管理意识，根据经济能力有针对性地购买商业保险产品，提前做好应对风险的准备。最后，积极完善社会保障等有助于分散个体风险的社会公共政策，为遭遇风险冲击的家庭与个人提供健全的社会安全网。为社会公众提供

社会保护，使人们免于各种负面冲击引起的经济和社会痛苦，是现代社会政府的一项重要职责。政府要加强社会保障、政策性保险等相关制度建设，将脆弱人群全面纳入制度覆盖范围。

3. 防止相对贫困的长期固化

无论从个人还是社会角度来看，长期贫困所造成的福利损失总是高于暂时贫困，治理长期贫困的难度也大于消除暂时贫困。在脱贫攻坚前的相当长一段时期，中国农村的贫困主要属于绝对贫困意义上的长期贫困。尤其是在多维贫困视角下，长期贫困的比例明显高于暂时贫困（张全红等，2017）。在2020年实现全面脱贫目标后，中国总体上已经战胜了绝对贫困长期固化的“顽疾”，但这并不意味着长期贫困现象将不复存在。不同于原先的长期绝对贫困，今后的长期贫困将是相对贫困视阈下的长期贫困，两者在表现形式上有较大区别。长期相对贫困的显著特征，在于贫困个体收入和生活水平的提高速度始终落后于社会平均水平，甚至出现绝对水平停滞或下降的现象。当长期相对贫困比较普遍时，社会固化问题就会凸显出来。

事实上，近年来已有实证研究发现：尽管从绝对贫困角度看，贫困家庭具有很大的向上流动性；但从相对贫困视角看，贫困却表现出持续性特征，这也揭示了社会阶层的固化趋势（赵锐，2019）。进入以缓解相对贫困为主要任务的反贫困新阶段后，从国家层面看，要将防止相对贫困人群生活水平停滞作为预防长期贫困的重点。应通过推进制度公平性建设、为弱势群体提供更多发展机会、支持低收入家庭投资人力资本等多种途径，促进相对贫困人口收入与生活质量的持续提升，增强该群体的向上流动性。

4. 阻断贫困的代际传递

与发达国家相比，发展中国家的贫困代际传递现象普遍表现得更为严重。就中国而言，当前的贫困代际传递问题也不容乐观，有实证研究发现：尽管中国整体贫困水平呈现逐年下降趋势，但贫困家庭的代际传递机会却趋于上升；并且，农村贫困代际传递明显高于城市（马文武等，2018）。贫困的代际传递，会使贫困家庭连续几代人都长期处于贫困状态无法摆脱，容易使贫困人口丧失信心、引发“破罐子破摔”行为；当贫困代际传递现象较大范围蔓延开来后，还会显著降低社会向上流动性、固化社会结构，给社会公平与社会稳定带来负面影响。正因为如此，中国政府高度关注贫困代际传递问题，早在国家“十一五”规划中就提出要“更加注重对贫困家庭子女的扶助……防止贫困代际传递”。

从表面看，贫困代际传递是一种贫困现象在代与代之间的延续，但其本质根源在于致贫因素在代际间的传递。前代陷入贫困的原因，有可能在后代身上再次出现，造成后代延续了前代的贫困。虽然贫困在代与代之间的传递具有较强的惯性，但仍可通过贫困家庭自身努力以及政府的政策干预来阻断传递链条。就家庭自身而言，要树立摆脱贫困的信心，增强优生优育意识，戒除不利于孩子成长的生活习惯与嗜好，加强对子女的生活照料和教育，并激励其为改变命运而努力奋斗。不过，由于资源与能力的匮乏，贫困家庭在努力使下一代摆脱贫困的过程中，往往会陷入“心有余而力不足”的困境。所以，要有效阻止各种致贫因素的代际传递，还必须依靠政府教育培训、医疗卫生、就业服务等方面公共政策的干预，为阻断贫困跨代传递创造良好的制度环境与条件。

四、建立健全贫困预防机制的主要手段与政策工具

加强就业支持。就业是民生之本与收入之源，促进稳定就业、提高就业质量，对普通劳动者群体而言是最直接有效的预防经济贫困的手段。随着技术进步与经济转型升级加快，技术性、结构性失业风险趋于上升，一些行业劳动报酬增长前景面临较大不确定性，有引发群体性、行业性相对贫困的可能性。为此，要继续坚持就业优先战略，推进实施积极就业政策。继续扩大公共就业服务的覆盖面，鼓励开展“订单式”职业技能培训，支持以创业带动就业，加大力度为弱劳动力开发公益性岗位。不断丰富和适时创新稳就业的“工具箱”，如对困难企业稳岗给予一定税费减免或财政补贴、引入“短时工作制”促进企业灵活用工等。

完善公共服务。多维防贫是今后贫困预防的基本导向，防止教育贫困、健康贫困、生态贫困和文化贫困，是后脱贫时代防贫的重要内容。有效预防这些维度的贫困，离不开完善的公共服务体系。从公共服务与防贫的内在关系来讲，通过完善公共服务促进多维贫困预防的关键在于：一是进一步提高基本公共服务的均等化程度。要缩小基本公共服务的城乡差距、地区差距和人群间差距，弥补农村与欠发达地区的公共服务短板。二是着力增强基本公共服务在弱势群体中的可及性、可负担性。要加强基层基本公共服务网络薄弱环节的建设，充分利用云计算、物联网、人工智能等新技术，提高服务资

源的配置效率，使居民更加便捷、智能地获得公共服务。对于部分需要个人付费的准公共服务，向低收入者减免相关费用或给予补助。

健全风险管理。根据世界银行的风险管理框架，任何家庭与个人都会面临来自不同方面的风险，它们往往源于疾病、灾害、家庭变故、市场波动等各种类型的负面冲击事件。负面冲击可能引发的贫困风险，可谓无时无处不在。尽管个体层面的自我储蓄、购买商业保险、利用社会关系网也能缓解风险冲击，但大多数普通家庭仅凭自身力量通常难以抵御风险事件带来的损失。所以，要有效防范风险冲击引发的贫困，最主要的还是依靠政府主导的社会保障与政策性保险。对于低收入家庭等脆弱人群来讲，将他们纳入完善的社会保障与政策性保险覆盖范围内，是减轻经济损失、避免贫困发生的最重要风险管理策略。特别是在应对低频次、高冲击的意外事件时，社会保险与政策性保险的防贫作用优势更加明显（Blampied etc，2016）。今后，要着力提高弱势群体的社保实际覆盖率，进一步优化待遇给付机制；要顺应社会需求积极发展多层次、多种类的政策性保险，探索开发主要面向脆弱家庭的综合保险；还要建立健全致贫监测预警机制，及时发现面临贫困风险的人口并采取应对措施。

提升生计资本。生计资本不足会削弱家庭与个人抵御风险冲击的能力，使发生暂时贫困的可能性上升；此外，生计资本的持续匮乏，还是导致长期贫困和跨代贫困的主要原因。所以，促进生计资本积累对预防暂时贫困、防止长期贫困和阻断贫困代际传递均有重要作用。当前，中国低收入家庭和弱势群体的生计资本存量水平普遍较低，贫困脆弱性程度较高，这些人群生计资本的变化状况，直接关系到未来反贫困的长远绩效。建议在国家层面研究制订面向低收入家庭与弱势群体的“生计资本建设”计划，以人力资本投资为重点，统筹推进自然资本、物质资本、金融资本与社会资本的提升。一方面，政府应担负起在宏观层面引导与推动家庭生计资本建设的职责，着力完善直接影响生计资本的公共服务，尽力创造有利于目标人群生计资本投资与积累的制度环境，并通过财税、金融、就业等政策工具给予支持。另一方面，低收入家庭和弱势群体自己也要立足实际，努力调整与优化生计策略，积极从事或参与有利于增加生计资本的经济社会活动，不断提高生计资本的运用效率。此外，还要充分发挥社会力量的作用，构建政府、家庭与社会协同推进生计资本提升的格局。

促进权利平等。贫困现象的产生，有相当一部分根源于经济社会权利的不平等。阿马蒂亚·森（2001）论证了生产权利、交换权利、就业权利、以继承或转让为基础的权利对于减贫的重要性。保障全体社会成员平等享有并真正实现各项基本权利，对消除权利贫困及预防经济贫困有深远影响。要在前期改革基础上，进一步革除经济社会各领域妨碍权利平等的政策规定，从根本上解决弱势群体的权利缺失问题；要以法治方式开展维权，强化权利平等的法律保障；要增强社会成员尤其是弱势群体的权利意识，积极畅通权利表达渠道，努力提升其话语权。

第七章

推进城乡融合的反贫困体系建设

作为一个城乡二元结构特征较为明显的发展中大国，怎样处理好城乡关系是中国在现代化发展过程中长期面临的关键问题之一。改革开放以来，传统的城乡二元体制逐渐被打破，城乡关系经历了深刻调整。党的十九大明确提出“建立健全城乡融合发展体制机制和政策体系”；2017 年中央农村工作会议将“重塑城乡关系，走城乡融合发展之路”放在乡村振兴战略七条道路的首位；党的十九届四中全会再次强调要“健全城乡融合发展体制机制”。城乡融合发展，已成为新时代中国城乡关系变化的必然趋势和必由之路。

在此背景下，后脱贫时代中国的反贫困体系建设，也应当置于城乡融合发展的整体性框架中进行统筹谋划，加快推进城乡融合的反贫困体系建设。这包括了两个层面的内涵：一方面，要以城乡融合发展促进反贫困，将城乡融合发展理念深入贯穿到反贫困实践的全过程中，依托城乡融合发展体制机制和政策体系推动反贫困事业迈上新台阶，在城乡融合发展中持续提高反贫困质量。另一方面，要改变当前城乡分治的二元反贫困模式，积极推动城乡反贫困体系的融合，逐步构建起城乡一体化的反贫困体系，使反贫困工作更好适应城乡融合发展的需要。

第一节　以城乡融合发展促进反贫困

在城乡一体化进程快速推进的背景下，近年来学界开始关注城乡融合发展对减贫的作用：张丽宾（2014）提出要建立城乡就业一体化的体制机制，以此促进农村劳动力转移就业、推动农民减贫；在张兆曙（2018）看来，城乡关系及其空间形态为精准扶贫提供了重要的政策框架——从城乡关系出发的精准扶贫；殷浩栋（2019）从土地增值收益共享、城乡公共服务共享、新型城镇化与乡村振兴协同等方面出发，阐释了以城乡融合发展促进长期减贫的思路与路径；张耀宇等（2019）等基于城乡联动视角探讨了通过制度创新破解“空间贫困陷阱”的对策。与此同时，以城乡融合发展促进反贫困的实践也在各地广泛开展，较常见的举措包括：加快城乡间基础设施互联互通，促进城市发展效益向农村贫困地区的外溢；结合城镇化建设，大力推进转移就业扶贫；搭建农产品城乡对接平台，积极开展消费扶贫活动；培育和发展特色小城镇，将特色小城镇建设同农村扶贫工作衔接起来；鼓励人才和资本下乡，为农村减贫提供要素支撑等。本节在现有相关理论研究的基础上，先归纳了城乡融合发展促进反贫困的四大实现机制；然后分析城乡融合助力减贫的几个典型实践案例并说明其经验启示；最后提出后脱贫时代城乡融合发展促进反贫困的着力点及对策建议。

一、城乡融合发展促进反贫困的实现机制

城乡融合发展之所以能为反贫困提供新的动力、推动反贫困事业走向更高阶段，是因为城乡融合发展与城乡反贫困之间具有内在关联性——主要表现为制度贫困化解、减贫空间溢出、城乡联动发展、资源统筹共享四大效应，上述四大效应也构成了城乡融合发展促进反贫困的实现机制。

一是制度贫困化解效应。不公平不合理的制度是导致贫困的重要原因之一。受相关制度影响，当资源在不同区域、不同阶层、不同人群、不同个人之间分配不公平时，就会造成某些区域、阶层、人群和个人的贫困（文雁兵，2014）。长期以来，由于城乡二元经济社会体制方面的原因，中国的农村贫困很大程度上表现为制度性贫困。城乡要素市场分割与城乡要素不平等交换，导致农村的生产要素价格被人为压低，形成了贫困农民增收脱贫的制度障碍；城乡基本公共服务供给的不均等，则成为农村教育贫困、健康贫困的根源。至于农业转移人口贫困问题的产生，也同该群体无法正常享受流入地的公共服务与社会福利有密切关系。2020 年后，由于城乡基本生活安全网已构筑形成，城乡二元制度引发的农民与农业转移人口的制度性贫困，将主要以相对收入贫困与非收入贫困形式表现出来。加快城乡融合发展、构建城乡融合制度体系对今后制度性贫困的化解效应，可以概括为以下几方面内容：第一，通过进一步促进城乡要素市场一体化，推动城乡要素自由流动和

平等交换，农民的生产要素权益有望得到更好维护，从而起到提高农民收入水平、缩小城乡居民收入差距的作用。第二，增加农村公共服务供给、推进城乡基本公共服务均等化，有利于提升农民的人力资本与持续发展能力，使农民的多维贫困现象得到有效缓解。第三，随着城乡户籍制度改革的不断深入，依附于城镇户籍的各种特殊福利会逐步被剥离开来，农业转移人口将同当地城镇居民一样平等享有各种公共服务及其他经济社会权益，这能从根本上改变农业转移人口在城市中的弱势地位，使该群体更加充分地分享城市发展的成果。

二是减贫空间溢出效应。经济发展具有减贫功能，促进经济发展是缓解贫困的重要途径。一国经济体系可分为城市经济部门与农村经济部门，从经济发展减贫效应的空间特征来看，城市经济的发展不仅有助于缓解城市内部的贫困，而且能起到促进农村减贫的作用；同样，农村经济发展带来的减贫效应，也不只是局限在农村内部，还会溢出至城市地区，使城市贫困得到缓解。究其原因，在于城乡经济是一个有机整体，通过一定中介机制的作用，就能形成城乡经济发展减贫效应的空间外溢，即“减贫空间溢出效应”。城市经济发展对农村减贫的外溢效应，最主要依赖于城市化带动农村劳动力转移就业的机制：一方面，快速扩张的城市产业部门持续不断地吸纳大量农村劳动力，使农村贫困人口获得非农就业机会，由此分享城市化工业化发展所带来的成果；另一方面，剩余劳动力转移还有利于缓解农村人多地少、劳动生产率低的矛盾，促进贫困农户人均农业经营收入的提高。除此之外，城市经济发展还可以通过产业转移、技术扩散、旅游消费等途径，使农村贫困得到缓解。相比之下，农村经济发展对城市减贫的作用较少受到关注，但现实中这种作用也是客观存在的，只是显得较为间接与隐蔽而已。贫困在城乡间的空间转移，是理解农村经济发展对城市减贫外溢效应的关键。受到多种因素的影响，总有相当比例的农业转移劳动力在城镇中处于失业、半失业或不充分就业①状态，这部分人群很容易陷入经济困难，成为城市贫困人口的重要构成主体。当农村产业获得快速发展、为本地农户提供更多就业与增收机

① 根据国际劳工组织的定义，不充分就业者包括所有有工作的，但由于非自愿原因而接受短于正常工作时间的工作，在一定时间内正在寻找或可以从事补充性工作的人员。

会时，能在一定程度上减少贫困人口从农村往城市的转移，并吸引城市中务工困难的农业转移人口返乡就业，进而间接起到缓解城市贫困的效果。

三是城乡联动发展效应。城乡联动发展能为农村与城市贫困人口摆脱或缓解贫困带来机遇，具体可以从产业、市场、规划与政策四个维度来分析。关于城乡产业联动对减贫的重要作用，恩格斯很早就指出："只有使工业生产和农业生产发生紧密的联系，并适应这一要求使交通工具也扩充起来……才能使农村人口从他们数千年来几乎一成不变地在其中受煎熬的那种与世隔绝的和愚昧无知的状态中挣脱出来。"① 通过"一二三"产业融合发展的产业联动，能增强产业带动贫困人群增收脱贫的效果。城乡市场联动包括产品市场联动与要素市场联动两方面内容：加强城乡产品市场的联动，一方面能拓宽农产品的销售渠道、促进小农户对接大市场，帮助贫困农户增加农业经营收入；另一方面也能为城市中相对饱和的工业消费品在农村地区找到新市场，这能稳定传统工业行业的生产与就业，增加城市中低技能劳动力的就业机会，由此间接起到缓解城市贫困的作用。而促进城乡要素市场的联动，既有助于消除要素价格扭曲对反贫困带来的不利影响，也是发挥城乡发展减贫外溢效应的一条关键路径。规划是引导人口有序流动与合理分布的重要因素，实现城乡规划的联动，对统筹城乡空间发展布局、更好应对贫困空间转移带来的挑战具有积极意义。至于政策方面，通过对城乡反贫困政策加以协调与整合，能从根本上解决城乡减贫措施不衔接甚至相互排斥的问题，由此降低反贫困政策的运行成本，放大反贫困政策的绩效。

四是资源统筹共享效应。无论从增进资源分配公平性还是提高资源使用效率角度看，对反贫困资源进行城乡统筹均能产生积极影响。当农村反贫困资源与城市反贫困资源的配置处于相互孤立状态时，资源分配决策较少顾及城乡间的公平性问题，有可能造成城乡间反贫困资源分配的不公。而在统筹城乡反贫困资源的情形下，资源分配将较好同时兼顾城乡内部与城乡间两个层面的公平性，使全体城乡贫困人口获得更加公平的扶贫待遇。再从效率角度看，统筹城乡反贫困资源的优势表现得更为明显。现实中，很多反贫困资源在使用时具有较强的"集体消费"性质，最典型的就是反贫困管理服务。

① 中共中央马克思恩格斯列宁斯大林著作编译局：《马克思恩格斯文集》（第 3 卷），人民出版社，2009 年，第 326 页。

对于有上述特点的反贫困资源，通过资源的城乡共享机制就会形成规模经济与成本节约效应，这自然有利于提升反贫困实践中资源利用的效率。

二、城乡融合如何助力减贫：几个实践案例及启示

案例1：易居乐农以社区支持农业践行消费扶贫。在新时代下，伴随着互联网的飞速发展与乡村振兴战略的实施，易居乐农在原有国际标准社区支持农业①理念基础上，结合中国县域的实际情况，引申提出了基于互联网应用平台的社区支持农业②新理念。易居乐农联合开发商、携手物管公司，以中国社区扶贫联盟为主阵地，以联盟各成员单位为支撑，依托互联网将城市社区与农村产地直接对接，形成三个“1+1”定向帮扶——贫困县域“一商一户一劳力”与城市社区“一社一柜一家人”的“1+1”，贫困县域脱贫致富带头人与城市社区扶贫公益合伙人的“1+1”，产品带动的消费扶贫与共享农庄的产业扶贫的“1+1”。目前易居乐农已与16000家城市社区达成了合作协议，每周在北京、上海、深圳等城市的社区举办农特产品展销活动超过50场。展销产品全部原产地直供，减少中间商所带来的差价，增强城市用户的体验感，以购买代替捐赠，以消费扶贫的模式带动贫困县域的经济发展。经过多年的努力，易居乐农通过互联网线下体验线上购买，把社区支持农业发展的理念推广到上万家社区，让千千万万的社区居民通过乐农接触体验到来自贫困地区的好产品，同时以消费扶贫方式实现了促进农民增产增收、持续脱贫致富的目标③。

案例2：“巧媳妇工程”助力留守妇女脱贫致富。近年来，沿海地区服装业因成本上升、招工艰难而被迫向内地转移。河南省服装行业协会敏锐把握了这一机遇，积极承接服装产业的转移，但在此过程中，却遇到了招工难、用工荒的问题。针对这一难题，省服装协会组织精干力量开展调查研究，认为省内农村地区的广大留守妇女人数规模大，该劳动力群体目前处于闲置或

---

① 《社区支持农业》的英文名为Community Support Agriculture，简称CSA。

② “基于互联网应用平台的社区支持农业”的英文名为Internet - Based Community Support Agriculture，简称ICSA。

③ 《“中国社区扶贫联盟”助力扶贫帮农案例》，《国际公关》2018年第4期；《易居乐农：全国化社区“1+1”精准扶贫样本》，新浪网，2018年10月23日，http://finance.sina.com.cn/other/lejunews/2018-10-23/doc-ihmuuiyw4995379.shtml。

半闲置状态，有望为服装产业提供充足的劳动力。在会长李刚带领下，协会工作人员跑遍了全省 34 个贫困县 200 多个村庄，找到了那些“被隐身”了的“巧媳妇”。这些妇女虽有良好的劳动技能，但因孩子小、老人老需要照顾家庭而无法到外地打工。她们一方面无奈地留守家中，无助地忍受着贫穷，无聊地打发大量空闲时间；另一方面又渴望参与劳动，渴望得到工作，通过赚钱改善经济状况。她们是扶贫工作最需攻克的“坚”，也是承接产业转移最大的“宝”。为此，省服装协会发起了“巧媳妇工程”，以贫困县为重点区域，以适宜发展服装业的优势县为先导，由行业协会与地方政府共同建设巧媳妇工厂。为了让众多农村留守妇女直接在家门口实现就业，中心工厂主要建在镇上，而卫星工厂则直接下沉到村里。巧媳妇工厂由巧媳妇能人带头，由行业协会提供引导，导入扶贫扶持资源等一条龙服务，努力探索系统性帮扶路子，鼓励巧媳妇工厂市场化自主运营，从扶贫攻坚入手，逐步由脱贫走向创富发展。截至 2017 年 6 月，全省已经建成巧媳妇工厂 600 多个，安置留守妇女 58 万人，创造产值数百亿元，帮助数十万个家庭脱贫①。

案例 3：农村集体建设用地建租赁房缓解城市住房难。2012 年 1 月，国土资源部批复北京、上海作为集体建设用地建设公租房首批试点城市；2017 年 8 月，国土资源部与住房和城乡建设部联合印发《利用集体建设用地建设租赁住房试点方案》，确定在 13 个城市开展集体建设用地建设租赁住房试点。这一试点的目标群体以进入一二线热点城市的外来人口为主，如贵阳在保障对象上明确提出“集体建设用地建设租赁住房，主要为解决来筑②新就业职工、大中专毕业生、来筑务工人员，以及其他‘贵漂、贵创’等新市民的居住问题；同时，鼓励集体经济组织按规定将利用集体建设用地建设租赁住房统一租赁给用工企业，以解决企业新就业人员住房困难。”由于经济条件上的制约，一二线城市外来人口中的许多人既买不起商品住房也难以承受价格较高的租赁房，他们的居住状况不容乐观，群租、蜗居等各种住房贫困现象较为普遍。集体建设用地建租赁房的新政，有望在缓解城市外来人口住

① 《扶贫攻坚 + 产业转移 双引擎驱动催生河南服装万亿产业》，新华网，2017 年 7 月 31 日，http：//cx. xinhuanet. com/2017 - 07/31/c_ 136488317. htm；《“巧媳妇”炼成记：河南省服装行业协会“巧媳妇工程”调查》，中国服装协会网，2018 年 10 月 15 日，http：//www. cnga. org. cn/html/zx/hyxx/2018/1015/50028. html？1539589032。

② 贵阳简称“筑”。

房贫困上发挥积极作用。为了减轻低收入租户的房租负担，部分城市还出台了优惠政策，如北京市规定，收入和资产低于一定水平的贫困租户可以申请租金补贴，最高能达到房租的95%①。

实践案例的启示：前两个案例，分别从消费与产业角度，反映了城市对农村减贫带来的积极影响。由于信息不对称等方面的原因，不少贫困地区、贫困农户都面临农产品卖难问题。为此，近年来各地区、各行业推出了很多消费扶贫行动，旨在促进贫困主体农产品的销售。社区支持农业的出现与推广，是消费扶贫的一大重要创新举措，在农户与城市社区居民间构建起了一种新型的农产品产销关系，有利于帮助贫困农户实现稳定而持续的增收。易居乐农基于互联网应用平台开展社区支持农业，正是这方面的一个典型实践案例。城市产业向农村扩散转移，是城市反哺与支持农村的主要途径之一。河南省服装行业协会发起的“巧媳妇工程”，将抓住服装产业转移机遇同利用农村留守妇女闲置劳动力相结合，使众多留守妇女在家门口实现了就业，工作赚钱与照料家庭两不误，为留守妇女脱贫致富开拓了一条新路子。城乡融合发展促进反贫困，不仅仅表现为城市对农村减贫的支持与帮助，农村在治理城市贫困上也能发挥作用。在农村集体建设用地上建设公租房以缓解城市住房贫困，就是后一方面的探索与实践。通过这项农村土地制度的改革与创新，既有助于盘活农村集体建设用地，也为减轻城市外来人口住房压力作出了贡献。

三、城乡融合发展促进反贫困的着力点及对策建议

中国独特的城乡发展结构及其转变过程，使城乡贫困问题呈现出一定程度的特殊性与复杂性。不少贫困现象的形成，往往同城乡发展结构及其转变密切相关，这突出表现在农村留守人群贫困、失地农民贫困、贫困城乡转移、农业转移人口贫困等方面。如果不是站在城乡统筹角度去考虑对策，以上贫困问题往往难以获得圆满的解决——容易陷入“头痛医头、脚痛医脚”

---

① 《集体建设用地上的租赁房，已经来了》，《中国国土资源报》2017年8月24日；《集体建设用地建租赁房试点扩容 选址要求区位好人口多需求旺》，新浪网，2019年1月17日，http：//k. sina. com. cn/article_ 1651428902_ 626ece2602000ggsh. html；《北京唐家岭加快集体土地租赁住房项目入市 租房补贴最高95%》，土流网，2017年11月2日，https：//www. tudinet. com/read/7639. html。

或“按下葫芦浮起瓢”的困境。针对内生于城乡发展结构的各种贫困现象，只有从城乡融合理念出发、依托城乡融合发展谋划减贫对策，才能寻找到更加有效的治理方案。例如，对于城乡二元经济社会制度所导致的制度贫困，靠事后给予一些经济补偿或补助解决不了根本问题，局部政策修补的效果也比较有限，治本之策还在于全面而深入地改革城乡二元制度结构、加快推进城乡制度一体化。再如，农村留守人群的贫困与农业转移人口的贫困，表面上看是两种相对独立的贫困现象，但本质上有很强的关联性，都与家庭劳动力从农村外流到城市有关。在城乡融合发展中探索一条能更好兼顾赚取收入、家庭照料与生活质量的劳动就业模式，有望达到同时治理好两种贫困现象的“一石二鸟”效果。

1. 通过城乡产业转移促进反贫困

近年来，随着城市要素价格的持续上涨，城市产业向外转移的步伐趋于加快。农村地区凭借其在劳动力和土地成本上的相对优势，成为城市产业转移的主要目的地之一。促进农村地区承接城市的产业转移，既能起到减少国内资本外流①与推动城市产业升级的作用，也有利于带动包括贫困户在内的农村家庭就业增收，对国家、城市和农村均有好处。各地应抓住城乡产业转移给农村减贫带来的机遇，为农村贫困人口提供更多就业机会和致富门路。

要从引导产业转移与开展产业承接两方面入手，加强城乡产业转移和农村产业反贫困的对接。对于城市中有产业转移意向的企业，可鼓励其向条件合适的农村地区转移，在搬迁运输费用、原有土地转让或转换使用用途等方面给予一定的政策扶持，并帮助其解决好转移到农村后面临的用地、用工与融资等经营问题。农村地区在开展产业承接时，要注重引入契合本地资源要素特点的产业，充分考虑所承接产业的减贫效应。中国农村地区劳动力的技能普遍不高，针对这一实际情况，可将承接重点放在劳动密集型产业或资金、技术密集型产业中的劳动密集型生产环节上，这样能使所承接的产业更好发挥增加贫困户就业、带动贫困劳动力增收脱贫的作用。此外，还要着力改善农村地区承接产业转移的硬条件（如交通、通信基础设施等）与软环境（如政务服务等），提升对产业和企业的吸引力；扎实开展扶贫车间建设，促

① 近年来，国内一些产业受城市要素价格高企的影响，向周边成本更低的发展中国家转移，导致了一定程度的资本外流。

进产业转移项目落地实施；同时，需加强环保、安全生产等方面的评估与监管，避免所承接产业对生态环境与劳动者福祉的损害。

2. 依靠城乡产业融合促进反贫困

随着“五化同步”战略的深入推进与现代产业体系的日臻完善，农业和非农产业之间的产业边界以及农村产业和城市产业间的空间界限变得越来越模糊。城乡产业发展正呈现出农村一二三产业相互延伸渗透，并同城市二、三产业形成纵横交错联系的演变趋势。城乡产业融合在推动产业结构优化升级的同时，也对扩大产业反贫困效应带来了机遇。通过城乡产业的融合发展，有助于加快农业现代化、延长产业链条、提升产业附加值、培育新产业新业态，这对带动贫困户就业增收具有积极意义。

依靠城乡产业融合促进反贫困的主要路径包括：一是促进农村三次产业的融合，围绕乡村产业融合探索农村产业反贫困的新方式。要结合本地资源禀赋，深入发掘农业的生态涵养、休闲观光、文化体验、健康养老等多种功能与价值，积极发展农业新业态；要着力开展农产品加工业提升行动，促进农产品多层次、多环节转化增值；要培育壮大农业产业化联合体，不断创新农村产业融合新模式。二是加快农业与城市二、三产业的融合，提高农业现代化水平，充分发挥现代农业的减贫作用。要增强城市二、三产业对农业发展的支持与带动功能，使农机制造业、农业科技服务业、金融保险业更好服务并精准对接现代农业的发展需求；引导具有资本、技术优势的城市二、三产业向农业延伸渗透，助力农业现代化体系建设。三是推动城乡二、三产业融合，优化城乡产业分工协作，进一步提高产业反贫困实效。在城乡制造业融合方面，可探索“城市总部 + 农村生产基地”合作模式，使城市战略性资源与农村常规性资源实现空间上的最优耦合（李存贵，2011）；在城乡服务业融合方面，鼓励通过技术、市场等方面的合作，实现城市现代服务业对农村传统服务业的改造与提升。

3. 加强城乡供需对接促进反贫困

近年来，各地积极开展了多种形式的产业扶贫、消费扶贫、就业扶贫，取得了较显著成效。但在这些扶贫行动的实践过程中，也出现了一些供需不匹配的问题，影响了扶贫的精准性。例如，有些产业扶贫项目不太符合当地的资源环境条件，导致项目效果打了折扣，无法实现预期目标。因此，2020年后城乡融合的减贫要更加重视城乡反贫困资源要素的供需对接，进一步提高反贫困的精准度和有效性。

在产业反贫困方面，要进一步深入调研本地的产业发展条件和贫困人口特点，引入符合当地实际、能发挥当地优势的项目；要建立健全产业扶贫项目库，根据实际发展需要对项目细化分类，实现精准帮扶。在消费反贫困方面，要组织引导城市的农产品批发市场、商贸流通企业和机关、企事业单位同农村贫困地区建立长期稳定的供销关系，推动贫困地区特色产品供给同参与消费扶贫各类主体的需求精准对接；可利用大数据挖掘城镇居民农产品消费的分层分类特征，更好引导消费扶贫农产品的生产和流通。在就业反贫困方面，要加强劳务信息城乡对接，做好城乡劳动力供求信息采集和发布工作，推进劳务供需对接平台建设，不断提高农村劳动力转移就业的精准性；要加强培训与产业对接，扶持推广“订单式”劳务培训。

4. 依托小城镇发展促进反贫困

小城镇是一种介于城市与乡村之间的过渡型聚落，是联结城乡的重要纽带与桥梁，在中国推进新型城镇化与乡村振兴过程中发挥着不可替代的承上启下作用。以连城带乡、城乡融合为核心功能特征的小城镇，在反贫困领域也能够大有作为。有研究表明，与大中城市相比，小城镇的扶贫效应更为突出（Christiaensen & Kanbur，2017）。在贫困地区开展小城镇建设，有利于为产业反贫困搭建平台、为贫困劳动力转移就业拓展空间、为易地扶贫搬迁提供载体；另外，通过小城镇建设，还能够引导农村居民就地城镇化、就近就业，这对缓解大中城市流动人口贫困、提高农业转移人口生活质量均是有益的。

因此，要将小城镇建设与城乡反贫困有机结合在一起，依托小城镇发展巩固脱贫攻坚成果、缩小城乡居民收入与生活水平差距。建议从以下几方面加强小城镇发展同反贫困工作的衔接：第一，将扶贫开发计划融入小城镇建设规划中去，在规划中切实保障扶贫搬迁、扶贫产业的用地需求。第二，因地制宜地发展小城镇特色产业，增强产业带动镇上和周边农村贫困人口就业增收的效应。要延伸农业产业链，引导农业加工业、农业生产性服务业等和农业相关的二、三产业向小城镇适度集中；深度发掘旅游资源，着力培育和打造一批旅游特色小镇；积极发展运用新技术的新产业、新业态。第三，通过政策激励和支持，引导贫困农民向小城镇迁移集聚，如允许迁到小城镇后保留在农村的各项财产权、优先提供保障性住房、组织就业技能培训等。第四，加快小城镇的宜居住宅小区建设，将完善提升基础设施与公共服务优先列入小城镇建设规划，加大环境综合整治力度、持续优化生态环境质量，满足农民就地城镇化的舒适生活需求，不断提升小城镇居民的生活品质。

5. 利用城乡建设用地增减挂钩促进反贫困

城乡建设用地增减挂钩是一种以城带乡、以工补农的区域补偿政策，通过城乡间土地指标的交易，可以为农村地区带来收益，使农村分享城市化与工业化发展的红利。实施精准扶贫后，城乡建设用地增减挂钩政策开始与扶贫结合在一起，并逐步向扶贫领域和贫困地区倾斜；增减挂钩节余指标调剂使用的区域范围，也从县扩大到市、再扩大到省，直至允许跨省域①，这有效拓展了农村贫困地区扶贫开发的资金来源，较好缓解了农村脱贫攻坚缺钱的难题。

进入反贫困新阶段后，各地要继续用好用活城乡建设用地增减挂钩政策，将该政策同巩固脱贫成果和乡村振兴相衔接，为进一步促进贫困地区发展筹集资金。主要的对策建议包括：适当延长增减挂钩节余指标跨省域调剂政策的适用期限②，在巩固脱贫成果期保持原有政策基本稳定；积极挖掘复垦潜力，易地扶贫搬迁、重大项目搬迁等各类搬迁后涉及的农村建设用地以及“空心房”整治腾退出的宅基地，除有条件盘活利用发展产业项目的外，应尽力复垦为农业用地；拓展贫困地区增减挂钩节余指标流转的交易渠道，加快消化节余指标存量；要完善指标交易收益的使用机制，使收益更好地服务于巩固脱贫成果与乡村振兴，更充分地惠及广大贫困农户。

第二节　推动城乡反贫困体系的融合

中国现行的城乡贫困分治格局存在较多弊端，实现城乡反贫困体系的融合，既是有效治理流动人口贫困的现实需要，也是提高反贫困公平性与实施效率的必然途径。当前，中国已经初步具备了城乡反贫困一体化的基本条

① 见《城乡建设用地增减挂钩节余指标跨省域调剂管理办法》，国务院办公厅，2018年3月10日。

② 按照原先的规定，该项政策有效期至2020年12月31日。

件，今后应在明确城乡反贫困体系融合任务目标的基础上，紧密结合相关领域的改革，采取渐进性策略，分阶段稳步促进城市与农村两大反贫困系统的有机融合。

一、反贫困需要从城乡分治走向城乡合治

受城乡二元经济社会结构与制度的影响，中国的贫困治理也一直采用城乡分治的模式，并且呈现出农村较强、城市偏弱的失衡特征。这种失衡型城乡贫困分治模式的形成，既归根于城乡二元结构，也同城乡贫困格局有关。在改革开放初期，中国的绝对贫困人口主要集中在农村，因此，国家自然而然地将农村作为反贫困的主阵地，并从20世纪80年代中期开始正式实施有组织的农村扶贫开发。通过长期实践，逐步构建起了比较完善的农村反贫困体系。至于城镇地区，直到20世纪90年代中后期，由于国企改革与经济结构调整造成大批下岗失业人员，政府才开始重视城镇贫困问题。然而，当前城镇反贫困体系总体上比较单薄，主要由社会保障与公共就业支持两部分内容构成，从系统性与成熟度来看，相比农村反贫困体系仍有较大差距。农村扶贫占绝对主导地位的城乡分治减贫模式，在减少与消除农村绝对贫困方面取得了举世瞩目的成就，这是毋庸置疑的。但在肯定成就的同时也应当看到，城乡减贫体系的长期分立并行，特别是城镇反贫困体系发展的相对滞后，越来越不适应于快速城镇化形势下的反贫困需要，其内在不足与缺陷也越发暴露出来。

城乡贫困分治所造成的最突出问题，集中表现为农业转移人口反贫困方面的明显短板。在现行城乡贫困二元治理结构下，贫困治理总体上遵循的是户籍地原则，即农村与城市反贫困分别针对农村与城镇本地户籍的贫困人口。这样的治理方式，导致农业转移人口成为反贫困实践中被忽视的群体，其原因在于：虽然农业转移人口的扶贫工作仍由户籍所在地地方政府及村庄承担，但户籍所在地政府和村庄很可能根本就与他们没有联系从而无法开展有效帮扶工作（陆汉文，2019）；并且，有不少农村地区先验性地假定农业转移人口在城市中都有就业和收入，从而在确定扶贫对象时就将其排除在外。与此同时，城镇职工社会保险、城市最低生活保障、城镇保障性住房等城市反贫困政策，又无法有效覆盖居住在城镇地区的农业转移人口，造成农业转移人口的多维贫困现象凸显出来。除此之外，较难全面掌握城乡贫困人

口总体情况，也是城乡贫困分治存在的弊端。当前，农村的贫困监测体系比较完善，但城镇地区的贫困监测工作则显得滞后，城镇贫困人口规模和结构的底数不够清楚，尤其是缺少城镇常住农业转移人口贫困状况的全面信息，这无疑制约了城市反贫困行动的有效开展。至于城乡间流动贫困人口的详细情况，更是难以在城乡贫困分治模式下获得相关信息。

中国的城镇化还在继续推进中，今后一段时期，仍将有大量人口从农村往城市流动，城镇化率依然有较大的提升空间①。这意味着从全国层面而言，农业转移人口占城镇常住人口的比重会进一步提高。由于农业转移人口相比城镇户籍人口在人力资本方面有较大差距，再加上福利与户籍捆绑、城市产业转型升级带来的影响，如果缺乏有效的改革应对措施，随着城镇地区农业转移人口规模的继续扩大，很可能导致农业转移人口贫困乃至城市贫困问题的加剧。面对上述挑战，迫切需要对现行的城乡贫困治理机制加以调整，提升城市减贫在反贫困总体格局中的地位，以此改变当前反贫困体系农村较强、城市偏弱的状况。所以，加快健全城市反贫困体系并将常住城镇的农业转移人口全部纳入其中已成必然之举，这既有助于改变当前城乡反贫困格局中城市减贫体系相对薄弱的失衡状况，也能较好弥补农业转移人口反贫困上的短板。不过，加强城市反贫困体系建设的改革举措，是不能独立于农村反贫困体系而封闭进行的。展望未来，随着城乡融合发展水平的提高，城乡间的人口迁移和流动将呈现出规模大与双向流动的特点。与之相伴的是，贫困在城乡间的双向转移也将成为一种常态化现象。如果仅仅是延续城乡分治传统思路来完善城市反贫困体系，仍然无法有效应对贫困在城乡间的空间转移所带来的各种问题与诸多挑战。在农村贫困与城市贫困日益相互交织、相互转换、紧密关联的情况下，唯有推动农村与城市反贫困的有机融合、建立起城乡一体化的贫困治理机制，才能使反贫困体系全面覆盖所有人口，进而从根本上解决好贫困转移及其伴生的问题，彻底消除反贫困中的群体遗漏现象。

在城乡反贫困由分治转向合治后，由于城乡反贫困政策体系得到了一体化统筹设计，城乡贫困人口在获得帮扶的待遇上有望变得更加公平合理，这

---

① 中国社会科学院城市发展与环境研究所的一项研究预测，中国城镇化率到2030年将达到70%左右（潘家华、魏后凯，2015）。

既能避免贫困人口待遇的城乡间差距过大，也能防止贫困人口在城乡间迁移后待遇落差明显甚至发生接续断档。另外，实现城乡反贫困的一体化后，还可以利用共享效应、规模效应降低反贫困体系运行的总成本，提高减贫的投入产出效率。再从贫困监测角度看，合治也具有分治所不可比拟的优势。通过城乡一体化的贫困监测，相关部门能够更加全面地掌握城乡人口的贫困状况（包括规模、结构及分布等）及其动态变化，特别是能获得在城乡独立监测情况下难以观察到的城乡间贫困转移信息，这对增强反贫困政策的科学性与针对性是极有帮助的。综上可见，走城乡合治的反贫困之路是大势所趋，推动城乡反贫困体系的融合理应成为后脱贫时代中国反贫困方略的一项重要内容。

二、城乡反贫困体系融合的基本条件及现实对照

建立城乡融合的反贫困体系，并不是简单地将农村反贫困体系与城市反贫困体系合二为一就可以了。推动城乡反贫困体系的融合，需要具备一些前提条件、做好必要的前期工作；否则的话，反贫困体系的城乡一体化进程就会面临各种障碍，导致无法正常推进。概括而言，城乡反贫困体系顺利融合的基本条件主要包括：

第一，城乡一体化住户调查。只有对城乡住户开展一体化的调查，将城乡住户调查的指标、标准和方法统一起来，才能做到居民收支等数据的城乡可比，由此全面准确地把握城乡居民收入、支出与生活状况的全貌，进而为开展城乡一体化贫困监测与实施城乡一体化反贫困政策提供基础数据支撑。第二，城乡一体化户籍制度。城乡户籍分割是反贫困采用城乡分治模式的重要制度原因，也造成了反贫困对农业转移人口的覆盖不足。建立城乡统一的户籍制度，能打破农村居民与城市居民在身份上的界限，使城乡居民享有同等经济社会权利，为建立按居住地管理的城乡一体化减贫体系奠定基础，最终确保城乡贫困人口全部纳入统一的反贫困体系中去。第三，城乡一体化公共服务和社会保障。公共服务与社会保障是反贫困的重要手段，提供完善的公共服务与社会保障有助于缓解多维贫困。然而，在城乡基本公共服务不均等程度较高、城乡社会保障制度分割的情况下，是不可能实现城乡反贫困体系充分融合的。即使勉强将两者合在一起，也会导致城乡贫困人群扶贫待遇的不公平。因此，建立城乡一体化的公共服务和社会保障体制，是将农村与

城市反贫困政策体系有机衔接起来的前提。第四，城乡资源要素自由流动与平等交换。开展反贫困既要依靠有为政府也离不开有效市场，城乡资源要素流动不顺畅、交换不平等，势必造成在市场中处于相对弱势地位的农民群体利益受损、加剧农民贫困，这样自然无法形成体现市场公平要求的城乡一体化反贫困体系。可见，要使市场在城乡贫困合治框架中发挥正向作用，城乡资源要素自由流动与平等交换是不可或缺的条件。第五，城乡发展差距缩小到一定程度。在城乡经济社会发展差距过大的情况下实行城乡统一的贫困治理机制，反贫困实践中很可能会出现城乡居民间“形式公平而实质不公平”的现象，由此降低城乡反贫困体系融合的可行性与合理性。所以，尽可能缩小城乡发展差距，也能为推动城乡反贫困体系融合创造有利条件。

从上述五个方面进行对照，当前中国在某些领域已经具备了较好的基础，为推动反贫困从城乡分治走向城乡合治提供了有益保障：首先，在城乡一体化住户调查上，国家统计局从2012年第四季度起实施了城乡住户调查一体化改革，在统一城乡居民收入指标、分类与标准基础上采集全国居民有关数据，为开展城乡一体化反贫困提供了更全面且更具有用性的数据信息。其次，在城乡一体化户籍改革方面，当前全国所有省/区/市均已取消了农业户口和非农业户口的性质区分，实行了城乡统一的户口登记制度（专栏7－1）。再次，近年来城乡基本公共服务均等化稳步推进，城乡居民基本养老保险和基本医疗保险的并轨工作也已经基本完成，为建立城乡一体化的社会保障反贫困体系打下了基础。最后，城乡发展差距总体上呈现出逐步缩小的趋势，在此过程中，城乡贫困的结构性特征也出现了城乡趋同趋势（郑瑞强、陈晨，2019），这对加快城乡反贫困体系融合步伐而言无疑是有利因素。但另一方面也应看到，不适应乃至阻碍城乡一体化反贫困的因素也依然大量存在。例如，尽管各地已建立了城乡统一的户口登记管理制度，但不同性质户口上绑定的原有权益福利尚未剥离，居住地城乡户籍承载的社会福利二元化仍然明显（赵军洁、范毅，2019）；此外，各地持居住证所享有的基本公共服务就目前来看也是比较有限的。再如，城乡土地市场一体化进程缓慢，农村集体经营性建设用地入市仍然只是少数试点地区数量有限的试验行为（魏后凯、刘长全，2019)①，农民在平等分享城镇化带来的土地增值收益上还有不少困难。

专栏7－1　建立城乡统一的户口登记制度：农业和非农业户口成为历史

中国在20世纪50年代中期开始实行城乡二元户籍制度，以供应城镇居民定量粮为依据，将居民户口划分为“农业户口”和“非农业户口”。这种城乡有别的二元户籍制度是中国计划经济体制时期的特殊产物，其主要功能在于控制农民向城市的迁徙和流动。由于劳动用工、住房、教育等社会福利同户口直接挂钩，二元户籍导致城市与农村之间形成一道无形的“高墙”。改革开放后，城乡间人口流动逐步开放，户籍严控制度也开始有所松动，地方政府在户籍制度改革上进行了积极探索，改革力度不断加大并逐渐走向深入。2014年7月，国务院发布了《关于进一步推进户籍制度改革的意见》，明确提出“建立城乡统一的户口登记制度，取消农业户口与非农业户口性质区分和由此衍生的蓝印户口等户口类型，统一登记为居民户口，体现户籍制度的人口登记管理功能”。这标志着在中国实行了半个多世纪的“农业”和“非农业”二元户籍管理模式退出历史舞台，使户籍制度改革又向前迈进了一大步。

三、城乡反贫困体系融合的任务目标

城乡反贫困体系的融合是一项系统性工程，就融合的核心内容而言，主要涉及贫困标准、贫困监测、反贫困管理机构、反贫困政策、反贫困资源等。基于以上五大要素，后脱贫时代中国城乡反贫困体系融合所要实现的任务目标为：

第一，制定相对统一的城乡贫困标准。当前，对城市贫困标准尚未有权威的规定，实践中往往将低保标准视同贫困标准；至于现行农村贫困标准，性质上属于绝对贫困标准，在全面建成小康社会后其水平自然就显得偏低了。今后，在明确界定城市贫困标准与调整农村贫困标准的基础上，应积极

① 在写作本书期间，十三届全国人大常委会第十二次会议审议通过了《中华人民共和国土地管理法》修正案（自2020年1月1日起施行），明确允许农村集体经营性建设用地入市，这将推动此项改革从局部试点走向全面实施。

推动城乡贫困标准的并轨。城乡贫困标准的统一是一种相对意义上的统一，其实质是在制定贫困标准时采用基本统一的衡量方法与测算方式。但就标准的结果来讲，鉴于城乡居民生活成本与形态的差异性，强求完全相同反而是不科学的。相对统一的城乡贫困标准，应从原先的绝对贫困标准转向一般贫困标准并以相对贫困标准为最终目标，由此顺应贫困类型结构的变化趋势。除此之外，还要充分考虑新时代贫困群体的多样化需求，探索构建既能保障基本生活需要也能合理满足发展性需求的多维贫困标准。

第二，开展城乡一体化的贫困监测。针对目前城市贫困监测薄弱的现状，要将农村贫困监测系统延伸到城市、将农村贫困监测经验做法推广至城市，加强城市贫困监测工作。要逐步建立城乡统一的贫困监测体系，使贫困监测全面覆盖城乡全体居民，促进城乡间贫困监测信息的共享，避免出现对城乡流动人口的监测遗漏现象。城乡一体化的贫困监测应以追求更高质量的监测数据为目标，能及时全面反映城乡贫困人口的规模、结构与分布状况，敏锐捕捉城乡贫困形势的动态变化。随着贫困形态与贫困标准的变革，城乡贫困监测的内容与范围也要作出适应性调整，适时将相对贫困人口纳入进来，并加强对多维贫困的监测和分析。

第三，设立统一的城乡反贫困管理机构。中国早在 20 世纪 80 年代中期就设立了专门的农村反贫困领导机构（扶贫办），但城市反贫困却长期缺少专门的管理部门，主要依靠民政系统对城镇贫困家庭实施社会救助。2020 年后，为了更好发挥政府在反贫困中的职能作用，有必要设立统一的城乡反贫困管理机构，对城乡减贫工作进行统筹规划与部署。可考虑以现有的扶贫办为基础，通过与其他反贫困相关部门的职能整合与优化，形成高效统一的城乡反贫困专门管理机构，统筹推进农村与城市的减贫工作，为新时期城乡融合的反贫困提供强有力的组织保障。

第四，形成城乡一体化的反贫困政策。在城乡融合发展不断走向深入的形势下，反贫困政策的城乡二元结构越来越暴露出其不足，如较高的制度运行成本、无法有效应对贫困空间转移、城乡贫困人口待遇不公等，这客观上要求对原先相互分割的农村与城市反贫困政策加以整合，推动形成城乡一体化的反贫困政策体系。此项改革的主要目的，在于建立起全面覆盖城乡贫困人群的政策体系，改变农业转移人口缺乏反贫困政策扶持的现状；同时，通过政策的城乡统筹设计，实现城乡贫困群体在享受政策帮扶上的制度平等，增进反贫困的制度公平性。在城乡一体化的新政策体系下，社会保障、就业、教育等各项反贫困政策将是城乡统一的，城乡贫困人群享受到的反贫困政策内容将是基本一致的，贫困人口在城乡间迁移后所享受的政策也将是可衔接、可接续的。

第五，统筹利用城乡反贫困资源。在城乡贫困二元治理模式下，投入到农村反贫困的资源和投入到城市反贫困的资源并无多少交集，城乡反贫困资源的使用总体上处于一种相对孤立和分散的状态。为了进一步提高减贫领域的资源配置及利用效率，需要打破原先反贫困资源的城乡界限，将农村反贫困资源和城市反贫困资源放在一个“盘子”里进行统筹安排与分配。实现城乡反贫困资源的统筹利用，还有助于更好应对贫困流动带来的挑战，为扶持城乡间流动贫困人口提供充足的资源保障。

城乡反贫困体系融合的五大任务目标之间，是相互关联、有机衔接的，这集中体现在三个方面：首先，制定相对统一的城乡贫困标准是前提基础。只有城乡贫困标准统一了，才能开展城乡一体化的贫困监测，才能明确城乡一体化反贫困政策的实施对象。其次，设立统一的城乡反贫困管理机构是关键环节。该机构的主要职能，就是负责制定相对统一的城乡贫困标准、组织开展城乡一体化的贫困监测、部署城乡一体化的反贫困政策、统筹城乡反贫困资源的利用。各项任务目标的完成，均依托于城乡反贫困管理机构的决策与组织。最后，实施与落实城乡一体化的反贫困政策是落脚点。提高城乡一体化贫困监测质量、加强城乡反贫困资源统筹使用，都是为改善反贫困政策绩效服务的。

四、以渐进方式稳步推进城乡反贫困体系的融合

在说明了城乡反贫困体系融合的必要性、条件与任务之后，接下来要探讨的问题，就是怎样实现城市与农村两大反贫困体系的融合，这涉及改革方式的选择。当前，中国的城市反贫困体系还处于比较薄弱的状态，城乡一体化反贫困的前提条件也尚未充分具备。在此情况下，一步到位地实现融合目标并不现实，采用“渐进式推进”策略更显合理与稳妥。从长期以来的实践经验看，渐进式模式是复杂情境下推行改革的一种有效办法。前几年某些领域城乡制度一体化改革的顺利推进（如城乡居民基本养老保险和基本医疗保险的并轨等），也是采取渐进性策略的结果。反贫困从城乡分治走向城乡合

治，也应遵循渐进改革的基本思路，分步分阶段有序实施。

第一阶段：着力加强城市反贫困的系统性、整体性建设，并进一步完善农村反贫困体系。基于目前城市反贫困体系发展相对滞后的现实，当务之急是加快构建起城市反贫困的系统性框架，为城乡反贫困体系衔接奠定基础。要对城市贫困标准加以明确界定，制定标准的方法与农村贫困标准保持基本一致；建立城市贫困识别与监测机制，促进城乡贫困信息的共享利用；将城市反贫困工作纳入扶贫办的职能范围，由扶贫办负责城市反贫困规划的制定并协调相关部门实施；不断拓展、丰富城市反贫困政策手段。要将城市常住流动人口特别是常住农业转移人口纳入城市反贫困系统中，逐步减少该群体扶贫、防贫政策上的空白点。与此同时，根据农村贫困形势与贫困治理目标的变化，对既有的农村反贫困体系进行适应性调整。

第二阶段：推动城市、农村反贫困体系的有序衔接，加快城乡反贫困的一体化进程，使城乡反贫困体系的融合取得实质性进展。城乡发展差距较小、城乡居民生活水平较接近的地区，可采用城乡相同的多维相对贫困标准。结合新时期反贫困任务的转变，可将扶贫办更名为反贫困管理局①，作为统一负责城乡反贫困规划及实施的专门管理机构；调整优化其同反贫困密切相关的其他部门（如人社、民政、农业农村等）的职能分工，加强反贫困管理局统筹协调反贫困领域部门间协作的功能。构建城乡一体化的贫困监测体系，深化反贫困管理局与统计部门在贫困监测上的合作。增进城乡贫困人口在享受反贫困政策方面的制度公平性，不断缩小政策待遇水平上的城乡差距。优化各类反贫困资源在城乡间的配置结构，建立健全财政反贫困资金在城乡间合理分配的长效机制。在前期将城市常住流动人口纳入城市反贫困系统的基础上，进一步明确贫困治理的“属地原则”，全面实行按常住地开展城乡反贫困，实现反贫困体系对本地常住贫困人口的全面覆盖。对于新迁入的贫困人口，要及时纳入本地反贫困系统，做到管理上的无缝衔接，避免出现接续断档。

第三阶段：深入解决前期改革中出现的难点问题，进一步提高城乡反贫困体系的融合程度，实现城乡反贫困的一体化管理和运行。通过强化属地管

---

① 之所以将“扶贫”改为“反贫困”，是因为今后的贫困治理要实现事后扶贫与事前防贫的并重。

理、一体化监测与政策衔接，构建起充分适应人口流动特点的贫困治理机制。鼓励地方因地制宜，推动城乡贫困合治的创新发展。

在促进反贫困从城乡分治转向城乡合治的过程中，要加快推进相关领域的配套改革，主要包括健全农业转移人口市民化机制、完善城乡基本公共服务普惠共享机制、构建城乡社会协同治理机制、破除阻碍城乡要素自由流动和平等交换的壁垒等。这不仅仅能为城乡反贫困体系的融合创造更好条件，而且有助于形成全面融合的新型城乡关系。最后要指出的是，城乡反贫困的一体化并不等于城乡反贫困的一样化。由于城乡经济社会发展存在差异性，城市与农村在贫困具体标准、贫困治理重点、反贫困政策内容等方面不应简单划一。

第八章

构建解决相对贫困的长效机制

完成脱贫攻坚任务标志着中国消除了绝对贫困，但相对贫困现象仍将长期存在，中国反贫困的重点从绝对贫困转向了相对贫困。党的十九届四中全会提出了“建立解决相对贫困的长效机制”的新要求，这也成为后脱贫时代中国贫困治理领域要研究的最重要课题之一。中国的相对贫困现象，同发达国家相比既有共性也有差异。新时代社会主要矛盾是理解中国相对贫困问题的立足点，相对贫困的形成同发展不平衡不充分具有内在关联性。本章尝试构建了一个基于新时代社会主要矛盾的相对贫困分析框架，从区域协调发展、乡村振兴和新型城镇化、基本公共服务均等化、深化分配制度改革四个方面出发，探讨了解决相对贫困的长效机制及其构建问题，为后脱贫时代相对贫困的治理提供基本思路与参考建议。

第一节　新时代社会主要矛盾视阈下的相对贫困

国内外学界对相对贫困的一般性特点作了许多探讨，然而，由于国情的不同，各国的相对贫困在具体表现和成因上仍呈现出差异性与特殊性。新时代社会主要矛盾的转化，是认识中国 2020 年后相对贫困问题的基本国情背景。本节从新时代社会主要矛盾与相对贫困的内在关系出发，构建了一个基于发展不平衡不充分视角的相对贫困分析框架。这一分析框架有助于深刻理解中国相对贫困形成的根源，并为探索治理相对贫困的长效机制提供指引。

一、国内外学界关于相对贫困的现有认识

相对贫困是与绝对贫困相对应的概念，西方学界对相对贫困的认知始于

20 世纪 50 年代。加尔布雷斯（Galbraith，1958）认为“一个人是否贫困不仅取决于其自身拥有的收入，还取决于社会中其他人的收入水平”，这是相对贫困思想的最初萌芽。鲁西曼（Runciman，1966）在指出绝对贫困理论不足的基础上，明确提出了相对贫困的概念。汤森（Townsend，1971、1979）对相对贫困的含义作了较详细的阐释，他认为相对贫困“并非意味着吃不饱、穿不暖等基本需求的缺乏，而是遭受着相对剥夺，达不到常规的社会生活水平”，是“资源分配不均等导致生活相对困难”的一种状态。鲁德斯（Roders，1990）进一步说明：“相对贫困想要明确的是相对中等社会生活而言的贫困。”国内学者对相对贫困含义的理解，总体上延续了西方学界的基本观点。从绝对贫困概念发展到相对贫困概念，标志着人们对贫困的认识更加深入。

通常而言，相对贫困的主要特点包括：（1）相对性。相对贫困是“与其他社会成员相比或维持当时社会通行的某种生活标准而言的一种相对缺乏或不足的状态”（庄天慧等，2018），“以收入和生活水平的相对比较为评价方法”（陆汉文、杨永伟，2020），相对性是相对贫困的最基本特征。（2）多维性。相对贫困表现在收入、财产、健康、教育等多个维度，相对贫困的测度也是多维视角的测度。同绝对贫困相比，相对贫困的多维性特征更加明显①。（3）不平等性。相对贫困本质上反映的是社会不平等，这种不平等表现为社会成员之间在生活水平各方面的差距，不仅仅局限于收入与财富分配的不平等。（4）主客观两重性。阿尔柯克（Alcock，1993）提出“相对贫困是一个较为主观的标准”，确定相对贫困往往依赖于一定的主观价值判断②；但同时，这种主观认知总是建立在客观事实上的，主观性始终以客观性为基础。所以，相对贫困具有主观与客观两重特征（邢成举、李小云，2019）。（5）时空性。识别相对贫困需要限定时空范围，相对贫困是特定范围内的“被剥夺感”（Bradshaw，2000），描述相对贫困时不能脱离特定时期特定条件下的社会，其比较对象需确定为处于相同经济环境下的其他社会成员（周强，

① 多维贫困中的某些维度，如文化、生态、心理健康、政治参与等，在绝对贫困视阈下通常是不涉及的，属于相对贫困特有的范畴，只有在探讨相对贫困问题时才会论及文化、生态、心理、政治等维度的贫困现象。

② 例如，有的国家将相对收入贫困线设为收入中位数的 50%，而有的国家则设为收入中位数的 60%。

2018)。如果不明确时空范围，就无法判断某家庭或个人是否处于相对贫困状态。

综观现有相关研究文献，学界将相对贫困与绝对贫困的主要区别概括如下：一是参照系不同。准确地讲，绝对贫困与相对贫困是根据参照系来分类的，参照系是划分两类贫困的根本依据。绝对贫困与相对贫困的观测方法与牛顿力学中的绝对运动和相对运动有相似之处，绝对和相对的区别在于选择了不同的观测参照物或尺度（谭诗斌，2012）。绝对贫困的参照系是人类生存或基本生活需要，而相对贫困的参照系通常是社会中等生活水平。二是对人的需要的界定不同。绝对贫困是针对生存或基本生活需要而言的，一般仅考虑人的自然性需要和物质需要。至于相对贫困，除了自然性需要和物质需要外，还要考虑社会性需要与精神需要；并且，同绝对贫困相比，其自然性需要和物质需要的范围也更广。三是对人的属性的认识不同。从对人的需要的界定差异可以看出，绝对贫困只是将人视为“自然人”，关注于人的自然属性。但在相对贫困视角下，人既是“自然人”也是“社会人”，人的自然属性与社会属性均得到了重视。四是反贫困的最终目标不同。绝对贫困层面的反贫困，努力方向是完全消除贫困；至于相对贫困层面的反贫困，由于社会不平等总是存在的，所以只能尽可能缓解而无法彻底消除贫困。

二、从新时代社会主要矛盾出发认识中国的相对贫困

世界各国的相对贫困现象，是一般性与特殊性的辩证统一体。前文主要从一般性角度总结了学界关于相对贫困的认识，这些认识对洞察相对贫困的内在本质有重要意义。然而，一般性总是寓于特殊性之中，是通过特殊性表现出来的，不可能在个体的特殊性之外独立存在。相对贫困的一般性本质，也必然通过各国相对贫困的具体形式得到展现。“抽象本身离开了现实的历史就没有任何价值”①，所以，对相对贫困一般性的理解必须建立在把握各国相对贫困现实状况的基础上，这样才能将相对贫困的一般性与特殊性有机统一起来。

由于不同国家国情不同，各国的相对贫困在具体表现和成因上存在差

① 中共中央马克思恩格斯列宁斯大林著作编译局：《马克思恩格斯选集》（第 2 卷），人民出版社，2009 年，第 74 页。

异。以中美两国为例：从贫困的地域分布来看，美国的相对贫困人口主要分布在大都市，只有小部分贫困人口分散于偏僻的农村（王大超，2002）；但中国的情况与之相反，如采用城乡统一的贫困识别标准，现阶段中国的相对贫困人口高度集中于农村地区。再比较城市相对贫困的人群构成及成因，中美两国间也有显著差异。美国贫困问题同种族歧视密切关联，种族歧视是美国贫困的一个重要原因（Harrington，1962），这导致黑人贫困率远高于白人，黑人在贫困人口中的占比较高。而在中国城市贫困人口中，农业转移人口是主要构成主体之一，这根源于城乡二元结构转变的特殊环境。因此，只有立足国情才能深刻认识本国相对贫困的特点，准确把握本国相对贫困形成的内在规律，进而制定出更具科学性与针对性的贫困治理策略。

党的十九大指出“中国特色社会主义进入新时代，我国社会主要矛盾已经转化为人民日益增长的美好生活需要和不平衡不充分的发展之间的矛盾”，这是后脱贫时代研究相对贫困问题的基本国情背景。新时代的相对贫困问题，应当置于社会主要矛盾转化的大背景下来考察，从人民日益增长的美好生活需要同发展不平衡不充分间的矛盾关系出发，深入理解中国的相对贫困现象并寻求有效的治理之策。近年来，已有一些学者关注到相对贫困与社会主要矛盾间的内在关系：如桂华（2019）提出扶贫工作重心从绝对贫困向相对贫困的转换反映了中国社会主要矛盾的变化；张赛群（2019）指出发展不平衡、不充分是产生相对贫困的主要原因；陆汉文、杨永伟（2020）认为相对贫困问题是不平衡不充分发展的重要表现，治理相对贫困是解决发展不平衡不充分问题的必然要求。然而，现有的相关探讨总体上显得比较零碎，对相对贫困与社会主要矛盾间关系的认识还不够系统全面。

三、基于新时代社会主要矛盾的相对贫困分析框架

人民日益增长的美好生活需要和不平衡不充分发展间的矛盾，是理解后脱贫时代中国相对贫困现象的立足点，从新时代社会主要矛盾出发研究相对贫困问题，有助于深刻把握中国相对贫困的基本特征、形成根源与治理路径。

一方面，新时代社会主要矛盾是理解中国相对贫困现象成因的一把“钥匙”。多维性是相对贫困的一般性特点，多维相对贫困除了表现在经济维度外，还体现在非经济维度上。中国非经济维度的相对贫困问题较为突出，这

与新时代社会主要矛盾密切相关。全面建成小康社会后，人民美好生活需要所涉及的内容越来越广泛，需求的层次也逐步提升。但是，由于经济与社会发展不平衡、公共服务供给不均等不充分，当前部分群众的基本公共服务需求还难以得到较好满足，这是引发教育、健康、住房相对贫困的主要原因。中国非经济维度的相对贫困，从一个侧面反映出经济与社会发展间以及社会领域内部发展中的不平衡不充分问题。不平等性是相对贫困的本质特征，而中国的诸多经济社会不平等现象，很大程度上根源于发展的不平衡不充分，这突出表现在区域发展、城乡发展、分配结构等诸多方面。当前，中国的区域发展差距仍然较大，区域性贫困的类型从绝对贫困转向相对贫困，缓解区域性相对贫困任重道远；城乡发展不平衡格局尚未根本改变，与城市地区对比，农村地区发展较为滞后，依然显得相对贫困；分配结构失衡问题长期存在，居民贫富差距没有显著缩小，使得经济相对贫困现象凸显。

另一方面，解决新时代社会主要矛盾的基本思路，也为治理相对贫困提供了路径指引。解决新时代社会主要矛盾的关键，是顺应人民日益增长的美好生活需要，按照新发展理念要求着力破解发展不平衡不充分的问题。中国相对贫困的根本原因在于不平衡不充分发展，因此，促进均衡发展和充分发展的对策思路，也同样适用于相对贫困问题的治理。具体而言：区域发展不平衡不充分导致的区域性相对贫困，可通过促进区域协调发展得到逐步缓解；城乡发展不平衡不充分造成的农村对比城市的相对贫困（简称为“农村相对贫困”①），可通过实施乡村振兴战略和加快新型城镇化建设来解决；公共服务供给不均等不充分引致的公共服务相对贫困，可通过推进基本公共服务均等化加以消除；根源于分配结构失衡的经济相对贫困，可通过深化分配制度改革进行有效治理。

根据上文所述内容，我们构建了一个基于新时代社会主要矛盾的相对贫困分析框架（见图8－1），它由相对贫困的表现、成因和对策三大板块构成，各种表现、成因和对策之间具有对应关系。这一框架揭示出相对贫困现象与

① 本书中的农村相对贫困有特定含义，是指农村地区同城市地区对比处于相对意义上的贫困状态。这里的贫困是从农村地区而非农村居民角度界定的，本质上属于区域性贫困范畴（区域按城乡划分）。至于农村内部因居民生活水平差距造成的个体相对贫困，在本书中称为农民相对贫困。

不平衡不充分发展间的关联性，从破解不平衡不充分入手指出了治理相对贫困的路径选择。除了研究视角外，该分析框架还有以下两点创新之处：(1) 在考察城乡发展不平衡不充分问题时，从城乡二元结构延伸拓展至城市（内部）二元结构。城市二元结构是指由于户籍身份差别，城市本地居民和农业转移人口在就业、收入和享受公共服务方面存在较大差距。这种二元结构显然是城乡二元结构的产物（王世杰、刘义圣，2011），可视为传统城乡二元结构在城市的翻版（李翔，2014）。农业转移人口相对贫困就是城市二元结构的一种直接体现，推进以人为本的新型城镇化建设，有助于消弭城市二元结构，使农业转移人口相对贫困问题得到有效治理。(2) 对分配制度及其改革的分析，除了考虑收入分配外，还包括了生产条件的分配和经济机会的分配。马克思指出“消费资料的任何一种分配，都不过是生产条件本身分配的结果”①，市场化改革使得生产条件的分配与收入分配越来越密切联系在一起，特别是微观领域，生产条件的分配直接决定和影响着收入分配的结果（陈享光，2011）。另外，参与市场活动是获得经济收益的前提，各类市场主体参与经济活动的机会的公平性状况，也会影响到收入分配的结果及其公平性。所以，要从根本上解决贫富差距和经济相对贫困问题，分配制度改革不能只停留在收入分配领域本身，还必须深入到生产条件分配和经济机会分配层面。

还要说明的是，在框架图中将基本公共服务均等化单独列示，只是为了便于集中讨论。事实上，公共服务均等化是内含于区域协调发展、乡村振兴战略和新型城镇化建设之中的——区域公共服务均等化是区域协调发展的基本要求，完善农村公共服务体系、促进城乡公共服务均等化是乡村振兴的重要任务，让农业转移人口和本地市民平等享受公共服务是新型城镇化的核心要义。此外，公共服务还是影响生产条件的关键因素，公共服务均等化水平直接关系到生产条件分配的公平性。

基于前文的分析框架，接下来几节将分别从区域协调发展、乡村振兴和

① 中共中央马克思恩格斯列宁斯大林著作编译局：《马克思恩格斯选集》（第3卷），人民出版社，2009年，第306页。

新型城镇化①、基本公共服务均等化、深化分配制度改革四个方面，探讨解决相对贫困的长效机制及其构建问题，提出后脱贫时代治理相对贫困的思路与对策。

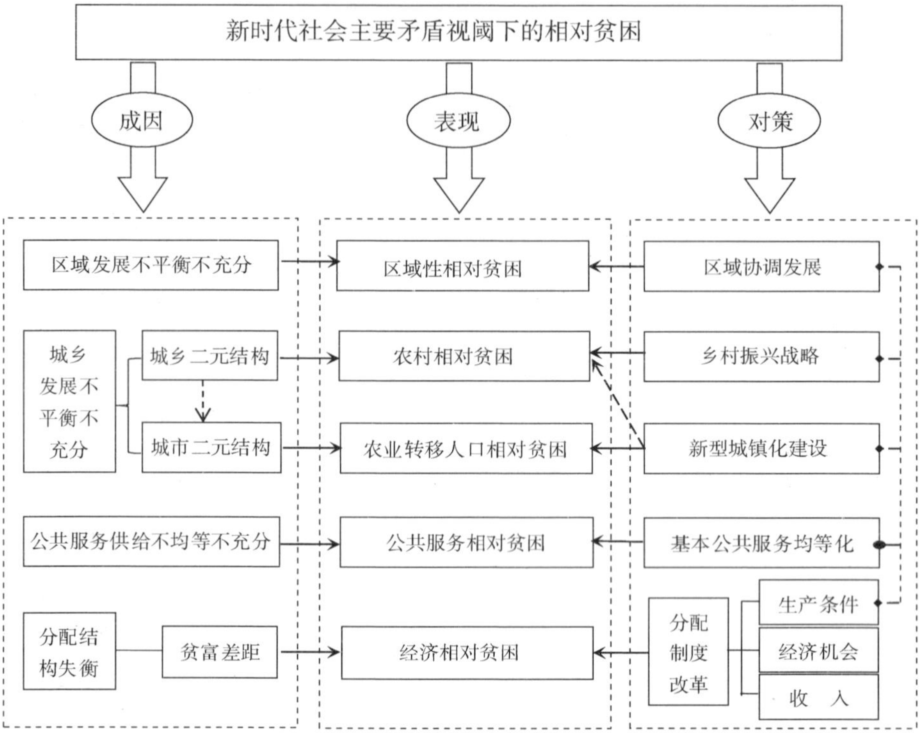

图 8－1　基于新时代社会主要矛盾的相对贫困分析框架

第二节　区域协调发展与解决区域性相对贫困

2020 年完成现行标准下的脱贫攻坚任务后，尽管区域性绝对贫困现象不复存在，但区域性相对贫困依然较为突出。区域发展不平衡的基本国情，决定了中国将在较长时期内面临区域性相对贫困问题。缓解区域性相对贫困的

① 通过新型城镇化建设治理农业转移人口相对贫困的内容，在第九章中专门论述。本章主要探讨乡村振兴、新型城镇化与缓解农村相对贫困的问题。

关键，是继续实施区域协调发展战略，通过不断完善和创新区域协调发展机制，逐步缩小地区间的发展差距，使区域发展不平衡不充分问题得到有效解决。

一、区域协调发展战略对解决区域性相对贫困的作用

受自然条件、要素禀赋和制度政策等方面因素的影响，某些区域的贫困率明显高于全国贫困率，这种区域性贫困现象是贫困在宏观层面的主要表现之一。中国的区域性贫困问题一直比较突出，长期以来，贫困人口在空间分布上集中于中西部地区，贫困率呈现出从东部、中部到西部梯度递增的格局①。区域性贫困同区域经济社会发展水平密切相关，经济不发达、公共服务供给能力弱是导致区域性贫困的根源。从图 8－2 中可见，农村贫困率同人均 GDP、农民人均可支配收入、二三产业增加值比重和人均地方财政收入②均呈现出较明显的负相关性，这表明经济社会发展程度越低的区域，越有可能出现较高的贫困率。2020 年实现解决区域性整体贫困的目标，只是消除了区域性绝对贫困。然而，由于当前区域发展不平衡程度依然较高，区域性相对贫困较突出的现象仍会持续较长一段时期，解决区域性相对贫困问题依然任重道远。

前文所述的区域贫困率和区域经济社会发展间的内在关系，不仅仅局限于绝对贫困情形，在相对贫困状态下也同样存在。因此，今后解决区域性相对贫困的关键，仍是加快落后地区的经济社会发展，不断缩小地区间的发展差距。这就要求继续实施区域协调发展战略，通过区域协调发展提升相对贫困地区的持续发展能力，使区域发展不平衡格局得到根本改变、区域性相对贫困得到显著缓解。自党的十六届三中全会首次提出区域协调发展战略以来，这一战略在实践中不断发展完善，在缩小区域发展差距、消除区域性绝对贫困方面作出了积极贡献。党的十九大将“实施区域协调发展战略”作为建设现代化经济体系的重要组成部分，之后，党中央国务院又发布了《关于

---

① 2010 年，区域贫困率明显超过全国贫困率的省/区有 11 个（按区域贫困率高于全国贫困率 15% 以上的标准衡量），其中 9 个位于西部地区。

② 人均 GDP、农民人均可支配收入、二三产业增加值比重反映区域经济发展水平，人均地方财政收入反映区域公共服务供给能力（财政收入是影响公共服务供给能力的关键因素）。

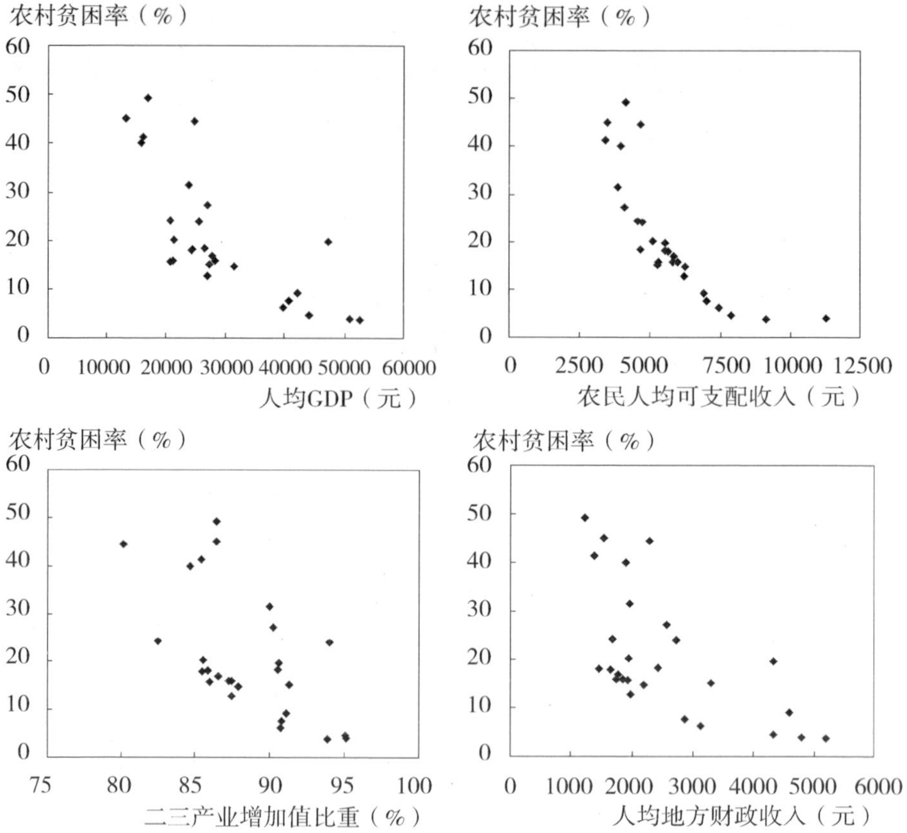

图 8-2　区域贫困率和区域经济社会发展水平关系（2010 年）

资料来源：根据《中国统计年鉴（2019）》《中国农村贫困监测报告（2019）》相关数据计算。

注：①现行贫困标准于 2010 年制定，故采用起始年数据；②京津沪数据为异常值，故未包含在内。

建立更加有效的区域协调发展新机制的意见》，这标志着区域协调发展战略迈向“升级版”。区域协调发展新机制的探索与实施，有助于促进相对贫困地区加快发展，对进一步缩小区域发展差距和解决区域性相对贫困问题将产生深远影响。

以区域协调发展新机制为核心的区域协调发展战略“升级版”，主要通过以下机制发挥缓解区域性相对贫困的作用（见图 8-3）：（1）区域板块发展机制。长期以来，中国区域发展不平衡突出表现为东中西部地区间的发展落差。实施西部大开发和中部崛起两大战略的目的，就是为了减少这种区域发展落差。今后，随着这两大区域板块发展战略的深入推进，中西部地区和东部地区的发展差距有望进一步缩小，中西部欠发达地区的相对贫困程度也将从总体上得到缓解。（2）贫困地区①和特殊类型地区②扶持机制。贫困地区和老少边地区的重叠性较高，它们的发展水平相对滞后，普遍处于欠发达状态；困难地区面临可持续发展的严峻挑战，发生区域性相对贫困的风险较高。对这些地区给予专门扶持，能起到注入发展动能的作用，使区域转型发展步伐加快。（3）区域基本公共服务均等化机制。地区间公共服务水平差距过大是导致区域性相对贫困的主要原因之一，区域基本公共服务均等化的推进，将使各地区居民能公平可及地获得大致均等的基本公共服务，有效缓解区域性公共服务相对贫困现象。（4）区域横向带动机制。邓小平同志在20世纪80年代提出了“让一部分地区先富裕起来，然后带动其他地区共同富裕”③的“两个大局”思想，这是共同富裕构想在区域发展战略上的体现。区域横向带动的目的，就是通过发达地区带动落后地区加快发展，实现各地区共同富裕。中国在开展区域横向带动上有实践基础与制度优势，随着区域互助、区域协作和区域联动的不断深入与创新发展，发达地区和落后地区有望在更高层次上实现互利共赢、共同发展。（5）区际利益补偿机制。区域外部性会给区域协调发展带来负面影响，区域外部性内部化（曾晶等，2011）是解决这一问题的重要方式。中国的区域外部性问题主要表现在生态保护、资源输出、粮食生产等方面。生态保护地、资源输出地和粮食主产区多属于经济欠发达地区，对这些地区进行利益补偿，既能促进区域外部性内部化，也能增强区域持续发展能力。

---

① 贫困地区专指集中连片特困地区和片区外的国家扶贫开发工作重点县，下文如无特别说明均采用这一界定。

② 特殊类型地区主要包括革命老区、民族地区、边疆地区（简称老少边地区）以及资源枯竭、产业衰退、生态严重退化等困难地区。

③ 中央文献编辑委员会：《邓小平文选》（第3卷），人民出版社，2009年，第111页。

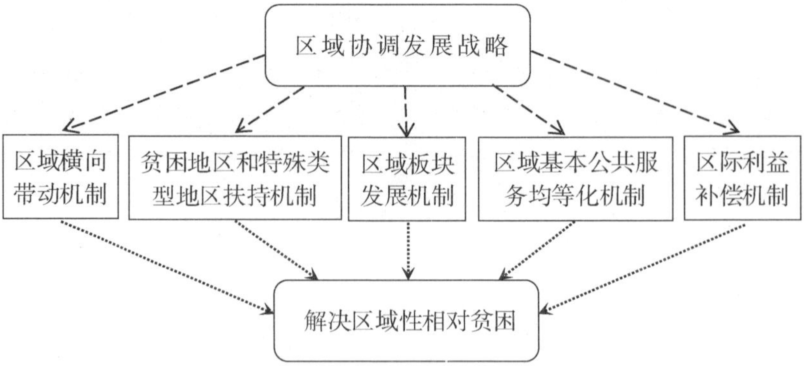

图 8-3 区域协调发展战略缓解区域性相对贫困的作用路径

二、构建解决区域性相对贫困的区域协调发展新机制

根据前文的理论分析，下面从区域板块发展、贫困地区和特殊类型地区扶持等方面出发，探讨如何构建解决区域性相对贫困的区域协调发展新机制。其中，区域基本公共服务均等化机制将在第四节中详细论述，本节暂不讨论。

1. 区域板块发展：协调东中西，平衡南北方

第一，推进西部大开发形成新格局。坚持以“大保护”理念统领大开发，积极探索生态优先、绿色发展的新路子，降低生态环境脆弱性；大力支持建设绿色、低碳、清洁的现代产业体系，拓展将生态资源优势转化为经济发展优势的路径。增强“丝绸之路经济带”建设对西部大开发的带动作用，将基础设施建设和对外经贸方面的重点任务同“丝绸之路经济带”的设施联通、贸易畅通和资金融通建设深度对接，全力打造西部对外开放新高地。优化产业布局、促进产业集群，适度提高西部地区经济发展的空间集聚度。第二，推动中部地区崛起再上新台阶。紧扣“一中心四区”① 的战略定位推进区域经济社会发展，全面提升中部地区综合实力与竞争力。促进中部地区经济高质量发展，加快新技术在各产业领域的运用，提高关键领域自主创新能力，建立健全有效支持创新发展的集成化政策。进一步发挥中部地区承接东西、贯通南北的区位优势，提升现代交通和现代物流体系的服务能级，积极

① 该战略定位在《促进中部地区崛起规划（2016 至 2025 年）》中首次提出。

承接国外和东部地区新兴产业的转移。第三，提振北方经济，制止南北分化。进入经济新常态后，北方经济增长失速、南北经济差距趋于扩大。这一现象长期持续下去，会增加北方部分地区发生区域性相对贫困的风险。南北经济差距扩大是多种因素共同作用的结果，包括北方资本积累速度较慢、经济体制改革滞后、经济结构不合理、劳动力数量减少等（盛来运等，2018）。所以，提振北方经济必须综合施策，将政策着力点放在改善营商环境、深化国企改革、加快产业转型、扩大开放程度等方面。

2. 贫困地区和特殊类型地区扶持：全力打造政策“升级版”

贫困地区在实现脱贫目标后，大部分地区的发展水平依然较低，同全国平均水平相比仍有不小差距，在“相对贫困”意义上还是属于贫困区域。所以，现行针对贫困地区的扶贫开发政策，总体上仍需延续一段时间。在巩固与扩大脱贫成果期（2021～2025 年），一方面要保持现有扶持政策的基本稳定，有效防止返贫与新增贫困；另一方面要结合新时期贫困地区发展需求研究制定政策“升级版”，重点支持基础设施改造升级、特色优势产业发展、公共服务水平提升以及脱贫群众民生保障，着力夯实贫困地区的发展基础。进入全面推进反贫困新方略（2026～2035 年）阶段后，要按照高质量发展要求制定新的扶持政策体系，全面增强贫困地区自我持续发展能力；适时对贫困地区发展状况开展系统性评估，以县为单位划分若干发展等级，对等级较高的县可逐步减弱支持力度。到 2036 年后，随着贫困地区和非贫困地区发展差距显著缩小，不再专门实施地区扶贫开发计划，取消“贫困地区”的称谓，原先针对贫困地区的反贫困政策可退出或融合到区域和城乡发展政策体系中去。

继续加大对革命老区、民族地区和边疆地区的支持力度。老少边地区的扶持政策，可与贫困地区扶贫开发计划统筹推进实施。支持革命老区深度发掘红色文化资源，大力发展红色旅游；加快民族地区优势产业与特色经济发展，抓好民族地区人才资源开发；推进兴边富民行动，支持边疆省区积极融入“一带一路”建设，提升边疆开发开放水平。对于资源枯竭、产业衰退、生态严重退化的困难地区，要紧密围绕产业转型升级、生态环境修复、稳定就业和保障民生的需求，推动财税、金融、土地和环境等支持政策的集成创新，为困难地区转型发展注入新动力。

3. 区域横向带动：发达地区带动落后地区共同发展

区域横向带动既要有效发挥政府作用，也要充分利用市场机制，要从设施共建、产业协作、就业对接、人才交流、技术支持、经验分享等多种途径入手，建立健全地区间互助、合作与联动发展机制。首先，进一步推动东西部扶贫协作。要加强社会扶贫，更好发挥企业与社会组织在扶贫协作中的作用，鼓励企业到贫困地区投资兴业，鼓励社会组织到西部地区发展社会事业。增强产业帮扶的针对性和有效性，安排产业扶贫项目应更加注重质量导向。完善劳务输出中的对接机制，促进岗位供求对接、劳务信息对接、技能培训与产业需求对接。积极开展消费扶贫，利用大数据挖掘东部地区居民农产品消费的分层分类特征，更好引导西部贫困地区农产品的生产和流通。其次，健全对口支援机制。要深化全方位的对口支援，不断提高支援的精准度，着力补齐受援地的发展短板。加强对口支援规划的编制与实施，完善对口支援专项资金的管理。再次，创新开展对口协作（合作）。面向经济转型升级困难地区组织开展对口协作，深化东北地区与东部地区部分省市对口合作，探索建立南北对口合作新机制。通过多层次、宽领域的对口协作，实现区域优势互补、协同发展、互利共赢的目标。最后，促进区域产业联动发展。要有序推进区域产业梯度转移和承接，引导发达地区和落后地区共建产业协作基地，鼓励和支持企业建设跨地区产业合作平台。

4. 区际利益补偿：促进区域外部性内部化，提升区域持续发展能力

区际利益补偿机制主要包括三方面内容：一是多元化的横向生态补偿机制。要在生态保护地区与生态受益地区、流域上游和流域下游之间构建起横向生态补偿机制。补偿的实现方式可以多样化，除了传统的资金补偿外，还可以采用对口协作、产业转移、园区共建、人才培训等模式。相关地方政府要积极开展协商，在补偿基准选择、补偿标准、补偿方式等方面达成一致。中央财政可安排横向生态补偿激励专项资金，对工作绩效突出的省份给予适当资金奖励。二是粮食主产区和主销区之间的利益补偿。推动粮食主产区和主销区开展产销合作，鼓励主销区在主产区投资建设粮食加工园区并在资金、技术等方面提供支持。进一步明确中央纵向补偿和地方横向补偿的不同功能定位，前者负责生存性补偿，满足主产区基本生产生活需要；而后者负责发展性补偿，满足主产区更高层次的经济社会发展需要。三是资源输出地与资源输入地之间的利益补偿。继续深化资源性产品定价机制改革，使资源

价格能涵盖资源开采、生态修复、环境治理及资源枯竭后的退出成本，逐步改变资源性产品价格偏低现状，调整资源输出地与输入地间的利益分配关系。鼓励资源输入地以飞地经济、园区共建、产业协作等方式支持输出地加快产业转型，为输出地发展接续产业和替代产业提供帮助。

第三节　乡村振兴、新型城镇化与解决农村相对贫困

实现全面建成小康社会目标后，农村经济社会发展水平相比以往有了明显提高，但城乡发展不平衡的格局并未得到根本改变。农村地区的现代化进程对比城市依然显得滞后，农村居民相比城市居民在生活水平上的差距仍然较大①，城市与农村全面建成小康社会的实现程度相差悬殊（魏后凯，2020）。尤其是在经济欠发达的西部地区，城乡发展不平衡的程度通常更高②。以往按绝对贫困标准衡量的贫困人口绝大多数分布在农村地区，在全面消除绝对贫困后，如果按城乡统一的新标准（一般贫困标准或相对贫困标准）进行衡量，贫困人口仍将高度集中在农村地区。对此已有一些研究提供了实证证据上的支持，如邢成举、李小云（2019）以收入中位数的50%作为相对贫困线估算了中国2020年、2025年和2030年的相对贫困人口规模，结果发现相对贫困人口依然主要分布在农村，且西部地区还是农村相对贫困人口最集中的区域；沈扬扬、李实（2020）基于CHIP2018数据的测算结果同样发现，按城乡一条线的收入相对贫困标准衡量，全国八成以上贫困人口仍然集中在农村地区。所以，2020年后中国的农村地区特别是西部农村地区，在区域层面同城市地区相比可视为“相对贫困地区”。加快农村地区发展、提高农村现代化水平，进一步缩小城乡差距，改变农村相比城市的相对贫困状况，成为后脱贫时代反贫困的工作重心之一。

---

① 如从收入差距方面看，2019年的城乡居民人均可支配收入比为2.64，依然处于较高水平。按收入五等份分组，农村高收入户的人均可支配收入，还略低于城镇中间收入户。

② 从收入差距方面考察，2018年城乡居民人均可支配收入比最高的10个省/区中，西部地区的省/区有9个，最高的甘肃省达到了3.4。

一、乡村振兴和新型城镇化缓解农村相对贫困的路径与机制

农村相对贫困根源于城乡二元结构，是城乡发展不平衡不充分的产物。改革开放初期，由于农村实行了家庭联产承包责任制等一系列改革，城乡发展差距有所缩小。但20世纪80年代后，随着采取城市偏向的发展战略，农村发展速度放缓，城乡发展差距又趋于扩大。为此，进入21世纪后，党中央再次调整了城乡发展战略，在十六大上提出了“统筹城乡经济社会发展”的方针，在十六届五中全会上提出了“建设社会主义新农村”，在十七大上提出了“形成城乡经济社会发展一体化新格局”，到了十八大又指出“城乡发展一体化是解决‘三农’问题的根本途径”。经过多年的新农村建设与城乡一体化发展，农村发展形势持续向好。二元对比系数趋于上升而二元反差系数趋于下降，表明城乡二元经济结构强度有所弱化（魏后凯、闫坤，2018），城乡差距呈现出缩小态势。不过，由于长期的历史积累，城乡发展不平衡问题依然突出，农村仍是国家发展的“短板”。党的十九大提出要实施乡村振兴战略，这是对新农村建设的进一步提升与发展，是加快农业农村现代化、增强亿万农民获得感幸福感的必然要求。在完成脱贫攻坚任务、全面建成小康社会后，乡村振兴进入到以实现农业农村现代化为主要目标的新阶段。今后，乡村振兴与农村反贫困的衔接点，将从以往的脱贫攻坚转向解决相对贫困。随着乡村振兴战略的深入实施，农村发展将获得新的动能，这自然有助于解决农村相对贫困问题。除了农村自身的发展战略外，城市化模式与城市发展政策也会影响到城乡发展差距和农村相对贫困状况。2012年中央经济工作会议首次正式提出了新型城镇化，2016年国务院发布了《关于深入推进新型城镇化的若干意见》。近年来，各地的新型城镇化工作取得了积极进展。与传统城镇化方式相比，新型城镇化的一个重要特点是坚持城乡一体化融合发展的导向，注重发挥城市对乡村的带动作用，着力打破城乡分割的二元结构体系。所以，后脱贫时代新型城镇化的继续推进，也有助于加快农村现代化进程，使农村相对贫困现象得到缓解。

农村经济社会发展水平落后于城市，集中表现在产业发展和公共服务两大领域。良好的生态环境本应是农村相对于城市的最大优势和宝贵财富，但

由于发展理念和方式等方面的诸多原因，人为因素造成的生态贫困问题①一直比较突出；另外，生态资源富集地区的生态经济优势也尚未充分发掘出来。农村发展相比城市长期滞后，很大程度上根源于要素资源缺乏且质量不高。在快速城镇化背景下，农村的大量要素资源不断流向城市，这进一步加剧了城乡发展的不平衡与农村的相对贫困。要素资源支撑乏力，既制约了乡村产业的发展壮大，也削弱了农村公共服务供给能力，对乡村生态环境建设同样带来了负面影响。乡村振兴和新型城镇化两大战略，可以通过要素支撑、产业兴旺、民生改善和绿色发展四条路径（见图8-4），破解农村现代化面临的上述困境，加快补齐各种“短板”，推动农村全面发展和普遍繁荣，改变农村的相对贫困状态。

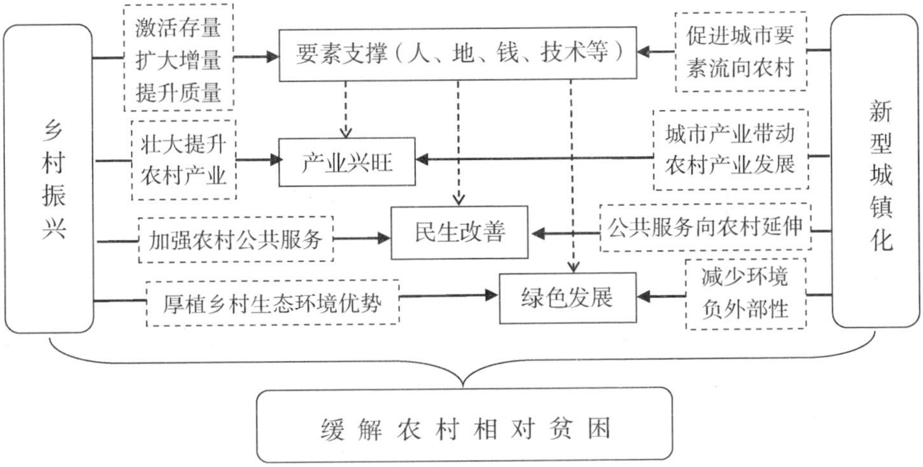

图8-4　乡村振兴、新型城镇化缓解农村相对贫困的路径和机制

在要素支撑方面，通过乡村振兴战略的实施，激活要素存量、扩大要素增量、提升要素质量，使农村地区要素资源得到充分发掘与有效利用；同时，依托新型城镇化建设，促进城市要素往农村流动，构建城乡要素双向合理流动机制，扭转各类要素资源无序流出农村的局面。随着农村要素供给能力的增强，农村的产业发展、公共服务供给和生态环境建设将获得更强有力

① 生态贫困的成因既有自然因素也有人为因素，相比之下，人为因素所带来的后果更加严重。在本书中，由自然因素、人为因素导致的生态贫困，分别称为自然性生态贫困、人为性生态贫困。

的要素支撑。在产业兴旺方面，《中共中央国务院关于实施乡村振兴战略的意见》提出要加快构建现代农业产业体系、生产体系、经营体系，实施质量兴农战略，构建农村一二三产业融合发展体系；《国务院关于深入推进新型城镇化建设的若干意见》提出要带动农村一二三产业融合发展、带动农村电子商务发展。沿着上述路径振兴农村产业，有望逐步改变农业的弱势地位、提高农村产业的发展质量与竞争力。在民生改善方面，增加农村公共服务供给是乡村振兴的一项重要任务，通过促进公共教育、医疗卫生与社会保障等公共资源向农村倾斜，推动城镇公共服务向农村延伸，有利于提高城乡基本公共服务均等化程度，缩小城乡社会事业发展差距。在绿色发展方面，乡村振兴将人与自然和谐共生作为基本原则之一，致力于提升乡村生态系统功能、推动乡村自然资本增值，使农村生态环境优势充分释放出来，由此实现百姓富和生态美的统一；而新型城镇化能克服传统工业发展模式给乡村带来的环境负外部性，严控污染产业向乡村转移，从而促进农村绿色发展。

二、乡村振兴和新型城镇化双轮驱动缓解农村相对贫困的对策措施

2020 年全面建成小康社会后，要继续坚持农业农村优先发展的原则，统筹推进乡村振兴战略和新型城镇化建设，加强两者间的联动与协同。在强化高质量要素支撑的基础上，以壮大提升农村产业、完善农村公共服务、促进农村绿色发展为主要抓手，逐步缓解农村相对贫困状态，努力建设高水平的农村全面小康。根据以上基本思路，提出后脱贫时代解决农村相对贫困问题的几点政策建议①如下。

1. 贯彻落实农业农村优先发展的总方针

农村发展长期滞后于城市，是城市偏向的思维及政策导致的结果。坚持农业农村优先发展原则，是根治城乡发展失衡的前提条件。一旦偏离了农业农村优先发展的总方针，就不可能有效改变农村发展相对落后的局面，也难以从根本上解决好农村相对贫困问题。尽管自 2004 年起中央就将“三农”工作摆在突出重要位置，但在不少领域，长期形成的重城市轻农村的观念和制度仍在延续，“三农”工作“说起来重要、干起来次要、忙起来不要”的

---

① 关于加强和完善农村公共服务、促进城乡基本公共服务均等化的对策措施，将在第四节中详细论述。

现象依然较为突出。因此，今后要从发展理念、政绩考核、体制改革与政策安排等方面入手，确保农业农村优先发展的方针落到实处、收到实效。

首先，要在深化理解的基础上牢固树立农业农村优先发展的理念。坚持农业农村优先发展，符合城乡关系演变的基本规律，是对马克思主义城乡融合发展思想的实践运用（解安、刘承昊，2018），契合了全面建设社会主义现代化强国的战略需求。从实践可行性上看，在全面建成小康社会后，中国也具备了优先发展农业农村的物质基础和制度条件。其次，要加快建立健全地方政府农业农村优先发展的考核体系。探索构建农业农村优先发展的评价指标，使农业农村优先发展能够被检验；将优先发展农业农村的实绩同政绩考核联系在一起，通过考核引导地方政府真抓实干地推进乡村振兴战略，防止优先发展停留于口号和姿态。再次，要在改革中着力破除阻碍农业农村发展的制度障碍。重点是消除基于城乡二元结构的对农业农村不公平的各种体制机制，避免城市剥夺农村发展权利、侵占农村发展成果。最后，要在政策安排上优先考虑农业农村，向农业农村合理倾斜，从干部配备、资金投入、项目安排多方面保障农业农村得到优先发展。

2. 强化高质量要素对农村发展的支撑作用

为了推动农村全面进步、加快农村现代化步伐，必须充分发挥人、地、钱、技术等关键要素的支撑保障作用。第一，实施乡村人才支撑计划。坚持本土培养和外部引进相结合，造就更多乡土人才，聚天下人才而用之。大力培育新型职业农民和“三农”领域实用专业人才。不断完善与创新激励政策，鼓励社会人才投身农村建设。积极探索城市人才下乡服务乡村振兴的新机制，进一步加强城乡间人才培养、合作与交流，更好引导与支持农业转移人口返乡创业就业。第二，健全农村发展用地保障机制。对城乡建设用地布局进行调整优化，优先保障农业农村用地需求。对农村新产业新业态发展较快、用地集约且需求大的地区，可适当放宽年度新增建设用地指标限制。要通过加强“空心村”整治、开发复垦荒地、整理废弃宅基地、适度放活宅基地和农房使用权等途径，最大限度盘活利用好农村各类闲置土地和农房，唤醒乡村“沉睡”的土地资源。第三，完善农村多元投入机制。农村多元投入应体现财政优先保障、金融重点倾斜、社会积极参与，确保农业农村投入稳定较快增长。财政“三农”支出的重心应放在农村基础设施、基本公共服务和人居环境等方面，在农村产业发展领域，财政要发挥杠杆作用撬动更多金融和社会资本投入。要着力构建新型金融支农体系，更好满足农村多样化的融资需求。要通过加强城乡联动拓宽农村资金来源渠道，可进一步提高城市土地出让收益用于乡村振兴的比例，引导并规范城市工商资本下乡投资，利用城乡建设用地增减挂钩节余指标调剂政策筹集农村建设资金。第四，建设农村科技创新体系。推进实施农业科技创新支撑重大工程，努力提高技术进步对农业发展的贡献度，推动现代科技在“三农”领域的广泛运用，加快智慧乡村建设。

3. 全面推进农村现代化产业体系建设

农业是农村经济的基础性产业，要建设现代乡村产业体系，首先必须改变农业相对其他产业的弱势地位。随着农产品消费结构升级加快，农产品消费的多样化、差异化特点越来越明显；另外，消费者对农产品品质的重视程度逐步提高，对农产品的需求已经从以前的“够不够”转向“好不好”。上述需求变化，使原先主要追求增产导向的农业发展模式举步维艰，由此倒逼农业加快转变发展方式。今后，要深入推进农业供给侧结构性改革，继续调整优化农业结构，增强农产品供给的适应性与灵活性；要大力实施质量兴农战略，推动农业从增产导向转向提质导向，在农产品的优质化、特色化和品牌化上下狠功夫，努力实现农业发展的质量变革。大量小农户小规模分散经营是制约农业现代化与竞争力提升的主要原因之一，但“人多地少、大国小农”的基本国情农情决定了中国不可能走发展大规模农场的道路。中国农业的规模经营要把握好适度原则，结合地方实际情况培育农业新型经营主体，发展土地规模经营、服务规模经营等多种形式的适度规模经营。

发展乡村非农产业是乡村振兴战略的重要组成部分，也是乡村经济繁荣的前提条件（韩炜、蔡建明，2020）。非农产业是未来农村产业发展中新的增长点，农村一二三产业融合发展蕴藏着巨大潜力。要促进农业价值链由生产环节往加工和流通环节延伸，着力发掘农业的新功能新价值，因地制宜地培育和发展植物工厂、休闲农业、会展农业、农商直供、庭院经济等农村新产业新业态。要为产业融合发展打造平台载体、提供政策支持，推动农村产业的全面振兴与繁荣。建设农村现代化产业体系特别是促进一二三产业融合发展，不可能在农村内部封闭进行。随着新型城镇化走向深入，今后依托城乡联动机制振兴农村产业的条件更加成熟。要通过城乡共建产业园、农工商产业联盟、返乡创业等途径，进一步加强城乡在产业领域的合作与协同，不断提升以城带乡、以工促农的能力，加快形成农村产业现代化的新动能。

4. 促进农村绿色发展，实现乡村绿色减贫

在生态脆弱和生态富集的农村地区，应实施不同的绿色发展政策，采取差异化的绿色减贫模式。对于生态脆弱的农村地区而言，通过多年的生态移民和易地扶贫搬迁，自然性生态贫困引发的绝对贫困现象已基本消除，但人为性生态贫困问题依然比较突出。所以，2020 年后生态脆弱农村地区的绿色发展与绿色减贫，应将重心放在生态修复和环境治理方面。要坚持尊重自然、顺应自然、保护自然的原则，健全生态系统保护制度，推进实施生态修复工程，加强环境综合整治，努力促进农村生态系统功能逐步恢复，提升区域可持续发展能力。对于生态富集的农村地区而言，绿色发展和绿色减贫的中心议题是如何将生态优势有效地转化为经济优势。要更好实现“绿水青山”向“金山银山”的价值转化，关键是增加高质量生态产品与服务的供给，多渠道发掘生态资源经济价值的实现路径，构建生态和经济互促共赢的长效机制。应建立科学的生态资源价值评估体系，推动农村自然资本加快增值。要制定和完善支持乡村绿色产业发展的政策，鼓励各地因地制宜打造农村生态产业链。另外，还应密切关注并科学评估城镇化、工业化对农村生态环境带来的影响。要积极推动城乡生态环境的协同共治，综合运用经济、法律和行政手段遏制城市污染排向农村，严控城镇工业污染物和生活垃圾破坏农村生态环境。在城乡产业转移过程中，须设定强有力的环境标准和准入门槛，鼓励引入科技含量高、环境污染少的产业项目。

第四节　基本公共服务均等化与解决公共服务相对贫困

治理多维相对贫困是中国后脱贫时代反贫困的主攻方向，而解决公共服务相对贫困又是治理多维相对贫困的重点所在。公共服务相对贫困的根源在于公共服务供给的不均等，部分群众难以充分享受基本公共服务。解决这一问题的关键是促进基本公共服务的均等化，要通过对基本公共服务均等化制度的优化设计，缩小区域间、城乡间与人群间基本公共服务的差距，使全体社会成员都能公平可及地获得大致均等的基本公共服务。

一、公共服务相对贫困的主要表现与解决途径

1. 公共服务相对贫困的主要表现

公共服务贫困是多维贫困的重要表现，属于非经济贫困范畴。公共服务贫困也有绝对贫困和相对贫困之分。由于绝对贫困是以生存或基本生活需要为衡量依据的，所以公共服务绝对贫困只涉及少数公共服务项目。例如，就中国现行的绝对贫困标准而言，公共服务贫困仅针对义务教育、基本医疗和住房安全三项内容。而公共服务相对贫困则涵盖了所有公共服务项目，在覆盖范围上要远远广于公共服务绝对贫困。也正因为如此，当贫困主类型从绝对贫困转向相对贫困后，缓解公共服务贫困的重要性大幅提升。与公共服务绝对贫困不同的是，公共服务相对贫困并非指因公共服务严重匮乏而导致生存或基本生活上的困难，而是指不同社会成员在享受公共服务上的不平等状态。一部分社会成员因各种原因，其享受公共服务的水平明显低于社会平均水平，各种发展性需求难以得到有效满足，这是导致相对贫困的重要成因之一。

公共服务相对贫困可以从区域、城乡、人群三个层面来考察：在区域层面，地区间公共服务水平差距较大，欠发达地区的公共服务较大幅度落后于发达地区；在城乡层面，城乡公共服务供给不平衡，农村地区的公共服务水平明显落后于城镇地区①。再从人群层面看，即便是在同一地区的城市（农村）内部，不同人群享受公共服务的水平依然存在差距。与其他人进行比较，某些社会群体享有的公共服务处于较明显的相对匮乏状态。人群层面的公共服务相对贫困问题，最典型的就是非户籍常住人口公共服务贫困现象。在按户籍管理的体制下，地方政府往往将户籍作为公共服务供给的甄别工具，这导致非户籍常住人口难以平等享受常住地的公共服务，在公共服务上遭遇不同程度的困境。与户籍常住人口相比，非户籍常住人口的公共服务相对贫困，并不主要反映为享受公共服务的数量差距，而是表现为公共服务的覆盖率与质量差异。《中国城市流动人口社会融合评估报告》（肖子华等，

---

① 已有大量实证研究揭示中国区域公共服务差距、城乡公共服务差距的状况，本书不再赘述。

2018）的调查数据显示：流动人口①的免费孕优比例不足1/3，各类社会保险参保率均不到25%，随迁子女学前教育阶段在学比例也仅为73%，明显低于户籍常住人口相应指标的水平。这表明公共服务覆盖非户籍常住人口的程度相比户籍常住人口还有不小差距，仍有大量非户籍常住人口未能正常享受当地的公共服务。另外，两类人群享受公共服务的质量差异也较显著。以义务教育为例，虽然目前外来人口随迁子女绝大多数已能在流入地上学，但有相当一部分未能进入城市公办学校，只能在办学条件较差的民办学校或打工子弟学校就读。

2. 通过基本公共服务均等化解决公共服务相对贫困

公共服务相对贫困的症结在于公共服务不均等，这就要求通过提高公共服务均等化水平来解决。由于中国还将长期处于社会主义初级阶段，考虑到经济和财力方面的限制，均等化的公共服务范围不宜设得太宽，主要是向全体公民提供满足基本生存权和发展权的基本公共服务，包括基本公共教育、基本就业服务与劳动保障、基本社会保险、基本医疗卫生、基本社会服务、基本住房保障、基本公共文化体育等。同公共服务相对贫困和公共服务不平等的三个层面相对应，基本公共服务均等化包含了区域间均等化、城乡间均等化和人群间均等化三重目标。

基本公共服务均等化的实现，依赖于基本公共服务清单制度、基本公共服务制度一体化、基本公共服务财政支持机制、弱势群体基本公共服务保障机制和基层基本公共服务资源配置机制等制度安排（见图8－5）：（1）基本公共服务清单是基本公共服务均等化的基础，通过基本公共服务清单的制定，可界定政府涉及基本公共服务的权力内容，明确政府提供基本公共服务的责任范围（李红星，2019），并为公共服务均等化实践提供指导标准。（2）公共服务体系的多元分割与制度"碎片化"，是造成中国基本公共服务不均等程度较高的深层次根源。所以，基本公共服务供给制度的一体化是实现服务均等化的关键变革（左晓斯、吴开泽，2016）。破除公共服务领域的制度分割，才能确保全体社会成员在获得基本公共服务上的机会均等。（3）政府提供公共服务必须要有财政资金的保障，财政保障能力直接影响到公共服务的供给状况。财政促进基本公共服务均等化一般是通过财政能力均等化实现

① 报告中的流动人口主要是指非户籍常住人口。

的，财政能力均等化是财政促进基本公共服务均等化的基本手段，而财政能力的均等化又取决于政府间财政体制和财政转移支付制度（刘尚希等，2008）。中国区域发展不平衡导致地区间公共服务不均等程度较高，这就需要对政府间事权、支出责任与财权进行合理划分，同时优化财政转移支付体系，使经济落后地区有财政能力为本地居民提供与发达地区大体均等的基本公共服务。(4) 由于生理机能或社会地位等方面的原因，弱势群体在获取基本公共服务过程中处于弱势地位，导致他们较容易遭受公共服务相对贫困。此外，与其他人群相比，弱势人群对基本公共服务还会产生一些特殊需求，满足这些特殊需求是弱势群体生存与发展的必要条件。构建面向弱势群体的基本公共服务保障机制，有助于确保弱势群体平等享有基本公共服务的权益，减轻弱势群体的相对贫困，进而实现"弱有所扶"的目标。(5) 基层政府是实施基本公共服务均等化的重要载体，在打通基本公共服务"最后一公里"上起着关键作用。基层公共服务直接面向社会公众，对公共服务的空间可及性和使用便捷性具有明显影响。当前，一些地区的基层公共服务功能较为薄弱，部分群众获得基本公共服务不够便利甚至存在困难，这就要通过加强基层基本公共服务资源的配置来解决。

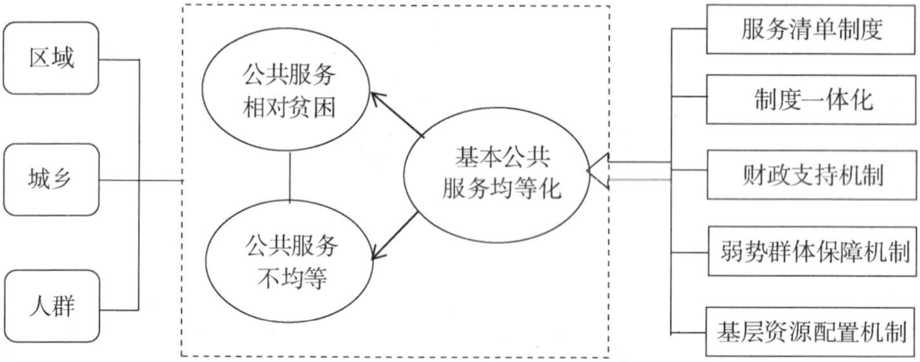

图 8－5　通过基本公共服务均等化缓解公共服务相对贫困的机制

二、基本公共服务均等化机制的优化设计

1. 调整优化基本公共服务清单

人民对美好生活的需要日益增长，对公共服务也提出了更多更高的要

求。为了顺应公共服务需求的升级，应适时调整优化基本公共服务清单。要以实现“幼有所育、学有所教、劳有所得、病有所医、老有所养、住有所居、弱有所扶”为目标，不断完善国家和地方两个层次的基本公共服务清单①。从促进公共服务均等化与增强公共服务减贫效应的角度看，调整后的基本公共服务清单，应更加充分地体现公共服务向各类相对贫困人群的倾斜和照顾。要通过服务项目、服务对象和服务标准的优化设计，从制度上确保基本公共服务全面覆盖相对贫困人群，使相对贫困人群的特殊基本公共服务需求得到满足，同时增强基本公共服务的可获得性与可负担性。主要的政策建议为：增设或单列一些以弱势群体、脆弱人群为专门服务对象的项目，如可在社会服务领域设立空巢和失独老人关爱服务、流浪乞讨人员救助等项目；结合小农户在农业生产中的基本公共服务需求，考虑新增与农业技术指导、病虫害防治相关的服务项目；为了促进贫困家庭人力资本投资、提升贫困人口自我发展能力，有必要在教育领域新设高等教育国家助学金项目，以家庭经济困难的高校学生为服务对象，根据贫困程度确定几档不同的资助标准，这能帮助更多贫困家庭子女接受高等教育。

2. 加快基本公共服务制度一体化建设

基本公共服务的差距分为地理性差距与制度性差距两种基本形态，地理性差距的形成有一定客观性，而制度性差距则是人为制度分割的结果，其实质是一种歧视性国民待遇（刘根荣，2010）。解决制度性差距的关键是实现基本公共服务制度的一体化设计，消除地区、城乡、部门和群体间的制度分割现象，避免不同人群因适用于不同制度体系而导致待遇不平等。近年来，公共服务制度一体化建设已经取得了一些初步成效，如完成了城乡居民基本养老和基本医疗保险的并轨等，今后要在此基础上重点推进以下几方面的改革：一是提高城乡基本公共服务制度的一体化程度。实现义务教育、公共卫生、社会保障和劳动就业等制度的城乡一体化设计与一体化实施，全面消除农村基本公共服务制度的“盲点”，促进城乡基本公共服务内容和标准的统一衔接。二是加快城市内部户籍与非户籍常住人口基本公共服务制度的一体化。将城镇非户籍常住人口有序纳入城镇基本公共服务保障范围，推进城镇

---

① 地方层次的基本公共服务清单，以中央制定的国家基本公共服务清单为依据，由省级政府制定。

基本公共服务对所有常住人口的全覆盖，有效解决非户籍常住人口的公共服务贫困问题。三是完善社保关系跨地区转移接续政策。要畅通转移接续渠道，优化经办流程、缩短办理周期，确保社保关系转移接续顺畅便捷。

3. 完善基本公共服务均等化的财政支持机制

要从进一步理顺政府间财政关系入手，按照权责清晰、财力协调、标准合理、保障有力的基本要求，建立健全有利于实现基本公共服务均等化目标的财政体制：（1）优化基本公共服务领域政府间事权和支出责任划分。事权和支出责任划分是一个动态调整、不断完善的过程，在前期改革基础上①，今后要结合基本公共服务清单的变化及实践中出现的新问题，对原先的划分方式做进一步的改革。共同事权与支出责任的划分要充分体现差别化分担原则，向经济落后与财力困难地区倾斜。（2）加强地方税体系建设。"营改增"改革完成后，地方政府面临缺乏地方主体税种的困境，对提供公共服务的财政能力产生了一些不利影响。为此，要加快推进地方税体系的重塑。房地产税是地方税主体税种的一个理想选择，但考虑到一些落后地区房地产不够发达但自然资源较丰富的现实，可在这些地区探索建立资源税和房地产税双主体的地方税体系。（3）增强财政转移支付的财力均等化作用。提高一般性转移支付的比重，实现一般性转移支付的稳定增长，引导地方将一般性转移支付资金投入到基本公共服务领域；进一步优化一般性转移支付的测算方法，完善转移支付与农业转移人口市民化相挂钩的机制。对专项转移支付进行清理和规范，取消低效项目、整合相近项目。探索实行经济发达地区向经济欠发达地区的横向转移支付，构建纵横交错的财政转移支付新模式。

4. 构建弱势群体基本公共服务保障机制

在制度上保障弱势群体公平享受基本公共服务的权利，是弱势群体平等享有基本公共服务的必要条件但非充分条件。在现实生活中，由于生理或经济等方面的限制，弱势群体实际获得与享受公共服务的水平，往往会低于其他社会群体。例如，老年人或残疾人由于行动不便，难以充分使用某些公共服务资源；再如，部分准公共服务实行收费，也可能显著减少低收入人群对公共服务的利用。为此，在基本公共服务供给中，要特别注重提高其对弱势

① 前期改革主要是根据2018年《基本公共服务领域中央与地方共同财政事权和支出责任划分改革方案》要求进行的。

群体的可及性与可负担性。可通过主动服务、上门服务、网上服务、减免收费等方式，使弱势群体真正够得着、用得起各项基本公共服务。

要较好满足弱势群体的基本公共服务需求，除了完善面向全体社会成员的普遍性公共服务外，还要加强针对弱势群体特殊需要的基本公共服务体系建设。建议结合新时代弱势群体的日常生活及发展性需求，在基本公共服务清单中增设专门的服务项目，提高服务供需匹配度，更好将“弱有所扶”落到实处。另外，保障弱势群体基本公共服务还应处理好“兜底线”与“促发展”的关系，在切实保障基本生活的基础上，着力提升自我发展能力。要探索与弱势群体特点相适应的教育培训、医疗卫生、就业服务新机制新举措，改善弱势群体的生计资本，有效缓解其相对贫困状况。

5. 健全基层基本公共服务资源配置机制

第一，使基本公共服务资源配置进一步向基层倾斜。为了提高基本公共服务的可及性水平，要推动公共服务设施、人员和管理下沉至基层，向村居、社区等最小社会单元延伸，使社会公众更加便捷地获得公共服务。由于农村乡镇比城市街道的地域面积要大得多，而地域面积的扩大通常意味着公共服务半径与获取成本的增加，这使得农村地区服务下沉的重要性比城市地区更显突出。因此，要着力促进农村基本公共服务下移至行政村乃至自然村，设立村级公共服务中心/服务站，建立健全服务代办员制度，将公共服务真正延伸至最基层，让农村居民实打实地享受到便利的公共服务。第二，优化基层公共服务资源的空间布局。针对基层设施不足与利用率不高并存的现象，建议各地结合辖区内人口分布及需求变化，对公共服务空间布局进行合理化调整，提高基层公共服务使用效率。第三，促进城市公共服务资源向农村基层辐射和延伸，推动城乡公共服务资源共享。以新型农村社区为载体，推动城镇基础设施和公共服务向农村延伸（苏小庆等，2020）；通过人才培训、业务指导和设备支援等多种方式，增强城市公共服务对农村基层公共服务的辐射与带动能力；充分利用现代信息技术手段，加快教育、文化等公共服务资源的数字化共享。第四，努力提升基层公共服务能力。优化基层服务流程，推行一站式办理、上门办理和预约办理等服务方式；加强基层公共服务人才培养，提高基层人员能力；积极发挥社会组织作用，增强基层服务力量。

第五节　深化分配制度改革与解决经济相对贫困

经济相对贫困源于分配结构失衡造成的贫富差距，缩小贫富差距与缓解经济相对贫困在本质上是一致的。贫富差距和经济相对贫困的形成，总是特定分配制度下的产物，建立公平合理的分配制度，是解决经济相对贫困问题的必由之路。经济贫困表现在收入、消费、资产等多个方面，涵盖了收入贫困、消费贫困和资产贫困。收入是决定消费的最重要因素，资产是收入持续积累而形成的，消费贫困与资产贫困相当程度上是收入贫困的结果①。所以，本书重点探讨经济相对贫困中的收入相对贫困问题，从改善生产条件分配、促进经济机会公平与健全收入分配制度三方面入手，提出缓解经济相对贫困的思路与措施。

一、分配制度与经济相对贫困

1. 收入分配：条件、过程与结果

居民收入是经由收入初次分配、再分配和第三次分配②三个环节而形成的。其中，初次分配由市场决定，按要素贡献分配③；再分配由政府主导，通过税收和社会保障等手段实现；第三次分配是社会主体在道德力量推动下自愿进行的，包括慈善捐赠等行为。如果要追根溯源的话，收入分配的结果不仅取决于收入分配的过程，也同收入分配前的生产条件与经济机会密切相关。生产条件与经济机会的分配，构成了收入分配的前提条件；收入分配条件的不平等，是导致收入分配结果不平等的根源。将收入分配研究从分配过程向前延伸至分配条件后，就形成了收入分配“条件－过程－结果”的全流

---

① 当然，资产贫困也会反过来加剧收入贫困。

② 需要注意的是，第三次分配在时间上并一定发生在初次分配、再分配后，“第三次”不是从时间顺序上界定的。实际上，第三次分配可理解为不同于市场主导和政府主导的“第三类分配”（杨斌，2020），使用“第三类分配”比“第三次分配”在语义上要更准确一些。尽管如此，出于遵循惯例考虑，本书仍使用“第三次分配”的概念。

③ 在中国是按劳分配与按要素贡献分配相结合。

程分析框架（见图8－6），这一框架有助于我们更加全面而深入地认识收入分配差距与收入相对贫困现象。收入分配过程及其与收入分配结果间的关系较易理解，下面重点阐释收入分配条件的内涵及其对收入分配结果的重要影响。

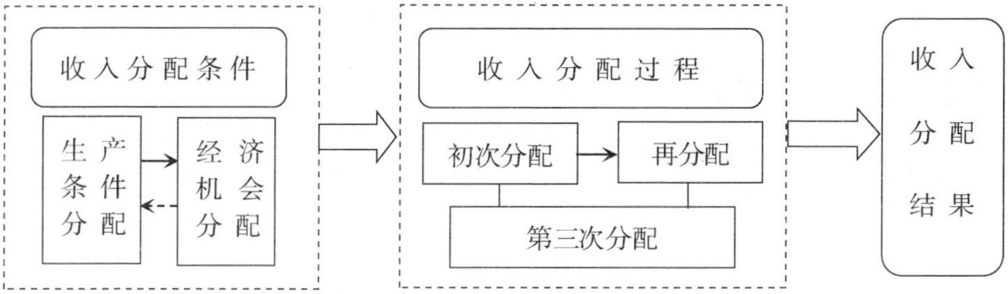

图8－6　收入分配"条件－过程－结果"分析框架

生产决定分配，生产条件的分配是收入分配全流程的起点，对收入分配过程与结果具有基础性作用。生产条件包括生产的物质条件和生产的劳动力条件。随着经济社会发展，生产物质条件的范围从原先的土地、资本等传统生产要素扩大到技术、管理、知识和数据等现代生产要素；至于生产的劳动力条件，一个显著趋势特征是蕴藏在劳动力身上的人力资本的价值在不断提升。在中国特色社会主义市场经济中，社会成员既是国家所有的生产要素的所有者，也是集体所有的生产要素的所有者，同时个人自己还拥有除劳动力外的物质生产要素。公有物质生产要素在不同部门间的分配、私人物质生产要素在不同社会成员间的分配以及个人劳动力素质的差异，共同影响到居民收入分配的最终结果。

经济机会分配是构成收入分配条件的另一重要内容。经济机会指社会成员在被赋予一定经济权利的基础上，参与各种经济活动进而获得经济利益的现实可能性。参与经济活动是通过提供劳动和物质生产要素的方式实现的，劳动和物质生产要素投入经济活动越便捷、途径越广，就意味着拥有更多的经济机会。当经济机会分配不公时，缺少机会的社会成员在收入分配过程中将处于弱势地位，最终很可能在分配结果上成为相对贫困人群。经济机会的缺失经常与经济权利的缺失相联系。机会不平等所造成的收入不平等，是社会不可接受的（Roemer，2000）。要实现公平的收入分配，必须确保经济机会的公平分配。

另外，生产条件与经济机会之间也是彼此关联、相互作用的。一方面，生产条件是得到某些经济机会的前置条件。在现实中，有时政府或其他单位通过法令、政策或契约规定，要求经济主体只有满足一定生产条件才能获得相应的经济机会。在另外一些情况下，尽管没有名义上的限制，但生产条件状况在事实上仍会成为影响经济机会可得性的隐性因素。此时，生产条件上处于劣势者在争取经济机会的过程中就会遇到各种隐性门槛。另一方面，经济机会反过来影响生产条件状况。将现有生产要素投入到财富创造活动中去，它们将获得增值；另外，借助某些经济机会还可能获得新的经济资源，由此起到优化要素结构、改善生产条件的作用。

2. 影响经济相对贫困的分配制度

影响经济相对贫困的生产条件分配制度主要包括：（1）所有制和产权制度。这两项制度安排对生产条件分配具有决定性作用，特别是生产资料所有制，从根本上确定了物质生产要素的归属和占有状况。马克思主义经济学认为，生产资料的私人占有，是导致劳动者相对贫困化和贫富差距扩大的根源；公有制是从根本上消除贫困、实现共同富裕的经济基础。另外，由于公有制经济的运行通常采用委托代理制，所有者虚位使得各层级的代理人拥有了对公有资本的实际控制权，他们有可能利用控制权侵吞公有资本。因此，公有资本监管体制也成为公有制条件下确保生产条件公平分配的一项关键制度。（2）公共服务及其均等化制度。生产条件同时取决于生产要素的数量和质量，而公共服务供给是影响生产要素质量的重要因素之一。如农业基础设施影响耕地的质量和产出能力，教育和卫生服务影响劳动力的人力资本等。所以，不同经济主体拥有生产要素的质量差异，同公共服务供给及其均等化的相关制度设计有一定关系。（3）资本税和资本转移税。通过征收资本税和资本转移税，能起到减少生产要素占有不平等的作用，增进分配起点的公平性。（4）金融制度。金融资源的市场配置有“嫌贫爱富”倾向，这会加剧资本要素占有的不平等，普惠金融制度在调节金融资源分配不均上具有良好功能。（5）其他制度。一些特定的政策性因素，也可能在短期内显著改变某些经济主体的生产条件状况，如征地和动拆迁等。

影响经济相对贫困的经济机会分配制度涉及面较广，这可以从经济参与环节和具体制度类型两个维度考察。先从经济参与环节来看，劳动和物质生产要素投入经济活动涉及市场进入、市场交易和市场退出三大环节。市场进入、交易和退出制度中是否存在排斥或限制某些劳动者和物质生产要素的情况，直接影响经济机会分配的公平性。例如，当劳动力市场中存在社会歧视和社会排斥时，遭受歧视和排斥的劳动者，其就业难度将会增大、就业质量将会降低，最终导致仅能获得较低水平的劳动报酬。再从具体制度类型来看，劳动投入涉及就业制度，资本投入涉及投资和金融制度，土地投入涉及土地制度，而混合要素投入同创业制度相关。因此，上述各项制度在市场进入、交易和退出方面的机制设计，均会影响到经济机会分配的公平性。

影响经济相对贫困的收入分配制度，由收入初次分配制度、收入再分配制度和收入第三次分配制度共同构成：（1）收入初次分配制度。按劳分配为主体、多种分配方式并存的分配制度构成了中国收入初次分配制度的基本框架。按劳分配制度是公有制在收入分配关系上的体现，其本质要求是按照劳动者的劳动贡献，享有一部分公有生产资料的收益。生产要素按贡献参与分配的制度，其核心是要素价格的形成机制。要素价格市场化程度如何，要素的市场定价是否合理，直接关系到生产要素按贡献参与分配的实现状况。要素价格的扭曲尤其是劳动力价格的扭曲，是造成收入初次分配不公与初次分配收入差距较大的重要原因。（2）收入再分配制度。主要包括税收制度和社会保障制度，两者对市场形成的初次分配格局进行调节。通常而言，一般商品税是累退的，对收入分配产生逆调节；而所得税与财产税具有累进性，有助于缩小收入差距。社会保障中的社会救助，能直接起到减贫作用；至于社会保险，则通过缴费机制、筹资机制和给付机制对收入分配产生影响。（3）收入第三次分配制度。公益慈善的对象是低收入者和弱势群体，对降低收入不平等、缓解相对贫困具有积极作用。

二、改善收入分配条件：缓解经济相对贫困的前提

1. 改善生产条件分配

必须毫不动摇地坚持公有制主体地位。习近平总书记强调“公有制主体地位不能动摇，国有经济主导作用不能动摇，这是保证我国各族人民共享发展成果的制度性保证”①。只有确保公有制经济的主体地位，不断增强国有

① 中共中央文献研究室：《习近平关于社会主义经济建设论述摘编》，中央文献出版社，2017年，第63页。

经济的控制力，才能从根本上避免两极分化，最终实现共同富裕。要进一步加强对国有企业“内部人控制”现象的治理，坚决制止少数人利用权力侵吞和瓜分国有资产。要着力完善国有资产监管体制，强化对企业改制重组、产权交易、重大投资、海外经营等重点环节的监督，构建“发现问题—处理问题—追究责任”的闭环，有效防止国有资产的流失。必须坚持农村土地集体所有，坚决不搞土地私有化，确保农民平等享有土地权益。在鼓励农地流转的过程中，既要推动土地适度规模经营，也要避免土地过度集中。特别是要杜绝工商资本下乡圈地行为，从源头上防范土地过度集中可能引发的社会风险，切实保护小农户的土地权益。要继续深化农村集体产权制度改革，防止内部少数人控制和外部资本侵占集体资产。

要通过推进公共服务均等化促进生产条件的公平分配。补齐农村地区和中西部贫困地区基本公共服务短板，进一步改善这些地区的经济社会发展条件；持续提高人群间基本公共服务均等化水平，使相对贫困人口与弱势群体平等享受教育、卫生等基本公共服务，不断缩小由公共服务不均等造成的人力资本水平差距。要认真研究征收遗产税和赠与税的可行性、条件和方案，可先在发达地区开展局部试点和探索；通过遗产税和赠与税的开征，创造更加公平的分配起点。要积极发展普惠金融，创新普惠金融体制机制，促进金融资源向普惠金融倾斜；根据普惠金融重点服务对象的特点与需求，打造专属性产品、提供个性化服务，加快现代信息技术在普惠金融中的运用，优化普惠金融担保模式，逐步化解贫困人群融资难、融资贵的问题。

2. 促进经济机会公平

一是增进就业机会公平，保护弱势群体平等就业权。推动城乡劳动力市场一体化建设，构建城乡劳动力平等就业制度。加强面向农业转移劳动力、流动劳动力和失业下岗人员的公共就业服务，要设立专门的服务窗口、配备专门的工作人员，提高职业介绍和就业指导服务能力；及时搜集和发布符合上述劳动力群体就业特点的岗位信息，定期举办针对外来务工人员和失业人员的专场招聘会，促进劳动力供需对接。加快推进《反就业歧视法》的立法，为界定和消除各种就业歧视提供更坚实的法律保障。支持多渠道灵活就业，对就业困难人员积极开展就业援助。二是深化农村土地制度改革，赋予农民更多土地权能，消除农民“抱着金饭碗讨饭吃”的现象。推进农村集体经营性建设用地入市，并建立健全与此相关的配套制度。稳步开展农村宅基地“三权分置”改革，对宅基地和农民房屋使用权适度放活，允许和鼓励农民利用闲置的宅基地和住房发展乡村旅游、休闲农业、餐饮民宿等符合农村特点的产业。引导进城落户的农民依法自愿有偿转让土地承包权、宅基地使用权和集体收益分配权。三是拓宽中低收入群体的金融投资渠道。要优化个人金融产品结构，积极发展收益率适中、中低风险的适合工薪阶层投资的金融产品，为中低收入群体提供更多资产保值增值的有效途径。四是制定实施支持贫困人群创业的政策。简化贫困群众创业登记手续，在贫困地区建立扶贫创业基地，为贫困户自主创业搭建平台并提供指导。

三、健全收入分配制度：缓解经济相对贫困的重点

1. 优化收入初次分配制度

完善收入初次分配制度必须坚持和巩固按劳分配的主体地位，这是中国特色社会主义收入分配制度优越性的体现，也是实现共同富裕的前提基础。全面建成小康社会后，中国仍将长期处于社会主义初级阶段，在未来相当长一段时间内还无法实现马克思所设想的按劳分配①。我们应避免僵化理解马克思的按劳分配理论，要在坚持按劳分配本质的基础上，结合新时代中国特色社会主义市场经济的现实背景，不断完善和拓宽按劳分配的具体实现形式。在现阶段，按劳分配不能脱离生产要素按贡献分配。劳动力作为一种生产要素参与分配，是实现按劳分配的主要途径之一。在当今知识经济时代，科技工作、经营管理、知识创造和数据生产也成为劳动的重要形式，这拓宽了按劳分配的外延，使按劳分配还可以通过技术、管理、知识和数据等现代生产要素参与分配来实现。所以，健全要素收入分配制度与完善按劳分配制度并不矛盾，两者具有一定程度的一致性与兼容性。社会主义按劳分配要求劳动者能获得剩余价值，因此，要积极探索劳动者参与剩余价值分配的途径，构建劳动者分享剩余价值的机制。在公有制经济范围内，重点是完善国有资本收益分享机制、集体资产收益分享机制和公共资源收益全民共享机制；在非公经济与混合经济范围内，主要是探索实行各种形式的利润分享制

---

① 在《哥达纲领批判》一文中，马克思对社会主义社会的按劳分配提出了构想——全部社会劳动产品作了相应的六项扣除之后，把劳动者实际提供的劳动量作为尺度进行个人消费品的分配，贯彻等量劳动获得等量消费品的原则。

度，增加普通劳动者的收入。

收入初次分配改革要聚焦完善生产要素按贡献参与分配，应充分发挥市场在要素价格形成中的决定性作用，深入推进要素价格市场化改革，实现生产要素由市场评价贡献、按贡献决定报酬。当然，强调要素价格由市场决定，并不否定政府对要素定价的合理干预。事实上，由于存在市场定价失灵现象，政府仍有必要在要素收入分配中发挥引导、调节与监管作用。从缓解经济相对贫困角度考虑，完善要素收入分配的重心应放在进一步健全工资制度上，其主要目的是促进劳动力要素合理定价、改变劳动力在要素收入分配中的弱势地位。与此相关的政策建议是：适时调整最低工资标准，全面落实最低工资制度；创造条件推行企业工资集体协商制度，促进中低收入职工工资合理增长；完善工资指导线制度，更好发挥工资指导线对工资集体协商的指导作用；继续严格执行农业转移劳动力工资支付保障的各项规定，研究解决劳务派遣工同工同酬落实困难的问题。

2. 改革收入再分配制度

收入再分配的主要目标是“提低、扩中、调高”，但就缓解相对贫困而言，重心应放在“提低”和“扩中”方面。同发达国家相比，中国收入再分配的规模偏小，制约了收入调节功能的发挥。为此，应加强个人直接税体系建设，逐步提高其在税收中所占比重；同时，进一步扩大社会保障覆盖面，增加财政对社会保障的投入。个人直接税的改革应有利于继续减轻中低收入群体的税收负担：个人所得税免征额和专项附加扣除的标准，要随着生活水平提高和物价变化适时合理调整；个人住房房产税设计需注重公平性，可针对不同住房类型实行差别税率，在税收优惠上宜采用“首套普通免税＋免税面积扣除”的模式（潘文轩，2015）。社会保障的改革应聚焦于“兜底线”和“防风险”：首先，适当提高最低生活保障标准并健全其调整机制，着力提升低保等各类社会救助的瞄准精度，充分发挥社会救助制度的兜底保障作用。其次，完善社会保险的缴费与给付机制。对低收入群体参保给予缴费补贴，提高其参保率；借鉴国外做法，在基本养老保险中引入适度的最低养老金待遇保障机制，有效防范老年贫困风险；医疗保险补偿要向低收入群体倾斜，通过降低起付线、提高报销比例和封顶线，减轻低收入患者自付医疗费用负担，更好化解因病致贫风险。最后，不断完善面向弱势群体的社会福利体系，补齐针对社会性弱势群体的社会福利建设短板①。

3. 完善收入第三次分配制度

党的十九届四中全会通过的《中共中央关于坚持和完善中国特色社会主义制度 推进国家治理体系和治理能力现代化若干重大问题的决定》提出“重视发挥第三次分配作用，发展慈善等社会公益事业”，这是党中央首次明确将第三次分配作为收入分配制度的重要组成部分。近年来，中国的第三次分配取得了一些发展，但仍存在规模相对较小、公民参与意识不强、激励机制不到位等问题。今后完善收入第三次分配制度的重点是：第一，加强慈善组织建设。健全捐赠的信息披露和财务管理制度，提高慈善组织的社会公信度；构建内外部监督相结合的有效监督机制，确保捐款规范合理使用。第二，增强对慈善捐赠的税收激励。适当扩大享受税前扣除的慈善捐赠与慈善组织的范围，在更大范围内发挥税收激励公益慈善的作用；可借鉴美国、德国的经验做法，建立超额捐赠结转制度，为大额捐赠开辟道路（贾康等，2018）；提高个人所得税中公益捐赠税前扣除的限额，更好调动个人参与第三次分配的积极性。第三，创新公益慈善模式。促进互联网公益规范发展，借助大数据等科技力量推动公益形态多样化，不断拓宽普通人参与公益的渠道。第四，培育公益慈善文化。大力弘扬仁爱奉献、团结互助的传统美德，将现代慈善理念作为国民德育教育的重要内容，使慈善成为新时代社会主义先进文化的有机组成部分。

---

① 当前中国的社会福利项目，主要瞄准儿童、老年人和残疾人等生理性弱势群体，针对社会性弱势群体的相对较少。

第九章

加强面向弱势群体的反贫困制度设计

弱势群体的存在是社会发展进程中的普遍现象，这既是一个老问题和全球性的问题，也是一个新问题和中国性的问题。中国弱势群体的形成，同经济社会变革与转型发展是密不可分的。随着改革开放继续深入与转型步伐持续加快，中国的弱势群体问题将进一步凸显出来。习近平总书记指出“抓民生要抓住人民最关心最直接最现实的利益问题，抓住最需要关心的人群”①。弱势群体的脆弱性强，贫困风险与贫困率高于其他社会群体，显然是反贫困中“最需要关心的人群”，理应成为反贫困重点关照的对象。2020 年后，要加强面向弱势群体的反贫困制度设计，不断完善儿童、老年人、农业转移人口等弱势群体的减贫政策体系，着力解决好弱势群体面临的多维贫困问题，使他们更好地分享经济社会发展成果。

第一节　聚焦弱势群体贫困

“弱势群体”这一概念源自西方，主要是从失去劳动能力与缺乏独立生活能力角度来界定的。在中国国内，2002 年第九届全国人大五次会议上的《政府工作报告》首次正式提出了“弱势群体”一词。中国弱势群体概念的语境及内涵与外延，同欧美国家有很大不同（庞永红，2017）：欧美国家的弱势群体大多是在生理上、心理上自然形成的，属于生理性弱势群体；而构成中国弱势群体的主体人群，除了生理性弱势群体外，还包括由于经济社会

---

① 《习近平考察海南谈富农：小康不小康 关键看老乡》，中国网，2013 年 4 月 11 日，http：//news. china. com. cn/2013 - 04/11/content_ 28515553. htm。

原因造成的社会性弱势群体。对于生理性弱势群体的界定，国际上有较广泛的共识，主要指儿童、老年人、残疾人①等。至于社会性弱势群体，其具体人群构成同时代背景密切相关，会随着时代变迁而发生变化②。中国现阶段的社会性弱势群体，通常包括农业转移人口、农村留守人群、失地农民、城市失业下岗人员、劳务派遣工等。

一、着力解决好弱势群体贫困问题

美国政治哲学家罗尔斯（1999）的正义理论提出了差别原则，特别强调对弱势群体的差别对待，他认为“社会善的不平等分配只有有利于改善弱势群体的地位时才是公平正义的”。罗尔斯的这一观点，从理论上说明了解决好弱势群体贫困问题的意义所在。而从现实层面看，反贫困之所以要聚焦弱势群体，一方面是因为该群体的脆弱性较强，面临较高贫困风险；另一方面是因为弱势群体在贫困人口中的占比大，其贫困发生率也往往高于社会平均水平，理应成为反贫困的重点关注对象：（1）弱势群体的脆弱性与贫困风险较高。生理性弱势群体由于生理条件、年龄约束或身心障碍等原因，在获取资源方面存在先天性弱势，依靠自身力量维持基本生活的难度较大，较易陷入物质和精神上的贫困。社会性弱势群体普遍缺乏经济、政治与社会机会，市场竞争力弱、经济状况通常较差，在社会生活中处于边缘化境地，这种不利地位加大了他们的脆弱性和贫困风险。（2）贫困人口中弱势群体所占比重较大。在农村地区，建档立卡的原7000多万贫困人口中，有2000多万人属于完全或部分丧失劳动能力的人口，基本上都是老人、残疾人和长期患病者。在城市地区，尽管缺少官方统计数据，但许多调查研究结果表明，农业转移人口、失业下岗人员构成了城市贫困人群的主体。（3）弱势群体贫困率高于社会平均水平的现象较为常见。在世界主要国家中，大多数国家的儿童贫困率、老年（尤其是高龄老人）贫困率要高于全部人口贫困率（见图9－1）。《世界残疾报告》（WHO & World Bank，2011）指出，残疾人贫困率比非残疾人高，如美国工作年龄段残疾人的贫困率为25.3%，比工作年龄段非

---

① 残疾是从广义上理解的，包括生理、精神、智力等各方面的残疾。

② 事实上，中国生理性弱势群体弱势地位的形成，除了客观生理性原因外，也有经济社会变革、转型方面的原因。

残疾人高出 15.7 个百分点（Erickson & Lee，2008）。与生理性弱势群体类似，社会性弱势群体也面临高贫困率现象。在相对贫困标准下，2015 年中国农业转移人口贫困率为 26.3%，远超城镇居民贫困率（陈志钢等，2019）。一些地区的调研结果显示，农村“三留守”人员的贫困率也高于当地总体贫困率水平①。

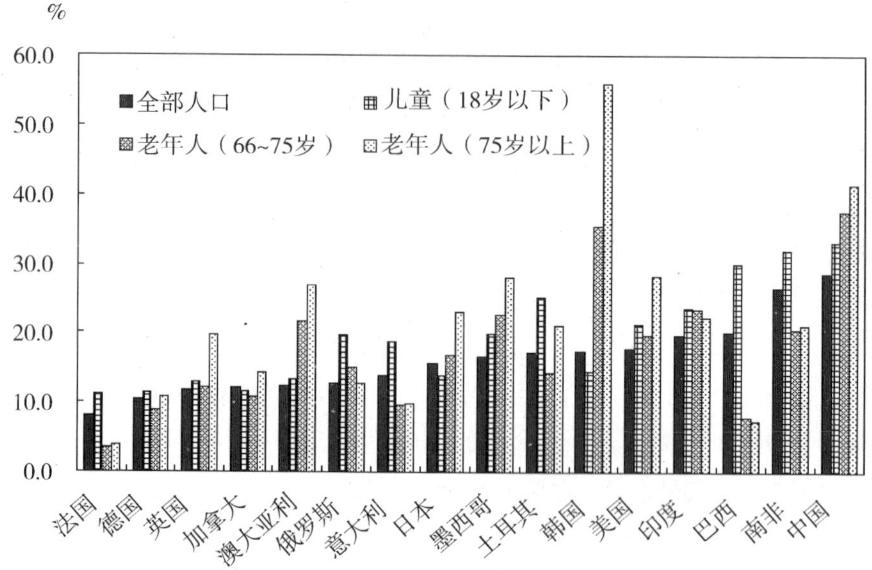

图 9－1　G20 国家儿童、老年贫困率与全部人口贫困率的比较

资料来源：OECD Statistics。

注：①贫困率为相对收入贫困率；②G20 中缺少阿根廷、沙特阿拉伯、印度尼西亚三国数据；③贫困率为最近年份的统计数据。

着力解决好弱势群体贫困问题，也是贯彻落实“以人民为中心”理念的必然要求。弱势群体是人民群众的重要组成部分，作为生理上的弱者或社会中的边缘人群，政府和全社会理应给予他们更多的保护与帮扶，使其摆脱或避免贫困。赋予弱势群体发展机会，保障弱势群体基本权益，消除弱势群体多维贫困，是2020 年后进一步促进共享发展的一项关键举措。在建设社会主义现代化强国的新征程中，要想方设法不断提高弱势群体的福利，使他们更

① 详见第二章第二节中的相关内容。

好地分享新时代经济社会发展的成果。

二、几类主要弱势群体的贫困与反贫困策略比较

各类弱势群体的贫困问题在本质上是有共性的。儿童、老年人与残疾人等生理性弱势群体所面临的贫困，与这些群体生理上的弱势因素直接相关；而农业转移人口、农村留守人群、城市失业下岗人员等社会性弱势群体所遭遇的贫困，很大程度上是经济社会变革与制度不公平导致的结果。因此，要消除生理性弱势群体贫困现象，应当基于生理特点的需求开展贫困的事前预防与事后帮扶，将提供完善的社会保护作为反贫困的重点；至于社会性弱势群体贫困的治理，关键是深化制度改革、增进权利公平，同时促进相关人群可行能力的提升，使他们更好地适应经济发展与社会变革。

而从具体内容上看，各类弱势群体在贫困表现和成因、脱贫防贫需求、适用的主要反贫困手段上仍有一定差异性（见表9－1）。在生理性弱势群体中，教育贫困和营养贫困是儿童特有的贫困现象，这决定了教育和健康反贫困是消除儿童贫困的最重要手段。儿童和老年人通常不参与或很少参与劳动力市场，但大部分残疾人①仍有一定的劳动就业能力。因此，对残疾人开展就业反贫困，提供有针对性的技能培训和就业服务，是保障残疾人生存发展权、预防和缓解贫困的一种有效途径。在社会性弱势群体中，城市失业下岗人员、失地农民主要面临的是收入贫困，而农业转移人口、农村留守人群的贫困更多表现在非收入维度上。另外，不同群体权利贫困及其治理的侧重点也有所不同，其中，失地农民主要是经济补偿权，劳务派遣工主要是劳动报酬权，农业转移人口涉及的权利贫困更为复杂，包括劳动就业权、社会保障权、随迁子女受教育权等。

① 完全丧失劳动能力的重度残疾人除外。

表9-1 几类主要弱势群体的贫困与反贫困策略

弱势群体类型		贫困突出表现	致贫主要原因	脱贫防贫重点需求	反贫困手段
生理性弱势群体	儿童	营养不良，死亡率较高，失学和辍学	家庭经济困难，照料与关爱缺乏，义务教育等基本公共服务不够完善	改善营养和生长发育状况，保障平等接受教育权利	健康反贫困，教育反贫困
	老年人	收入和支出贫困，健康不佳，精神孤独	收入来源减少，医疗照护支出增加，养老服务不健全	稳定基本收入，减轻支出负担，满足养老服务需求	社会保障反贫困，健康反贫困
	残疾人	收入和支出贫困，生活自理障碍，社会参与较困难	收入来源少，医疗护理支出增加，遭受社会排斥，残疾人服务比较薄弱	保障基本生活，平等参与经济社会活动，满足残疾人特殊服务需求	社会保障反贫困，就业反贫困，公益慈善反贫困
社会性弱势群体	农业转移人口	消费贫困，住房困难，工作生活条件较差，福利待遇与城镇居民差距大	城乡二元制度导致权利不平等，生计资本不足	劳动就业与社会保障权利平等，平等享受城镇基本公共服务，生计资本积累	就业反贫困，劳动权益保护，住房反贫困，社会保障反贫困，教育反贫困
	农村留守人群	缺乏生活照料与精神慰藉，生活负担重，健康状况不佳	农村青壮年劳动力外流，城乡二元制度结构	满足关爱服务需求，破除阻碍家庭成员随迁的制度障碍	健康反贫困，教育反贫困，文化反贫困，社会保障反贫困，资产收益反贫困，公益慈善反贫困
	失地农民	经济贫困，缺少后续生活来源	征地及后续安置政策不完善	征地补偿合理，住房安置与就业安排，平等享受社会保障，重构生计资本	就业反贫困，社会保障反贫困

续表

弱势群体类型		贫困突出表现	致贫主要原因	脱贫防贫重点需求	反贫困手段
社会性弱势群体	城市失业下岗人员	经济贫困，就业困难	经济社会转型，生计资本短缺	保障基本生活，满足就业需求，提升知识技能	就业反贫困，社会保障反贫困
	劳务派遣工	收入贫困，与正式职工待遇差距较大	劳动者权益不平等	维护同工同酬同权	劳动权益保护

第二节　消除儿童贫困

在一个人的成长中，儿童期是一个非常重要的阶段，该时期的身心发展对个人成年后的长远发展将产生至关重要的影响。但是，儿童期又是个人生命周期中较容易陷入贫困的阶段；当儿童陷入贫困状态时，意味着他们"在生存、成长与发展所必需的物质、情感与精神资源上遭遇匮乏，由此无法享受权利、难以发挥潜能，也不能平等而充分地参与到社会中去"（UNICEF，2005）。有过贫困经历的儿童有可能遭受身心与认知方面的终身损害，并且这种损害往往是不可逆的。儿童期多维贫困对成年后健康状况、教育水平和就业收入都会产生显著的负向影响，且随着贫困维度的提高，其对成年后的负面影响不断加深（宋扬、刘建宏，2019）。此外，儿童贫困还是贫困代际传递的主要原因，一些无法逆转的影响可能让几代人陷入贫困的恶性循环中。所以，解决好儿童贫困问题关系到儿童本人及其家庭乃至国家未来的长远发展，对阻断贫困代际传递、促进社会公平与社会流动均有重要意义。正因为如此，不少国际组织与国家都非常重视儿童贫困问题，积极采取措施对贫困儿童①进行帮扶。例如，联合国儿童基金会长期致力于为每一名儿童争取权利，为其提供食物营养、安全住所、平等机会，使他们免受灾害和冲突；美国实施了“开端计划”②“学校早餐计划”等一系列社会保护政策以缓解儿童贫困；南非通过实行儿童抚养津贴，较有效地促进了儿童减贫，等等。

一、儿童贫困的基本状况与突出问题

长期以来，由于城乡经济社会发展不平衡，农村儿童的贫困率和贫困度均显著高于城市儿童，这是中国儿童贫困的最主要特征之一。近年来，受益于精准扶贫精准脱贫政策，农村儿童的绝对贫困率快速下降，逐步摆脱了绝对贫困状态，相对贫困开始成为农村儿童贫困的主类型。然而，相比城市儿童，农村儿童的生活质量仍然较低，非经济贫困状况依旧比较严峻。尤其是居住在偏远地区和少数民族聚居区的农村儿童，因当地公共服务设施落后、自然生态环境差、父母外出务工、抚养人文化水平低等原因，陷入多维贫困的概率更高，难以充分享受经济社会发展成果。现有的调查研究结果表明，当前农村儿童多维贫困较突出地表现在营养、健康、教育等维度上。首先，农村儿童中营养不良③的比例较高。农村地区 6 岁以下儿童生长迟缓率为 11.3%，高于城市 7.1 百分点；低体重率是 3.2%，超过城市 1.5 个百分点；贫血率是 12.4%，也比城市高 1.8 个百分点④。其次，农村儿童的健康水平也明显落后于城市儿童。以死亡率指标为例，2018 年，农村婴儿死亡率为 7.3‰，高于城市 1 倍多；农村 5 岁以下儿童死亡率为 10.2‰，高于城市 1.3 倍⑤。其中，15% 左右的农村 5 岁以下儿童死亡发生在家中或就医途中并且死亡前没有接受过任何治疗，该比重在近 10 年内未有明显改善⑥。最后，农

---

① 贫困儿童的内涵有狭义和广义之分，狭义上的贫困儿童仅指（经济）贫困家庭的儿童，而广义上的贫困儿童是指所有在物质、情感或精神资源上处于匮乏状态的儿童。本书采用广义上的贫困儿童概念。

② 这是一个儿童早期发展项目。

③ 生长迟缓、低体重、贫血是营养不良的主要症状，所以通常用生长迟缓率、低体重率、贫血率三项指标来衡量营养不良状况。

④ 数据来源于《中国居民营养与慢性病状况报告（2015）》。

⑤ 数据来源于《中国统计年鉴（2019）》。

⑥ 详见国家卫生健康委员会《全国妇幼健康信息分析报告》（2018 年）。

村儿童受教育的普遍程度和质量依然偏低，相比城市儿童差距较大。受交通不便、办学条件限制、家庭经济困难与个人厌学等多种因素的影响，老少边穷农村地区仍不同程度地存在义务教育阶段的失学辍学现象，且近年来失学辍学呈现出复杂化态势，某些地区隐性失学辍学人数有所增加。早期教育和学前教育更是农村儿童教育的“短板”——农村家庭普遍缺乏早教意识，儿童早教几乎处于空白状况；农村学前教育发展也显著滞后，农村学前3年毛入园率远低于城市。

由于缺少父母的日常照料与关爱，农村留守儿童的非经济贫困问题相比非留守儿童更为严重，特别是在营养、安全、心理健康等方面。有调查研究发现：留守儿童的“迷茫指数”和“烦乱指数”两个消极情绪变量得分均高于非留守儿童①。2015年的贵州毕节儿童集体喝农药自杀事件，就警示全社会要高度重视留守儿童在心理和社会交往方面遇到的困境。尽管农村儿童贫困形势比城市儿童贫困形势要严峻得多，但这并不意味着我们就可以忽视城市儿童贫困现象，尤其是规模庞大且快速增长的城市流动儿童的贫困问题。在城乡二元户籍制度下，城市流动儿童在流入地接受教育、享受社会保障等方面遭受到不同程度的不平等待遇；此外，他们在适应城市生活与融入城市社会方面也面临着诸多困境。农村留守儿童与城市流动儿童的贫困问题，从根源上讲是城乡二元经济社会结构转变的产物，同城乡分割的制度体系有密切的因果关联性。

二、针对儿童的现行反贫困政策评价：成效与不足

在2020年前的反贫困实践中，中国已经为贫困儿童制定了一系列帮扶政策，涉及儿童贫困中的多个维度（如经济、教育、健康、营养和住房等），这些政策主要体现在《国家贫困地区儿童发展规划（2014－2020）》《国务院关于加强农村留守儿童关爱保护工作的意见》《国务院关于加强困境儿童保障工作的意见》等文件中。通过这些政策的实施，儿童贫困现象得到了一定程度的缓解。以消除营养贫困的成效为例，在过去20年里，中国的儿童发育迟缓率下降了54%，这意味着因营养不良或疾病导致无法健全成长和发育的

① 上学路上儿童心灵关爱中心：《中国留守儿童心灵状况白皮书（2015）》。

儿童数量比20年前减少了800万①。另外，儿童的安全饮用水、医疗保健与环境卫生条件也获得了明显改善。但是，现行的儿童贫困治理政策仍有较多不足之处甚至空白点。虽然中国的精准扶贫成效显著，但贫困儿童整体上是被动受益，有很多不在目标瞄准中的儿童无法受益；以往的扶贫还缺少儿童主体意识，缺乏将儿童作为权利主体的扶贫方法（张克云，2017）。由于上述缺陷，削弱了儿童贫困治理的针对性与有效性。

具体而言，现行相关政策在以下方面尚需进一步完善：（1）农村学龄前儿童营养不良问题缺少有力的干预措施。当前，农村义务教育学生营养改善计划已经覆盖了所有国家扶贫开发重点县，贫困地区儿童营养改善项目也使贫困地区6~24月龄婴幼儿的营养状况得到了一定程度的改善。然而，学龄前3至5岁的农村贫困儿童还缺乏较大规模公共营养项目的支持，亟待加强针对该年龄段的贫困儿童营养改善计划。（2）儿童的医疗保障制度还不够健全，缓解儿童健康贫困的效果有待提升。目前大多数儿童参加的医疗保险是城乡居民基本医疗保险，由于该项目覆盖的对象范围广，在制度设计之初主要针对的是成年人，因而较为缺乏对儿童医疗服务需求特点的考虑②。另外，儿童的医保参保率仍处于偏低水平，参保后退保的比例也较高，这会使儿童暴露在健康风险下，使家庭面临发生大额医疗支出的风险（李姣媛、方向明，2018）。（3）农村中小学布局调整给农村儿童上学带来一些负面影响，需要优化相关政策。前几年农村中小学的撤并和集中，起到了提高农村义务教育规模效益和办学质量的作用，但也使得一些偏远地区学生上学路途变远，进而导致交通、寄宿、家长陪读租房等方面的支出上升，部分经济贫困家庭感到难以承受，甚至因此出现了少数学生因上学不便、家庭负担加重而辍学的现象。（4）对弱势儿童群体的保护较为薄弱。面向残疾儿童、留守儿童、流动儿童、流浪儿童、孤儿等弱势儿童群体的专门保护措施还不够完善，许多政策措施未上升到法律层面，关爱保护机构建设不到位、专业人员配备不足、社会力量参与度不高的问题比较普遍。

---

① 《中国在过去20年将营养不良儿童人数减半——2019全球儿童报告》，救助儿童会官网，http：//www. savethechildren. org. cn/news/2094。

② 以可报销的病种为例，城乡居民基本医疗保险在病种目录的选择上以成年人常见病种为主，一些儿童常见病未纳入其中，无法充分满足儿童对医疗保障的特定需求。

三、后脱贫时代儿童贫困治理的总体思路与路径选择

儿童是国家的未来和民族的希望，促进儿童全面发展、努力消除儿童贫困对建设社会主义现代化强国有重要意义。后脱贫时代的儿童贫困治理，应充分尊重与体现儿童的权利主体地位，以切实维护每一名儿童权利为立足点开展反贫困工作；要重点缓解城乡儿童在营养、健康、教育、心理和安全等维度上面临的贫困问题，把各类弱势儿童群体置于政策干预的最优先位置；将公共服务和社会保护政策作为消除儿童贫困的重要手段，努力使干预措施更好适应不同年龄阶段①儿童发展的特点。

一是加强与完善儿童营养改善项目，提高贫困儿童营养水平。加快出台针对3~5岁学龄前儿童的营养补充项目，确保义务教育阶段非寄宿生和寄宿生同等享受营养餐补助，实现营养改善公共政策对各类贫困儿童的全覆盖。将营养改善工作与儿童贫困治理更有效地衔接起来，使营养膳食补助优先保障农村贫困地区和城乡贫困家庭。随着生活水平的持续提高，对营养补给范围与标准进行合理的动态化调整。为长期生产和提供优质儿童营养包、营养膳食的企业给予一定的政策奖励，提高企业参与儿童营养改善计划的积极性。

二是改进儿童医疗保障的制度设计，提高对弱势儿童的保障程度。对经济困难家庭儿童参加基本医疗保险的缴费进行补助，推动各地加快制定便于流动儿童在流入地参加医保的政策方案，进一步提高弱势儿童参加医保的比例。要结合儿童医疗消费特点优化现行医保政策设计，将更多儿童常见病、儿童专用药纳入医保支付范围。对低收入家庭儿童患者适当降低起付线、提高报销比例，切实减轻患儿家庭的医疗费用负担。加强对弱势儿童的医疗救助，参考借鉴卓尔&爱佑贫困儿童医疗救助计划、乡村儿童大病医保公益基金的创新做法和经验，更好发挥公益慈善在儿童医疗救助中的作用。

三是巩固提高贫困地区农村义务教育，积极破解流动儿童入学难题。各级政府要继续加大对贫困地区农村义务教育的投入，不断改善办学条件、千方百计充实教师队伍，促进义务教育均衡发展。要进一步调整优化农村中小学布局，合理确定学校服务半径，尽可能满足学生就近上学需要；对地理位

① 大致可分为0~2岁婴幼儿期、3~5岁学前期、6~14岁义务教育期。

置偏远、交通条件不便的乡村，应考虑适当保留或设置教学点，避免撤并简单一刀切的做法。着力健全“免、奖、助、贷、补”多位一体的农村贫困学生资助政策，有效解决因贫辍学问题。各地要加快研究制定适龄儿童随父母在工作地就近入学的政策方案与实施办法，逐步降低流动儿童入学门槛；适当提高中央与省级的义务教育财政支出负担比例，增加中央对东部流动儿童比例较高地区的义务教育财政转移支付，使地方政府更有动力接纳流动儿童入学。

四是加强对特殊困难儿童的扶助，为弱势儿童提供强大保障。完善特殊困难儿童的福利制度，为他们提供更加人性化、专业化的服务，多方面保障其基本生活。进一步健全困境儿童关爱服务体系，充分发挥基层儿童工作者在困境儿童关爱服务中的积极作用。更加重视弱势儿童的心理困境问题，通过亲情陪伴、精神抚慰、心理疏导、再社会化训练等多种途径，帮助弱势儿童消除心理阴影、促进心理健康成长。

五是完善促进儿童早期发展的政策体系，有效预防成年贫困、阻断贫困代际传递。贫困之所以会发生，很大程度上源于儿童早期发展投资不足所造成的能力不足。包括发达国家和发展中国家在内的各国实践表明，投资儿童发展尤其是早期综合干预是全球减贫十分有效的重大举措（中国发展研究基金会，2017）。因此，要将促进儿童早期发展作为治理儿童贫困乃至反贫困的一项重点任务加以推进。由于儿童早期发展的公共品属性较强，应强化政府在该领域的责任，建立稳定可持续的儿童早期发展公共支出机制，同时引导社会资金多元化投入，并使资源向贫困地区倾斜。相关部门要积极为家长提供科学养育和早教方面的指导服务，推动实施贫困家庭儿童早期发展补助政策，逐步构建全程干预的贫困地区儿童早期发展体系。

第三节　减轻老年贫困

人们在任何年龄阶段都有可能遭遇贫困。然而，与中青年时期相比，个体进入老年期后由于生理机能逐步衰退、经济获取能力趋于下降，更容易受到贫困的困扰。无论在发达国家还是发展中国家，老年人都属于贫困高发人群；他们不仅有更高的贫困脆弱性与贫困发生率，而且陷入贫困后脱贫的难度也更大。据联合国统计：当前世界上约有80%的老年人没有足够的保护来应对健康、失能和收入风险；发展中国家有高达3.42亿老年人缺少充足的收入保障，如果不改变现行养老政策，到2050年该数字将增加至12亿。所以，老年贫困长期以来是各国关注的一个重要社会问题，老年人口也成为全球反贫困的重点对象之一。世界卫生组织强调要“对贫困、生活艰难和农村的老年人给予特别的关注”①，第二届老龄问题世界大会通过的《老龄问题国际行动计划》更是明确提出了“反老年贫困”的目标。近年来，受人口寿命不断延长和计划生育政策效应显现的影响，中国的老龄化进程明显加快，预计到2027年前后将进入深度老龄化社会②。在此背景下，未来中国的老年贫困问题可能变得更加突出，需要抓紧时间尽快谋划有效应对之策。

一、老年贫困的现状特点与变化趋势

到目前为止，中国尚无全国性的关于老年贫困规模与程度的官方统计数据，但从学者们按收入或多维贫困标准估算的结果来看，中国的老年贫困人口总量庞大、老年贫困发生率较高是一个不争的事实。即使用最低生活保障数据进行较为保守的估计，2017年中国老年贫困人口也已达到了1834万，占60岁及以上老年人口的7.61%，该比重远高于全社会的贫困发生率③。当前，中国的老年贫困主要呈现出如下特点：

第一，老年人抵御贫困风险的能力偏弱，贫困脆弱性较高。储蓄水平是衡量个人抵御风险冲击能力的重要指标之一，而当前中国老年人的储蓄并不充裕，抗风险的经济能力有所欠缺。据抽样调查统计，未存养老金的老年人口比重为67.8%，其中农村老年人的该比例更是高达78.1%；有存钱的老年

① 世界卫生组织编、中国老龄协会译：《积极老龄化政策框架》，华龄出版社，2003年，第48页。

② 《保监会官员：尽快形成新的国家养老储备资金》，《经济参考报》2017年12月25日。

③ 2017年，全国享受最低生活保障的老年人为1834万人，而当年60岁及以上老年人为2.41亿人，前者占后者的比重是7.61%；全国享受最低生活保障的人口为5306.2万人，而当年总人口为1.39亿人，前者占后者比重是3.82%。因此，按低保保守测算的老年贫困率比全社会贫困率高出3.79个百分点。

人中，人均储蓄额也仅为5.38万元①。在这种情况下，一旦遭遇到大额支出，老年人陷入支出性贫困的概率就很高。

第二，老年贫困较明显地表现为多维贫困。除了经济贫困外，老年人口还普遍面临身心健康、生活照料、住房保障、社会参与等方面的困境。有实证研究发现，老年人在养老服务、精神状态、社会参与三个维度上的贫困发生率，均高于经济收入维度的贫困发生率（韩振燕、夏林，2019）。老年人的非经济贫困现象需要引起我们的高度重视。

第三，农村老年贫困状况比城市更为严重。由于农村经济发展水平较大程度落后于城市，再加上农村养老保障与公共服务体系较为滞后，导致农村老年人群相比城镇老年人群陷入贫困的比例更高。例如，在经济状况方面，农村老年人认为自己经济比较困难、非常困难的比例分别是27.82%和5.48%，而城市老年人的这两项比例分别为16.76%和3.19%。再如，在健康状况方面，农村失能与半失能老年人口比重为12.5%，超过城镇2.7个百分点；农村老年人健康自评为一般以下（比较差和非常差）的比重是30.3%，比城镇高10.6个百分点②。在其他绝大多数指标上，农村老年贫困率均不同程度高于城镇。

第四，老年贫困状况有较高程度的区域不平衡性。受自然条件、资源禀赋、经济社会发展水平等诸多因素的影响，中国老年贫困的区域差异性较为突出，尤其是在农村。无论是贫困率、贫困度还是贫困持续性上，总体上都呈现出由东向西渐次递进的空间格局，这使得中西部地区面临更高的老年贫困治理成本。进一步考察，在内陆地区内部，民族、边疆地区的老年贫困形势也比一般地区更显严峻。

从今后变化趋势来看，在2020年消除绝对贫困后，老年贫困将转向以相对贫困为主，治理老年贫困的重点也将聚焦到缓解多维相对贫困上。人口持续老龄化将造成抚养比趋于上升，使养老保险金收支平衡压力增大，由此可

---

① 数据来源于全国老龄工作委员会的《第四次中国城乡老年人生活状况抽样调查数据集》，华龄出版社，2018年。

② 数据来源于全国老龄工作委员会的《第四次中国城乡老年人生活状况抽样调查数据集》，华龄出版社，2018年。

能带来养老金增幅的下降①。这一方面会推动老年人与中青年人之间收入差距的扩大，另一方面会使收入较低且对养老金依赖度较高的老年人发生经济困难。人口老龄化的过程，不仅表现为60岁及以上老年人口比重的提高，还表现在老年人口内部结构的变化上。随着人均寿命的延长，老年人口中低中龄老人占比下降、高龄老人占比上升是一个基本趋势。高龄老年人口增长的加快，将使健康、失能等方面的老年贫困风险骤增，并导致医疗费用、长期照料问题更加凸显。另据学者预测，未来中国丧偶老年人口的总量将快速增长，到2050年达到11840万人，是2010年的2.5倍（王广州、戈燕霞，2013）。失去配偶会给老人日常生活带来更多不便，并加剧其精神上的失落孤独。丧偶老人数量的增长，很可能会提升老年贫困的总体风险水平，同时使今后的养老压力变得更加沉重。

二、中国老年贫困问题的一般性和特殊性

老年贫困是一种全球性的现象，中国的老年贫困问题在很多方面与国外是相同或相似的。究其原因，在于老年贫困的形成具有一定的客观规律性。由于步入老年期后生理机能衰退是诱发老年贫困的直接原因，而衰老又是人类无法抗拒的，因此各国都会面临老年人群的贫困风险问题。由生理机能衰退所导致的收入来源减少、健康状况下降、自理能力变弱、医疗和护理支出上升等老年贫困风险因素，在各个国家均不同程度地存在着。另外，无论在哪个国家，老年贫困都以多维贫困形式表现出来。除了收入、财产等经济资源的短缺外，健康、精神、生活照料、社会参与等方面所处的困境同样构成了老年贫困的主要内容。Gorman & Heslop（2002）的跨国经验研究也证实，老年人的贫困不仅反映在收入和消费维度上，还体现在健康、医疗、护理、社会支持等多个维度上。再从人口学特征角度看，各国的老年贫困也呈现出一些带有普遍性的特点，如女性老人、高龄老人、受教育程度较低老人，相比男性老人、低龄老人、受教育程度较高老人更容易遭受贫困的冲击。认识

---

① 事实上，近年来已经出现了养老金增速放缓的现象。国家养老金的增幅，从2005年到2015年一直保持在10%以上，但到了2016年下降至6.5%，2017年进一步下滑到了5.5%，2018年和2019年更降低为5%。据有关报道，2020年的养老金增幅依旧会下降。

全球老年贫困的一般性规律与共性特征，有助于我们更好把握老年贫困的本质与成因，并合理借鉴相关国际经验用于解决本国的老年贫困问题。

但另一方面，中国的老年贫困问题也有诸多不同于别国的特殊性。中国老年贫困现象的形成，除了老龄化与老年人生理上的客观原因外，相当程度上还是中国特定制度环境与转型发展带来的结果。老年贫困与养老模式有较密切关系。长期以来，中国的养老模式以家庭养老为主，尤其是在农村。但近年来，中国的家庭养老功能逐渐弱化，而社会养老体系尚不健全，导致老年多维贫困风险趋于上升。结合制度政策因素与经济社会转型分析，家庭养老功能的日渐弱化，主要源于以下两大原因：首先，实行了40年的计划生育政策改变了人口结构，使家庭出现了规模小型化、少子化现象，削弱了子女对老年父母的支持能力（特别是在生活照料方面）。尽管2015年后开始全面实行二孩政策，但该政策对家庭代际支持的影响，要到21世纪中叶才能显现。其次，随着城市化、工业化加快推进，人口尤其是劳动年龄人口的跨地区转移和流动增多，导致留守老人和空巢老人大规模涌现，并呈现出继续增长趋势。留守和空巢老人群体，较容易面临生活照料乏人的困境，也容易在心理健康方面产生问题，陷入非经济贫困的概率更高。然而，在传统家庭养老功能趋弱的同时，社会化养老服务供给却跟不上日益增长的老龄服务需求，由此加剧了老年人的贫困脆弱性。此外，中国农村老年贫困的发生率和贫困度之所以比城镇高得多，同城乡二元经济社会结构特别是城乡二元养老制度密切相关，这也是中国老年贫困特殊性的一个重要表现。就老年人的社会保障来讲，虽然农村已建立起了现代社会保障体系，但在保障水平上仍远远落后于城镇。以公共养老金为例，绝大多数农村地区老年人每个月领取的基础养老金仅有百余元，在保障老年人的晚年生活质量、抵御老年贫困风险方面所起的作用微乎其微（姚玉祥，2019）。中国老年贫困问题所具有的种种特殊性表明，应对我国老年贫困现象必须立足本国国情，结合实际情况探索本土化的解决方案。

三、后脱贫时代建立健全老年贫困防治体系的设想

在老龄化程度持续提升、养老需求快速增长的趋势下，老年贫困问题将变得更加突出，应对老年贫困的任务也将随之加重。在2020年全面建成小康社会之后，老年贫困治理须有更高的目标定位，以减轻老年多维相对贫困为

重点，坚持预先防贫和事后扶贫相结合、普惠和特惠相结合，以积极老龄化理念推进老年能力贫困治理，充分发挥个人、家庭、政府与社会的协力作用，着力构建起更全面更高质量的老年贫困防治体系，使老年人远离贫穷、摆脱困境，让所有老人都能老有所养、老有所依、老有所乐、老有所安，安享幸福晚年。

1. 做好老年贫困的早期预防工作

在生命历程视角下，老年贫困现象的产生不仅与老年期有关，也同中青年时期的生活状态有密切关联性。某些老年阶段的贫困实质上是早年贫困的延续，即“延续性贫困”（徐静、徐永德，2009）。例如，一个人在中青年时期长期处于低收入状态，那么在步入老年后仍会大概率遭遇经济上的窘困。还有一些非老年阶段的潜在风险因素，随着时间积累，也可能会在老年期显性化为某种形式的贫困。较典型的例子，就是年轻时有不良健康习惯者，年老后就容易陷入健康贫困。为此，要从关注生命周期全程出发，积极做好老年贫困的早期预防工作，努力让社会成员以非贫困状态步入老年期，同时尽力在前老年期事先消除或减弱可能引发老年贫困的风险因素。就具体政策而言：要实行积极的就业政策，促进长期失业人口再就业，防止长期失业人员今后成为老年贫困人口；巩固和提高社会养老保险参保率，增强灵活就业人员参保积极性；通过金融制度创新促进中低收入者的资产积累，提高其步入老年期后的抗风险经济能力；宣传和倡导“有备而老”的家庭与个人规划，加强老年准备期①在经济资源、健康保健、精神心理等方面的准备工作。

2. 拓宽中低收入老年人的增收途径

通常而言，收入水平较低的老年人往往面临更高的贫困脆弱性。对于该群体而言，提高他们的可支配收入水平，不仅有助于摆脱经济贫困，而且能更好满足医疗、护理等方面的支出需求，进而全面提高生活质量、有效缓解与克服多维贫困。所以，要帮助中低收入老年人群体充分挖掘增收潜力、拓宽收入来源渠道，增强抵御贫困的经济能力。在劳动收入方面，要鼓励低龄健康老人再就业，引导企业或社会组织开发一些适合老年人身心特点的劳动就业岗位，积极为老年人开辟更多再就业渠道；对于农村有一定劳动能力的贫困老人，可为其量身打造轻体力的产业扶贫项目（如庭院经济扶贫项目

① 大致在退休前的10年左右进入老年准备期。

等），增加他们的经营性收入。在财产性收入方面，要因地制宜开展资产收益反贫困，老人可以将自有资产或政府赋予的资产（如财政扶贫资金）作为股份参与产业投资开发并获得相对稳定的资产收益。在转移性收入方面，可向经济困难的特殊老人①提供专项补助，为其购买护理、康复保健、日间照料等养老服务给予经济支持；探索将儿童看护作为社会服务纳入政府补贴范围，为老年人照料儿童提供适当的财政补贴。

3. 织密城乡老年社会保障安全网

以养老保障和医疗保障为重点，进一步完善城乡老年社会保障体系，着力补齐农村养老保障的短板。要继续优化基础养老金和最低生活保障金的动态调整机制，提高城乡居民基础养老金标准，缩小城乡居民养老金和城镇职工养老金的差距。鼓励集体经济发展较好的农村地区，从集体收益中提取一定比例设立集体养老金，其中一部分以等额福利金形式向本地全体老人发放，另一部分专门用于补助生活困难的老人。在地市级层面统一高龄津贴标准，规范津贴发放。基于老年人医疗需求比其他年龄段人群更高的特点，建议今后医疗保障改革的制度设计适度向老年群体倾斜，构建起老年人优先的医保体系。提高对贫困老人的医疗保险补偿水平和医疗救助标准，使老年人有效摆脱贫病交加困境。探索建立长期护理保险制度，在试点初期先以重度失能老人为保障对象，以后再逐步扩大范围至中度和轻度失能老人。建设同经济发展水平相适应的老年福利体系，在未来一段时期，老年福利应以保障中低收入老人基本需求为主，以满足高收入老人个性化需要为辅。加大对经济落后地区的社会保障财政转移支付力度，增强财力短缺地区的老年社会保障财政供给能力。

4. 创新养老模式，破解养老困境

传统家庭养老功能的弱化有其客观性，但这并不意味着否定家庭养老的基础性地位。中国人的家文化观念根深蒂固，赡养老人也是子女的法定义务，家庭养老在今后仍需发挥重要的基础性作用。政府可制定相关政策加大成年子女对老年父母的代际支持力度，如为家庭主要照顾者提供补助、鼓励农业转移劳动力返乡创业就业等。另一方面，要加快完善社会化养老服务体系，重点保障老年人基本养老服务需求；同时，针对特殊困难老年人群体建

① 主要包括失能老人、失智老人、残疾老人、高龄老人等。

立基本公共服务制度，为他们的基本生活进行兜底保障。社会养老服务体系建设要坚持走多层次、多元化之路，提倡大力发展居家养老模式。积极探索新时代的养老新模式，如发扬农村邻里互助优良传统、发展各种形式的互助式养老等。

第四节 治理农业转移人口贫困

在城市化与城乡二元结构转变过程中，中国形成了规模庞大的农业转移人口群体。据统计，截至2019年末，农业转移人口总量已经达到了2.9亿人①。受城乡二元制度分割与传统城镇化模式等因素的影响，农业转移人口的市民化进程受阻，制度贫困和权利贫困现象较突出。农业转移人口占城市贫困人口的比重约为40%②，已成为城市新增贫困人口的主要来源之一。坚持走以人为本的新型城镇化道路，加快农业转移人口市民化进程，消除城市内部的二元结构，是治理好农业转移人口贫困问题的关键，这对缓解城市贫困、实现城乡融合发展均有重要意义。

一、对农业转移人口贫困状况的基本研判

第一，绝对收入贫困早已基本消除，但相对收入贫困现象仍将长期存在，且收入贫困脆弱性较高。从收入方面看，随着农业转移劳动力工资的持续较快上涨，农业转移人口的收入水平不断提高，在多年前就已基本消除了绝对贫困。2014年农业转移人口的收入贫困率，以现行农村贫困标准衡量仅为0.17%；以全国城市低保平均水平及其1.5倍为标准衡量，分别只有0.2%和0.38%（贺坤、周云波，2018）。即使按世界银行3.2美元/天的较高标准测度，2015年农业转移人口的收入贫困率也不过2.07%（陈志钢等，2019）。事实上，农业转移人口只要获得工作，几乎都能摆脱绝对收入贫困状态。但是，同城镇居民比较而言，农业转移人口的相对收入水平依然较

① 《农民工总量达2.9亿人 人社部"六个一批"促其就业》，央视网，2020年2月28日，http://m.news.cctv.com/2020/02/28/ARTIIrRNkOSYrLJCFO430E8j200228.shtml。

② 转引自雷明、李浩：《新型城镇化与减贫发展》，湖南人民出版社，2018年。

低。2015 年以来，农业转移劳动力相对于城镇职工的劳动收入，还出现了连续多年下降的趋势（见图 9－2）。农业转移人口收入水平相对偏低，同劳动力市场不平等、人力资本差距等因素有关，而这些因素又难以在短期内消除，这决定了农业转移人口相对收入贫困现象将在较长一段时期内存在。另外，由于就业稳定性不强，劳动收入受经济波动的影响较大，再加上财产性收入和转移性收入较少，导致农业转移人口面临较高的收入贫困脆弱性。

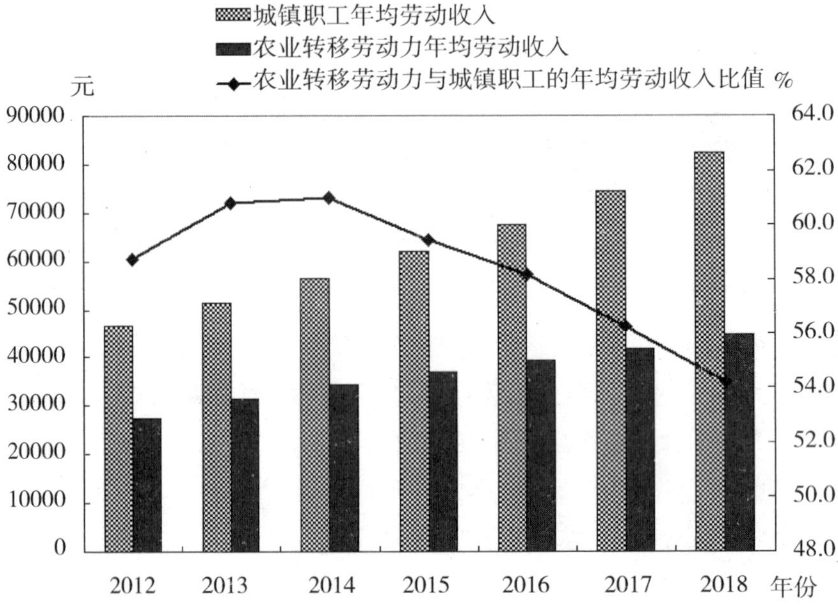

图 9－2　农业转移劳动力与城镇职工的劳动收入差距

资料来源：根据相关年份的《农民工监测调查报告》与《中国劳动统计年鉴》相关数据计算。

注：城镇职工年均劳动收入用城镇单位就业人员年平均工资衡量，农业转移劳动力年均劳动收入＝农民工月均收入×12，两个指标虽不完全可比，但依然能大致反映两类人群的劳动收入差距。

第二，非收入贫困问题突出，成为制约生活质量提高的主要因素。（1）消费支出。由于家庭抚养赡养负担较重、未来预期不稳定，很多农业转移劳动力采取了节衣缩食的生活方式，使得消费贫困率大幅高于收入贫困率（郭君平等，2018）。与城镇居民相比，农业转移人口的居住消费支出占比明显偏高，几乎占了全部支出的近一半①。居住成本过高，对其他方面的日常消费产生了挤压。（2）生活条件。到2018年，农业转移人口住房中无洗澡设施、独用厕所的比例依然分别高达17.9%、28.1%；此外，还有4.4%的农业转移人口人均居住面积不到5平方米②。（3）社会保障。农业转移劳动力参加城镇职工社会保险的情况并不理想，参保率总体上偏低。据江西省的调查统计，2019年单位或雇主为该省受雇外出农业转移劳动力缴纳养老保险、医疗保险与失业保险的比例，分别仅为13.8%、14.8%和10.8%③。（4）健康和教育。近2/3的流动人口未在流入地拥有居民健康档案④，有不少数量的农业转移劳动力几乎从未做过体检。农业转移人口随迁子女入学难、费用高现象依然存在，学龄前儿童入园率偏低；有15%左右的随迁子女在民办学校接受义务教育，但民办学校的软硬件配置相比公办学校有一定差距，教育质量难以得到充分保障。（5）其他方面。农业转移人口充分融入城市社会还面临一些障碍，其精神文化生活也显得比较单调匮乏。

第三，不同维度贫困的变化趋势出现一定分化，大多数指标改善明显，一些指标变化不大，同时也有部分指标走势不容乐观。农业转移人口的绝对收入与消费水平增长较快，绝对意义上的收入贫困与消费贫困大幅缓解。农业转移人口的居住条件，近年来也有了较多改善。从2015年到2018年，人均居住面积在5平方米及以下的比例，从8.3%下降至4.4%；无洗澡设施的比例，从24.9%下降至17.9%；不能上网的比例，从21.6%下降至7.9%⑤。但是，也有某些领域的反贫困成效不够理想。例如，农业转移劳动力的受教育程度仅略有提高，教育人力资本不足问题未明显改观。初中及以下文化程度所占比重，仅从2011年的74.8%小幅下降到72.5%⑥，变化幅度很小。还有少数指标出现了一定程度的恶化，需要引起重视。一是与城镇职工相比

① 2015年，城镇居民的居住支出比例是22.1%，而同年外出农民工的居住支出占比高达46.9%，比前者高出了24.8个百分点。数据来源于《2015年农民工监测调查报告》和《中国住户调查年鉴（2016）》。

② 数据来源于《2018年农民工监测调查报告》。

③ 数据来源于国家统计局江西调查总队《2019年江西农民工监测调查报告》。

④ “研究显示青海流动人口卫生计生获得感明显增强”，中国新闻网，2017年3月3日，http://www.chinanews.com/jk/2017/03-03/8164948.shtml。

⑤ 数据来源于相关年份的《农民工监测调查报告》。

⑥ 数据来源于相关年份的《农民工监测调查报告》。

较，农业转移劳动力的相对收入水平，自2014年后由升转降，收入差距趋于扩大。二是不少地区农业转移人口的城镇社保参保率，在连续多年上升后在近两年显现出下降迹象。如2019年河北省农业转移劳动力的“五险一金”缴纳率全面下降，其中降幅最大的养老保险下降了7.4个百分点①。三是农业转移劳动力未签订劳动合同的比重有所上升。外出农业转移劳动力中没有劳动合同的比例，从2009年的57.2%攀升到了2016年的61.8%②。

二、农业转移人口制度贫困有待进一步纾解

农业转移人口是在城乡二元经济社会结构下所形成的特殊群体，该群体贫困的产生，与城乡二元制度体系密不可分。城乡分割的制度藩篱是导致农业转移人口权益得不到充分保障的根源，农业转移人口贫困很大程度上是制度因素引发的贫困，对此学界已经形成了基本共识。二元户籍制度在城乡二元制度体系中处于核心地位，其他二元经济社会制度都是以二元户籍为基础的，城乡居民享受的公共服务也大多同户籍捆绑在一起。大多数农业转移人口虽然在城市工作和生活，但因户口仍在农村，无法和当地城镇居民一样平等享受就业、劳动报酬、社会保障、子女教育、医疗等方面的待遇，难以真正融入城市社会。长期以来，农业转移人口的制度贫困表现在多个维度：在就业和劳动报酬上，由于劳动力市场分割，大多只能在次级劳动力市场上谋生，从事工作的稳定性较差、待遇偏低，同工不同酬现象时有发生；在社会保障上，难以正常参加并享受城镇职工基本社会保险，获得城市社会救助也比较困难；在教育和医疗上，上学难、看病贵的问题比城镇居民更加突出。对农业转移人口不公平的各项制度，不仅制约了该群体的收入增长、加重了支出负担，也阻碍了他们生活质量提升与未来向上流动。

随着农业转移人口制度贫困及其负面效应的凸显，国家开始转变传统的城镇化模式，通过推进新型城镇化建设，促进农业转移人口的市民化，由此改善这一社会群体在城市就业生活的制度环境，逐步实现其与城镇居民的权利平等。总体而言，相关的改革举措主要沿着四条路径展开：一是改革城乡二元户籍制度。2014年后，在全国范围内推动建立城乡统一的户口登记制

① 数据来源于国家统计局河北调查总队《2019年河北省农民工就业情况监测报告》。

② 数据来源于相关年份的《农民工监测调查报告》。

度，取消了农业户口与非农业户口的性质区分，统一登记为居民户口。二是逐步放宽落户条件。允许符合一定条件的农业转移人口，在常住地转为当地的城市户籍。三是将农业转移人口纳入城市公共服务体系范围。主要措施包括保障农业转移人口随迁子女就地平等接受义务教育、将农业转移人口列入城镇社会救助对象范围等。四是保护农业转移人口在城市的合法权益，取消歧视性、排斥性的政策规定，制止各种侵权行为。如全面清理对外来务工人员的收费、建立健全工资支付保障制度、重拳整治恶意欠薪等。通过上述改革举措，针对农业转移人口的保护政策日趋体系化、规范化，相比城镇居民待遇不公的问题有所改观，农业转移人口制度贫困得到了一定程度的缓解。

然而，现行改革从成效上看仍有较大局限性。虽然目前已取消农业和非农业户口之分，但这毕竟只是户籍登记形式上的变化，不会直接消除与户籍相关联的福利待遇不平等现象。放宽落户条件采取的是渐进式、选择性吸纳的模式，在中小城市放得相对较宽，但大城市依然较严格管控户籍，落户政策主要面向高端人才、企业家和投资者，普通的农业转移劳动力很难满足条件。此外，经过前期一系列改革后，农业转移人口也仅仅是在有限范围内、有条件地平等享受城镇公共服务，且不同地区的实际保障程度有所差异，离全面实现权利平等依然有较大差距。总体而言，当前农业转移人口面临的制度贫困问题，仍有以下四大症结有待消解：（1）制度覆盖不充分，只有部分人受益。例如，近年来政策已允许农业转移劳动力参加城镇职工社保，但主要面向与用工单位签订了劳动合同或存在事实劳动关系的受雇人员。由于农村外出务工人员中正式签订劳动合同的比例不高，再加上“事实劳动关系”现实中难以界定，导致相当一部分农业转移劳动力并未享受城镇职工社保。（2）获得平等待遇的门槛较高、限制较多。在农业转移人口申请落户、保障性住房及随迁子女入学等方面，一些城市设置的条件较为苛刻，这无疑降低了公共服务的可及性。（3）现行政策未能很好落实，实际成效不够理想。有些旨在保障农业转移人口权益的政策，因缺乏配套措施或管理能力不足等原因，最终效果大打折扣。如在农业转移劳动力社保关系跨区转移方面，社保待遇较高地区往往不愿意接受社保待遇较低地区转移过来的社保关系，转出地和转入地信息对接不畅通的问题也不少见。另外，还有部分政策在执行中出现偏差，背离了政策目标。以保障农业转移人口随迁子女在当地平等接受义务教育的政策为例，某些地区的中小学尽管按政策规定接纳了当地农业转移人口的随迁子女，但却将他们单独分班教学，人为造成区别对待和歧视，这同样违背了教育公平原则。(4) 改革带来的收益不明显。由于地方政府财力等方面的限制，用于农业转移人口的公共服务投入虽有增长但仍显不足，农业转移人口的获得感仍需进一步提升。

三、农业转移人口市民化成本问题及解决思路

对于农业转移人口来讲，推进市民化与纾解制度贫困本质上是一致的。市民化要求消除二元不平等制度引发的贫困，而对制度贫困的治理也依赖于市民化措施的实施。在推进农业转移人口市民化的过程中，市民化成本①问题受到广泛关注并成为新型城镇化建设中的一个难点问题。因担心无法负担过高的成本，地方政府普遍缺乏主动推进市民化的积极性与动力。作者认为，市民化确实会增加相关成本，但不能错误地夸大，特别是要防止高估财政成本。对于农业转移人口净流入规模较大、财政支付压力较重的地区，也是可以通过财政制度的适应性变革来化解困难的。

1. 准确理解与科学估算市民化成本

农业转移人口市民化是农村居民转变为城市居民，和城市居民完全同等享受各种经济社会权利的过程，市民化成本可理解为在此过程中同农业转移人口相关联的私人产品与公共产品②消费成本的变化。要准确把握市民化成本的内涵，需要注意以下几方面的要点，从而避免认识上的误区：(1) 市民化成本是一个净成本概念。测算市民化成本，不能仅计算城市新增的成本，还应当将转移人口原先在农村的相应成本扣减掉，即市民化成本实际上是进城前后总消费成本③的差额。如果不扣减原成本，会导致在总体上高估市民化成本④。(2) 分清私人成本与公共成本。农业转移人口进城后，与其相关的私人产品、公共产品的消费成本变化，分别构成私人成本与公共成本，财政负担的增加主要与公共成本有关。(3) 划分两类公共成本。中国的农业转移人口市民化进程分为两个相对独立的阶段——先是地域和职业转换，接着

① 为了使表述简便，本书将农业转移人口市民化成本简称为“市民化成本”。

② 私人产品与公共产品既包括实物也包括服务。

③ 私人产品与公共产品的消费成本之和。

④ 由于人口转出地和流入地的不一致，就特定地区而言，会出现城市新增成本上升与农村原有成本下降显著不平衡的现象，这需要政府间财政体制的优化设计来解决。

才是户籍与身份转变，当前及今后的重点是实现第二阶段的目标。有些市民化公共成本，只同人口流入有关而与流入人口的户口状况无关，如有集体消费特点的城市基础设施、公共安全等公共产品的提供成本。真正受落户与权利均等化影响的公共成本，主要涉及二元制度体系中排除外来人口受益的那些公共产品，主要包括义务教育、社会保障（含住房保障）、就业服务与培训等。(4) 区分即期成本和远期成本。市民化成本的支付是一个长期过程，并非一次性完成。如养老保障财政支出，在短期内不会有明显增长。

由上可见，对市民化成本的估算，需要在分清成本类型的基础上进行。未来市民化所引发的新增财政成本，主要来源于义务教育、社会保障、就业服务与培训方面的福利均等化改革。另外，在让农业转移人口平等享受城镇公共服务上，中国采取的是“渐进式”的改革办法，在政策操作上体现为逐步放开限制、逐步扩大范围。这种策略实际上也拉长了市民化财政成本支付的时间，有助于减轻短期的财政负担与压力。与这种渐进策略相对应，我们应结合改革的阶段性方案，对市民化成本进行分期测算；同时，还可以根据测算出的预期成本，反过来合理控制改革的推进节奏，确保各阶段成本负担不超出承受范围。

2. 进一步优化市民化成本的分担机制

建立健全市民化成本分担机制，涉及两个层面的制度设计：一是市民化成本在政府、企业和个人（农业转移人口）间的分担；二是市民化财政成本在政府内部的分配。市民化成本在政府、企业与个人间分担方式的选择，主要依据的是市民化成本的类型。市民化的私人成本，总体上依靠市场机制解决，一般由转移人口与雇佣企业负担，以前者为主。其中，企业负担私人成本是通过支付和提高劳动报酬形式间接实现的。不过，对于基本生活有困难的农业转移人口，政府也有职责在私人消费上施加必要救助。市民化的公共成本，政府是最重要的负担主体，同时也需要企业、个人承担一定成本。三者间的具体分担方式，取决于公共成本或公共产品的类别。在义务教育和最低生活保障方面，通常由财政支付全部成本；在社会基本养老保险和医疗保险方面，由企业和个人按规定缴费，财政给予一定补助；在劳动力培训上，可根据项目性质，由政府与企业确定比较合适的成本负担比例。

在政府内部合理分配市民化的财政成本，关键是进一步理顺政府间的财政关系：(1) 深化基本公共服务领域各级政府间事权与支出责任划分改革。

根据公共支出的受益范围优化调整各级政府分担比例，着力细化省以下各级政府在主要公共服务项目上的责任划分。今后随着人口流动的加剧，公共产品外溢性会增强，为此，建议适当提高中央和省级政府在共同事权中的负担比重。（2）不断完善同农业转移人口市民化相挂钩的财政转移支付制度。在推进市民化的过程中，各地发生的跨省和省域内农业转移人口的市民化财政成本，分别通过中央和省级政府的专项转移支付来弥补。对下级政府转移支付的规模，要综合考虑下级政府辖区内农业转移人口的流入数量、流出数量以及当地城镇公共服务标准等因素来确定。一般而言，财政转移支付规模应与流入人数和公共服务标准正相关，而与流出人数负相关。（3）创新地方政府的融资机制。对于条件较成熟的地区，在确保“风险可控、专款专用”的前提下，可探索发行农业转移人口市民化专项债券，主要用于建设周期较长的公益性投资项目，这也是弥补市民化财政成本资金缺口的一种可行途径。

四、对农业转移贫困人口进行重点帮扶的对策措施

农业转移人口作为一个整体，与城镇居民相比总体上属于相对贫困群体。然而，农业转移人口生活水平的内部差异也很大。治理农业转移人口的贫困问题，一方面要努力消除该群体普遍面临的制度贫困与权利贫困，另一方面要对其中生活特别困难的部分人群（即农业转移贫困人口）进行重点帮扶。可将城镇低保户的认定标准作为识别农业转移贫困人口的基本依据，同时结合农业转移人口生活特点，将居住条件、健康状况等因素作为贫困认定的辅助标准。由政府相关部门（扶贫办①、民政、公安、人社等）牵头，与用工企业、社区进行协作，逐步建立城镇农业转移贫困人口信息系统，作为城乡贫困人口信息系统的一个子系统，为开展精准化帮扶工作提供信息支持。

对农业转移贫困人口进行帮扶，可采取以下几方面的重点措施：第一，降低城市实际生活成本。完善公共就业服务体系，规范营利性职业介绍机构的服务收费，减少农业转移劳动力就业搜寻成本；对住房困难的低收入农业转移人口发放住房租赁补贴；对跨省务工的贫困劳动力给予交通补贴；推动就近就地城镇化，鼓励贫困劳动力在户籍所在地城市就近就业。第二，提高

---

① 根据第七章提出的改革建议，扶贫办今后将转变为反贫困管理局。

个人成本负担能力。加快农村土地产权制度改革，运用市场机制解决农村土地退出问题，允许在城市安家落户的农业转移人口通过交易中心挂牌转让承包地（谭崇台、马绵元，2016）。通过携资进城增强农业转移贫困人口负担城市生活成本的能力。第三，保障劳动就业基本权利。在城乡劳务协作中优先安排农村贫困户就业；健全最低工资标准合理增长机制，进一步加强农业转移劳动力的工资支付保障；对遭受劳动侵权但无力支付诉讼费用的农业转移贫困劳动力，及时给予法律援助和救济。第四，赋予享有基本公共服务的优先权。为农业转移贫困劳动力优先提供定岗定向培训，优先保障其随迁子女接受义务教育，优先分配廉租房等保障性住房①。第五，加强人文关怀和精神帮扶。努力在全社会形成关爱农业转移人口的氛围，工会等相关部门要积极组织开展关爱行动，重点聚焦生活有困难的转移劳动力；坚持精神帮扶与物质帮扶相结合，鼓励农业转移贫困劳动力参加业余学校学习和集体文体活动，促进精神文化脱贫。

① 这里的优先是相对于农业转移非贫困人口而言的。

第十章

重塑与完善贫困治理体系

治理是个人和公共或私人机构管理其公共事务的诸多方式的总和，它是使相互冲突的或不同的利益得以调和并且采取联合行动的持续的过程（Commission on Global Governance，1995），其特点体现为公共事务管理主体的多元性、参与性及协调性。各个国家的反贫困工作，均是政府、企业、社会组织、公民个人等多元主体共同参与和实施的①，在此过程中涉及不同主体间关系的协调、多渠道减贫资源的统筹。可见，反贫困具有鲜明的“治理”意蕴。党的十九届四中全会作出了推进国家治理体系和治理能力现代化的决定，贫困治理是国家治理的重要组成部分，没有贫困治理体系和治理能力的现代化，就谈不上完全意义上的国家治理体系和治理能力现代化。在完成脱贫攻坚目标、进入反贫困新阶段后，要根据贫困形势变化与减贫新目标定位，加快贫困治理体系的适应性调整与变革。后脱贫时代重塑与完善贫困治理体系，应围绕推进贫困的常态化治理、强化贫困的整体性治理、健全贫困的多元协同共治三大重点任务展开，这对提高国家贫困治理能力、实现国家治理能力现代化将产生深远影响。

第一节　推进贫困的常态化治理

在脱贫攻坚阶段，为了确保按时完成任务，国家采取了超常规的扶贫举措，采用了较多的“超常规治理”手段。超常规治理在产生立竿见影效果的同时，也暴露出一些内在缺陷。进入后脱贫时代后，随着减贫形势的变化，

---

① 当然，不同主体在反贫困中的地位和作用存在较大的国别差异。

应淡化减贫中“超常规治理”的成分，积极推动贫困的常态化治理。要通过构建新型常态化贫困治理机制，将新时期的反贫困工作纳入制度化、法治化、民主化的轨道。

一、脱贫攻坚中的超常规治理

党的十八大以来的精准扶贫精准脱贫，将打赢脱贫攻坚战作为各级党委和政府的重大政治任务，以举国动员的形式全力推进，带有较典型的超常规治理色彩。超常规治理的一些基本内核，如“用政治动员的方式集中与组织社会资源”（唐皇凤，2007）、“通过一致性行动方案来解决治理资源不足”（孙峰、魏淑艳，2017）、“在规则意识上强调刚性的政治意识”（魏程琳、赵晓峰，2018）等，在精准扶贫精准脱贫实践中多有体现。在脱贫攻坚过程中，中央设定了明确的减贫目标及完成时点，将打赢脱贫攻坚战、消除绝对贫困作为必须完成的政治任务。同时，各级党组织和政府依托自身权威性，广泛动员各方力量参与扶贫，集中人财物资源投入脱贫攻坚。这种举全国之力推进精准扶贫精准脱贫的行动，与超常规治理的权威主导、广泛动员、目标预定、手段强制、资源集中等核心特征相吻合。广泛存在的超常规治理行为，打破了原先常规化的科层扶贫机制，在减贫中形成了超常规治理与常规治理相混合的复合型治理模式（徐汉泽、李小云，2019）。超常规治理的嵌入，使脱贫攻坚在贫困治理的方式、手段和绩效等方面，呈现出诸多与以往阶段扶贫不同的特点。

在中国，超常规治理通常是国家为了适应赶超型现代化需要所采取的一种特殊公共治理方式。消除（绝对）贫困是现代化赶超的前提条件，中央把脱贫攻坚作为全面建成小康社会与实现第一个百年奋斗目标的重点任务，意味着减贫已经深度融入社会主义现代化进程之中。任何国家治理方式和公共政策的选择都受制于当时国家治理资源的存量与结构（唐皇凤，2007），中国脱贫任务重、时间紧，需要大量人财物的投入，扶贫资源供需矛盾较为突出。在此情形下，扶贫资源、减贫能力与限时脱贫目标不匹配的矛盾凸显出来，单独依靠常规式扶贫可能难以按时完成脱贫任务。将超常规治理引入精准扶贫，起到了迅速凝聚共识、集聚资源、形成合力的作用，较好克服了科层制常规治理中按部就班、责任推诿等问题，实现了扶贫资源“条”与“块”的配置重组，使减贫工作效能大幅提升。另外，超常规的贫困治理充分发挥出中国特色社会主义的政治优势和制度优势，使动员能力得到了最大限度的激发与释放，这种条件是其他国家所不具备的。由此可见，在脱贫攻坚中引入超常规治理模式，有其客观原因与现实合理性。从结果看，超常规治理与常规治理相结合的贫困治理模式，也使脱贫攻坚取得了巨大成效。通过采取一系列超常规的扶贫举措，精准扶贫精准脱贫攻坚阶段每年的减贫人数均超过1000万人①，完成了消除农村绝对贫困的历史性任务，并提前10年实现了联合国《2030年可持续发展议程》中的减贫目标。

二、超常规贫困治理的困境与转型

虽然超常规治理具有反应迅速、针对性强和效果立竿见影等显著优势，但也存在一些难以克服的缺陷，较典型的是以削弱制度、法规、合法程序为代价来换取治理的效益（黄科，2013），过度张扬工具理性的用途而陷入“头痛医头脚痛医脚”的治理困境（杨志军、彭勃，2013）等。从各地精准扶贫精准脱贫的实践来看，通过超常规治理来推动脱贫攻坚也暴露出不少问题。

超常规贫困治理带来的最突出矛盾，集中表现为基层在脱贫攻坚中的策略性行为及由此产生的负面影响。面临脱贫“军令状”和脱贫“锦标赛”的双重压力，基层政府不得不将完成各项脱贫指标任务摆在扶贫工作的首位，各项扶贫工作都围绕着指标任务转。至于扶贫举措的实际成效尤其是长期效果，在很多时候反而退居次位。在实地调研中，曾有贫困地区基层扶贫干部向作者坦言“扶贫中要做的事情多，具体做法也很多，做什么事以及怎么做，往往根据规定的指标任务来定”“有明确任务要求、指标上能体现出来的，用心用力多一些；非硬性任务、不容易直接反映出来的②，就往后放一放”，这实际上是对扶贫中策略性行为的一种直白表述。

超常规贫困治理中“上有政策、下有对策”的策略性行为，主要表现在以下几个方面：一是弄虚作假，以数字脱贫、合谋串通等方式应对检查与考核。这是最极端的策略性行为，给扶贫带来严重负面影响。例如，吉林长岭

---

① 2020年除外。

② 这是干部的原话，“不容易直接反映出来”主要指的是成效不能直观看到，或者在指标数据上不容易体现出来。

县某镇党委书记梁某临时借用100余头牛放在牛圈中，故意制造扶贫养牛项目“红火”的场景以应对上级检查①。二是形式扶贫，许多扶贫工作流于表面化、形式化。为了确保中央脱贫攻坚部署得到全面贯彻，精准扶贫强调“过程监督”“留有痕迹”，要求扶贫干部必须完成一系列规定动作②、提供大量过程性材料。这不仅加重了扶贫干部的负担，也滋生了各种形式主义，背离了“真扶贫”的初衷。尽管各级政府针对扶贫中的形式主义问题进行了整改，但整改仍多采用超常规治理方式，在反对形式扶贫中催生了新的形式主义。三是急功近利的短视行为，片面追求短期效果。当前的脱贫考核体系是围绕2020年全面脱贫目标而设计的，对脱贫成效的评价偏重于眼前。这种考核体系诱发了基层“短平快”的扶贫思维，求胜心切、好大喜功，盲目上各种扶贫项目，力争尽快完成指标。至于这些项目是否符合贫困主体需求、持续发展前景如何，则考虑得较少，造成了许多扶贫资源使用低效。

在脱贫攻坚期，超常规贫困治理效果立竿见影的巨大优势，一定程度上掩盖了这种治理方式的弊端。在实现全面脱贫目标后，由于不再需要通过超常规的动员机制与压力型体制来完成限期的减贫任务，采用超常规治理方式开展反贫困的独特优势将明显减弱。而在另一方面，超常规贫困治理中弄虚作假、形式扶贫和短视行为所造成的不良后果，给巩固脱贫成果、防止返贫与新增贫困带来了严峻挑战，影响到脱贫的质量与可持续性。超常规贫困治理的合理性，需要重新加以认真审视。

反贫困是一项长期性任务，不可能一直过于依赖超常规治理方式来解决，超常规治理的内在特点也决定了其难以发挥持续性的效果。2020年后反贫困的重点将转向治理相对贫困，与绝对贫困不同的是，相对贫困只能缓解而无法完全消除。治理相对贫困势必要打持久战，想和脱贫攻坚一样集中力量花几年工夫就解决相对贫困问题，是绝对不现实的。另外，跳出反贫困工作本身，从经济社会发展全局考虑，今后也需要重新调整反贫困与其他领域

---

①《吉林通报4起扶贫领域腐败和作风问题》，中央纪委国家监委驻司法部纪检监察组网站，2019年3月22日，http：//www.moj.gov.cn/news/content/2019－03/22/445_231124.html。

② 如不少地方规定了驻村扶贫干部每年走访结对帮扶贫困户的最低次数，还要求保留书面的走访记录。为了凑数完成规定动作，一些扶贫干部不得不“无事也登三宝殿”，无论自己还是贫困户都苦不堪言。

改革发展之间的关系。党的十八大以来，贫困地区将脱贫攻坚作为首要任务来抓，通过强有力的动员机制与整合机制，集中各种资源往扶贫领域倾斜配置。在资源有限的情况下，将人财物大量配置到扶贫领域，客观上挤占了其他领域的可用资源。以人力资源为例，目前驻村扶贫工作队的人员，大部分都是临时从各部门抽调来的，工作队员暂时与原单位脱离了关系。这种做法不同程度影响到人员派出单位的工作，甚至打乱了这些单位正常的工作秩序。所以，在完成脱贫攻坚任务后，通过超常规治理形成的人财物集中分配到扶贫领域的资源配置格局，有必要适时加以调整，这是促进经济社会各领域协调发展的需要。由上可见，后脱贫时代的反贫困工作应逐步纳入常态化的治理轨道，淡化减贫中“超常规治理”的成分，使贫困治理模式更好适应后脱贫时代贫困形势的变化与反贫困目标的转变。

三、构建新型常态化贫困治理机制

引入超常规治理并充分发挥其独特优势使中国的脱贫攻坚取得了全面胜利，为全面建成小康社会作出了重要贡献。然而，当绝对贫困逐渐成为历史、相对贫困成为贫困主类型后，有必要淡化贫困治理中的“超常规治理”内容，使反贫困工作过渡到常态化状态。不过，2020 年后贫困治理的常态化，并不是简单复归到精准扶贫精准脱贫前的扶贫模式。后脱贫时代常态化的贫困治理，应当是一种符合新时代中国特色社会主义发展要求的新型常态化治理模式，要在推进国家治理体系和治理能力现代化的总体框架中进行谋划，充分体现制度化、法治化、民主化的核心治理特征。这要求结合反贫困新方略的目标定位，对贫困治理的内容、手段和程序等要素作出适应性的调整与变革，使反贫困的效能得到持续提升。

后脱贫时代构建新型常态化贫困治理机制，前提是加强和改善党的领导、科学认识新时期反贫困的性质，两者分别构成新型常态化贫困治理的政治基础与思想基础。推动社会治理现代化转型必须坚持党的领导地位，这是社会治理现代化转型取得实质性成效的根本政治和组织保障。要在贫困治理中进一步落实党委“总揽全局、协调各方”的领导原则，为新时期反贫困指明方向路径，协调好各类反贫困主体间的关系，推动反贫困体制机制的完善与创新。广大干部群众要认识到后脱贫时代反贫困的长期性和艰巨性，避免沿用以往突击攻坚的办法来治理贫困，在日常反贫困工作中更加注重长期效果与可持续性。根据治理体系与治理能力现代化的基本要求，在新型常态化贫困治理机制的构建过程中，应加强系统治理、依法治理、综合治理与源头治理。要将反贫困作为一项系统工程统筹谋划，进一步完善大扶贫格局，综合运用各种手段开展防贫与扶贫，力求建立健全有助于消除贫困根源的体制机制，并逐步将贫困治理纳入法治化轨道。

构建新型常态化贫困治理机制的重点是实现政府反贫困职责的制度化、贫困人群主体性的建构以及贫困治理的法治化。一是政府反贫困职责的制度化。随着国家强动员贫困治理方式的逐渐退出，政府有必要重新审视其反贫困职责的边界。既要改变以往的“父爱式”扶贫理念，避免政府扶贫责任无限扩大，也要防止在贫困预防、兜底保障等方面的职责缺位。要着力摸清新时期政府在贫困治理中的“能力边界”，在减贫中做到既尽力而为又量力而行，同时引导市场与社会力量更好参与反贫困并发挥其各自优势。中央和各级地方政府需将贫困治理纳入日常工作职责中，构成本级政府的重要日常性工作内容（左停、苏武峥，2020）。为了适应贫困形势与反贫困要求的变化，还要及时对各级政府及其职能部门在反贫困领域的职责进行再界定，职责划分应力求科学化、精细化与规范化，由此推动政府贫困治理职责的制度化转型。二是贫困人群主体性的建构。脱贫攻坚取得成功，主要依靠的是扶贫主体的帮扶，更多归因于外部力量的推动，而贫困人群的内源发展动力相对偏弱。为了防止贫困人群对国家的过度依赖，使脱贫成果可持续并进一步有效缓解相对贫困，必须在贫困治理过程中激发贫困人群的主体性，使他们实现自我主体性的建构。这有助于将贫困人群从被动的帮扶对象转变为能动的实践者，成为贫困治理场域的重要行动主体（刘建，2019）。为此，要通过“赋权提能”来提高贫困人群的参与意愿和参与能力，不断创新参与式减贫模式，使贫困人口切实承担起反贫困的责任与义务。三是贫困治理的法治化。法律所具有的稳定性和规范性特征表明，只有将反贫困纳入法治化轨道，才能确保反贫困工作的常态化。要在制度层面推动贫困治理的法治化建设，加快反贫困立法工作步伐。建议由全国人大制定《反贫困法》或《贫困治理法》，为后脱贫时代的贫困治理奠定法制基础。要不断完善与贫困治理相关的法律配套制度，培养反贫困工作者的法治思维，更好运用法治化手段开展反贫困工作。

第二节 强化贫困的整体性治理

整体性治理作为公共治理的一种新范式，对完善贫困治理机制带来了有益启示。中国的反贫困实践也蕴含着丰富的整体性治理要义，在贫困治理中充分运用整体性治理方法有重要现实意义。当前中国扶贫工作中仍存在一些碎片化、分散化现象，表现在扶贫主体、资源与政策多个方面。2020 年后，要更好地运用系统性、整体性及宏观性思维研究解决贫困问题，着力通过深化改革与制度创新消除造成碎片化、分散化的体制因素，不断健全贫困的整体性治理框架，推动贫困治理能力的持续提升。

一、整体性治理视角下的贫困治理

在长达 20 余年的新公共管理改革后，自 20 世纪 90 年代中期开始，西方国家又兴起了一种新的公共治理范式——整体性治理，逐渐成为西方国家公共管理理论研究与实践中的一个前沿性课题。整体性治理着眼于政府的整体性运作，主张管理“从分散走向集中、从部分走向整体、从破碎走向整合”（竺乾威，2008），为公共部门改革提供了新思路。进入 21 世纪后，整体性治理思想的影响力越来越大，深刻影响了许多国家的政府改革实践与公共治理变革。有学者认为，整体性治理正成为继传统官僚制、新公共管理之后第三种典型的公共行政范式（彭锦鹏，2005）。近十几年来，整体性治理理论也受到了中国学界的广泛关注，有不少学者运用整体性治理理论分析中国公共管理各领域的问题。

虽然整体性治理的思想体系与实践模式均是西方政府再造的产物，其产生背景与中国行政改革的实践和制度背景有很大差异，但剔除政治体制因素，仍可从以协调与整合为核心的整体性治理中总结出对于中国政府改革的普遍性启示（胡佳，2010）。整体性治理理论对研究中国贫困治理问题也具有一定的启示价值，可以为贫困治理模式的选择提供理论分析框架。这主要是因为中国的反贫困有较明显的整体性治理色彩，今后贫困治理的目标方向也同整体性治理的理念和策略相契合，具体而言：第一，中国在长期减贫实践中坚持“三位一体”的大扶贫格局，强调通过整合机制将各种扶贫力量凝聚在一起，而协调整合机制恰恰是整体性治理的中心议题。第二，中国的反贫困以帮助解决贫困人口生产生活中的现实困难为导向，旨在提高贫困人口生活水平与质量；而整体性治理以公民需要为导向，着力解决公众关心的公共问题。可见，两者在基本目标上也是契合的。第三，整体性治理为公共治理提供了一种整体性思维，在解决全局性、复杂性问题中表现出独特优势。后脱贫时代中国多维相对贫困的成因复杂多样且处于动态变化中，只有通过多部门综合施策才能有效解决。在此过程中，就需要采取整体性治理的策略，对反贫困政策进行有效的整合，更好发挥政策协同作用。

从实践层面看，后脱贫时代在贫困治理中运用整体性治理方法也具有迫切性与可行性。以“三位一体”大扶贫、多部门联合扶贫为基础，中国已初步构建起贫困整体性治理的基本框架，但这一框架尚不成熟，在贫困治理中仍存在各种形式的碎片化、分散化现象，削弱了贫困治理体系的整体效能。整体性治理的出发点就是为了应对公共治理碎片化、分散化带来的挑战，不断发展的整体性治理理论与方法，为解决当前贫困治理的碎片化困境提供了有益的思路。进入反贫困新阶段后，迫切需要结合新形势与新目标，进一步完善贫困的整体性治理框架，通过加大整合力度、优化整合机制、改善整合效果，推动贫困治理能力的全面提升。较发达的信息技术是实现整体性治理的重要前提之一，现代信息技术的快速发展促进了高效的协调与整合，成为整体性治理理论成功付诸实践的关键所在（Dunleavy，2006）。当前，中国的信息化总体上已经达到较高水平①，随着“互联网+”战略的持续推进，现代信息技术将在经济社会各领域得到越来越广泛的运用，这无疑为开展贫困整体性治理创造了有利的技术条件。

二、加强反贫困主体的协同

政府、市场与社会等反贫困主体中的任何一个主体都无法单独扛起反贫困的重任，在长期扶贫实践中，中国逐渐形成了“政府主导、市场推动、社会参与”的大扶贫格局。在政府内部，不同层级政府以及各级政府不同部门都承担了一定的反贫困职责，初步形成了各司其职的分工合作减贫模式。但

① 《国家信息化发展评价报告（2016）》显示，中国信息化发展首次超越G20平均水平，位列全球第25位。

是，反贫困主体协同机制仍处于发展完善阶段，各种形式的扶贫主体碎片化现象依然常见，进一步提高反贫困主体的协同水平，是今后加强贫困整体性治理的首要任务。关于政府、市场与社会协同的相关内容，将在第三节详细分析，下面主要探讨政府内部贫困治理的协同问题。

在政府内部，由扶贫办系统负责专项扶贫，各职能部门①在不同领域开展行业扶贫。各职能部门在参与行业扶贫过程中，充分发挥了各自的专业优势，使扶贫资源的来源渠道大幅拓宽，对治理多维贫困起到了积极作用。然而，由于各部门分头管理，扶贫办与职能部门间、不同职能部门间的协调机制均不够完善，导致扶贫中出现跨部门、跨条线的碎片化治理问题：一是部门间缺乏信息沟通，存在扶贫“信息孤岛”现象。二是扶贫项目和资金安排不协调。不同部门的项目设置存在一定程度的重叠，有些部门专项资金下拨时间明显滞后，降低了扶贫资源使用效率，甚至导致扶贫资源的浪费。三是不同部门工作衔接不足。扶贫工作主要由扶贫办牵头，其他部门虽然也承担了一定的扶贫职责，但缺乏足够的扶贫动力，与扶贫办的配合度不高。例如，在产业扶贫中，扶贫办主要负责前期资金投入，但后期的技术指导、管理服务需要农业农村、科技等部门的支持。在不少地方，由于相关部门没有及时主动跟进，造成项目后期经营中许多问题得不到有效解决。进入反贫困新阶段后，面对贫困成因更趋复杂化、多维减贫要求进一步提高带来的挑战，迫切需要加强不同部门在贫困治理中的协作，建立健全多部门协同的贫困治理体系。这一体系由决策协商、信息共享、资源整合、政策衔接四大机制构成：首先，要通过部门联席会议等方式加强协商，明确目标、统一思想和行动，在协作事宜上形成基本共识与一致方案，克服部门决策分散主义和本位主义的弊端。其次，要加快破除部门间的信息壁垒，促进反贫困信息的跨部门共享，充分利用大数据等新技术建设信息共享平台，为部门间协同治理贫困提供技术支撑。再次，要推动反贫困资源的统筹利用，提高基层政府整合各类反贫困资源的能力，在选择扶贫资金使用方式时充分考虑规模效益因素。最后，要加强各部门反贫困政策设计的协调，着力增强政策间的衔接性，实现各类政策的高效耦合与互补，更好发挥政策“组合拳”作用。

在反贫困中不同层级政府间的关系方面，今后改革的重点是进一步扩大

① 职能部门指政府中除了扶贫办之外的其他部门。

县乡级基层政府的自主权并落实到位，减少上级条线任务和规定对基层自主性的掣肘。与中央和省市级政府相比，县乡级基层政府对本地实际贫困状况了解更多，更能摸准贫困主体的现实需求，对贫困治理中各类问题的反应也更加灵敏。但是，在现行的行政体制下，基层政府的日常扶贫工作主要是被动完成上级政府下达的各种任务，落实上级各部门安排的各类项目。当基层政府从实际情况出发需要调整执行方案时，往往较难与上级政府进行平等协商，自主权和灵活性受到较多限制。尽管近年来扶贫责任、权力、资金、任务“四到县”制度在各地全面推行，但县级政府实际自由裁量权依然比较有限，许多权限在落地过程中面临梗阻。至于乡镇级政府，更是以执行为主，缺乏决策权和调整权。治理贫困需要以充分的微观信息作为支撑，全面建成小康社会后，相对贫困人群发展性需求的个性化与多样化特点越加显著，具有信息优势的基层政府在今后反贫困中的重要性进一步凸显，县乡基层的贫困治理水平将对整个国家的贫困治理能力产生关键性的影响。虽然作为政权“末梢神经”的乡镇级政府比县级政府更贴近社会公众，但由于其拥有的机构和权力不完整且缺乏独立财权①，对贫困治理能力的发挥带来较大限制。而县级政权长期以来一直是中国最为稳定的基本政治单元与国家治理的基础单位，相比之下更适合担负起贫困治理的主要责任。所以，2020 年后可在延续“四到县”体制总体框架的基础上，进一步强化反贫困中县级政府责任主体和落实主体的地位。要在加强中央统一领导与省市级监督的前提下，合理扩大并充分落实县乡级政府在贫困治理中的自主权；要在反贫困资源使用上赋予县级政府完备的统筹整合权限，促进反贫困资源使用绩效的提高，使贫困治理能高效地回应与满足贫困主体的实际需求。

三、推动反贫困资源的整合

进入新世纪后，中国对扶贫瞄准机制进行了调整优化，瞄准对象从县域为主转变到村域为主再转向贫困户。扶贫瞄准层级与对象的不断下沉，提高了扶贫资源配置的精准度，使扶贫靶向偏移现象大幅减少。但是，这种精准分配到村到户的做法，也导致扶贫资源在使用中趋于分散化，难以发挥规模效应、集中效应与整体效应，最终产生碎片化的效果。这突出表现在两个方

---

① 在实行“乡财县管”财政体制后，乡镇级政府的独立财权就显著弱化。

面：一是以村庄为单位较孤立地配置资源，造成扶贫资源难以共享，也阻碍了跨村域问题的解决。在当前通行的扶贫资源配置模式下，输入到村庄的扶贫资源多在本村范围内封闭使用，村域间的资源流动和共享受到限制，不同村之间扶贫资源的统筹利用不足。二是大量扶贫资源分配到户后，无法集中起来使用，抑制了规模优势的发挥。例如，有些扶贫产业（如牲畜养殖业）宜采用适度规模经营的方式，对这类产业实行扶贫资金“打卡到户”，不利于形成规模经济，更难以打造品牌，最终不仅降低了资金的使用效益，而且影响到扶贫产业项目的可持续发展。

针对上述问题，有必要对当前以村和户为对象的瞄准式扶贫资源配置方式进行改革优化。一是促进反贫困资源的跨村域整合，推动跨村公共服务和设施的共建共享；鼓励村村联合发展扶贫产业，打造跨村域扶贫产业园，实现资源优势互补。二是合理确定适宜精准分配到户到人的扶贫资金类型。对贫困户进行精准帮扶，确保扶贫资金使用精准，其实质要求是使扶贫资金的效益充分惠及贫困户，不能简单以资金是否直接分配到户来衡量扶持精准与否。对于那些规模效应较明显的项目，从提高经济效益角度考虑，扶贫资金宜采用集中使用而非分配到户的办法。以需要规模化经营的扶贫产业为例，可将扶贫资金注入新型农业经营主体，由其负责产业项目的运营，同时建立新型经营主体与贫困农户的利益联结机制，将产业项目的带贫绩效作为确定对新型经营主体扶持力度的重要依据之一，以此引导和激励新型经营主体主动带动贫困农户增收致富，最终实现提高效率和促进公平的双重目标。

扶贫开发工作责任制从原先的“四到省”转变为“四到县”后，扶贫的责任、权力、资金和任务下放到了县，县级政府承担了扶贫的主体责任，在分配与整合扶贫资源中起着关键作用。县级政府虽有统筹扶贫资源的意愿，但由于资源来源分散、多头管理，在实际整合过程中仍面临诸多困境。第一，来源于企业、社会组织、公民个人的扶贫资源总量相当可观，但其用途主要由出资的扶贫主体决定，很多资源都是直接投向帮扶的村庄或家庭，政府并无直接干预的权限，难以对它们进行统筹使用。第二，在统筹政府内部扶贫资源上，县级政府依然存在不少困难。近年来，随着项目审批权的下放和资金使用自主权的增强，属于扶贫办系统的专项扶贫资金已大多由县级政府统筹使用，但来自各职能部门的行业扶贫资金，总体上还是延续了原有的条线管理方式，整合程度较低。各职能部门分别安排扶贫项目并据此下拨资金到县级政府后，这些资金在使用上仍受到职能部门管理办法的约束，并且要按职能部门制定的标准来考核。还有一些行业扶贫资金，由上级部门直接投向了乡镇或村庄，没有经过或仅是名义上经过县级财政。在此情况下，县级政府统筹使用不同部门资金的空间是比较有限的，项目资金短缺与项目资金闲置并存的现象依然大量存在。第三，县级政府在统筹扶贫资源过程中存在一些不当行为，造成资源的“再碎片化”。某些地区基层政府借灵活使用之名随意挪用扶贫资金，有的干部同乡村精英合谋攫取扶贫资源，这不仅加剧了扶贫资源的碎片化，而且导致扶贫资源偏离了其既定的目标对象。

在大扶贫格局下，反贫困资源来源渠道的多元化有其客观必然性。但是，源头上的分散化并不一定导致扶贫资源在使用上的碎片化，只要有合理的统筹制度，分散的扶贫资源也可以统一使用（林辉煌，2020）。实现全面脱贫目标后，县级政府巩固提升脱贫成果、治理相对多维贫困的任务依然繁重，迫切需要通过加强反贫困资源的统筹，不断提高反贫困资源的使用效益。今后一段时期，建议从以下方面增强县级政府整合反贫困资源的能力：一是搭建整合平台，汇聚各方资源。按照规划引领项目的要求，明确年度反贫困重点项目，以项目为依托搭建资源整合平台，积极统筹各种渠道的反贫困资源；要加强政策引导、完善信息发布、畅通流动渠道，更好发挥社会扶贫资源的合力作用。二是扩大自主权，破除制度障碍。充分落实县级政府的反贫困项目审批权，在反贫困资源使用上赋予县级政府更大的自主权，取消限制资源统筹整合的相关规定，要求各职能部门不得以专项规划、约束性任务为由干扰统筹整合资源。三是扩大统筹范围，促进调剂使用。着力突破行业扶贫资金的使用界限，扩大财政扶贫资金实际统筹范围；明确区分资金整合与资金挪用的标准，使不同条线资金能够合理调剂使用，最大程度盘活闲置和结余资金。四是创新整合方式，鼓励灵活使用。结合具体情况，既可以保持原有资金用途不变，集中“打捆”和“拼盘”使用；也可以打破原有资金用途界限，打通大类、跨类别使用。五是优化考核方法，激发整合动力。完善反贫困资源使用的考核评价体系，坚持合规性与绩效性并重；加大对反贫困资金统筹整合情况的审计力度，对成效突出的给予奖励。

四、促进反贫困政策的衔接

贫困是一种动态、多维的复杂现象，不同贫困主体的致贫原因也各不相同。贫困的多维复杂性与差异性，决定了必须采用政策“组合拳”来治理贫困。反贫困政策“组合拳”可从两个角度来观察：一是政府不同部门反贫困政策的衔接与协同。在政府内部，除了扶贫办之外，其他部门均承担了一定的扶贫职责。不同部门出台的反贫困政策间的协调性状况，直接影响到反贫困政策的整体效果。二是开发式减贫政策与保障式减贫政策的衔接与协作。开发式扶贫和保障式扶贫是反贫困的两种重要方式，两者各有优势与局限性。开发式减贫政策同保障式减贫政策的有机结合，有助于开展分类施策，进而提升反贫困政策的实效。实行综合扶贫开发以来，特别是进入脱贫攻坚阶段后，中国在促进反贫困政策衔接上做了不少富有成效的工作，也积累了一些有益经验。例如，在部门间政策协同方面，国家发改委联合12部委出台了25项政策支持易地扶贫搬迁后续扶持；在开发式政策和保障式政策协作搭配方面，加强了农村低保制度与扶贫开发政策的衔接，全面实现了低保线和贫困线“两线合一”。然而，在肯定成绩的同时也要看到，当前反贫困政策碎片化现象依然较多，反贫困政策的有效整合仍面临不少障碍。由于“部门本位主义”问题尚未从根本上得到解决，各职能部门制定与实施行业扶贫政策多立足于本部门利益，较少考虑对其他部门及其政策带来的影响，导致某些减贫政策的协同性有所欠缺。开发式减贫政策与保障式减贫政策的结合也存在一些不足，如当前社会保障扶贫过于偏重“兜底”功能，对贫困人口产生了一定的负向激励，部分抵消了扶贫开发政策的效果。

进入后脱贫时代后，贫困治理涉及的维度明显拓宽，影响贫困的因素更趋复杂化，再加上事前防贫需求与事后扶贫需求相叠加，使得加强各类反贫困政策协同的重要性更显突出。在促进不同部门反贫困政策衔接方面，首先要建立健全多部门协同的贫困治理体系，这是消除部门间政策分割与碎片化的前提基础。其次，要加强各类专项规划与反贫困总体规划的衔接，注重通过规划衔接来引导政策衔接。随着第二个扶贫开发纲要①的到期，需及时出台新的反贫困总体规划；各部门制定的专项规划中，应当设置与反贫困工作相关的规划内容，且与反贫困总体规划保持一致性。最后，要推动专项扶贫政策与行业扶贫政策的衔接。通过部门联席会议加强政策协商，确保政策目标一致、促进政策功能互补；科学评估政策协同的绩效，不断优化政策组合

① 指《中国农村扶贫开发纲要（2011－2020年）》。

方式。对于开发式减贫政策与保障式减贫政策的衔接，今后的重点是推动两者走向互嵌与融合，构建集“救助性、预防性、开发性、发展性”于一体的新型反贫困政策体系。主要的政策建议包括：针对开发式政策实施过程中贫困主体面临的风险问题，积极运用保障式政策来化解，增强贫困主体抵御风险冲击的能力，为扶贫开发与贫困人口自我发展“保驾护航”；对于弱劳动力，在通过社会保障提供托底保障的同时，也要引入合适的开发式政策促进该群体参与市场经济活动；开发更多的发展型社会保障项目，增强保障式政策的人力资本开发功能，提升贫困群体与贫困脆弱人群的持续发展能力，防止长期贫困与贫困代际传递。

第三节　健全贫困的多元协同共治

后脱贫时代的反贫困任务依然艰巨繁重，须继续坚持政府、市场和社会“三位一体”的大扶贫格局，同时充分发挥贫困群体的主体作用，不断完善贫困的多元协同共治机制。要以提高贫困治理的效能为目标，将政府、企业、社会组织、贫困群众等诸多治贫主体协调统一在制度化的体系内，以分工、合作、协商和联动等多种方式激活各类主体参与贫困治理的能动性与比较优势，力求在协同共治中产生最高的减贫效率、达到最佳的治贫效果。

一、多元协同治贫：理论诠释与实践审视

1. 多元协同治贫的理论解析

多元协同治贫是多中心治理理论与协同原理在反贫困领域的运用。多中心治理理论支持权力分散、管辖交叠、存在政府之外的新中心的治理模式，提倡构建政府、市场和社会三维框架下的多中心治理体制（于水，2005）。协同原理从系统的整体性、协调性和统一性原则出发，揭示了系统内部各子系统与要素围绕系统整体目标的协同作用，使系统整体呈现出稳定有序结构的规定性（乌杰，2008）。根据多中心治理理论和协同原理的核心思想，多元协同治贫的内涵可做如下理解：在贫困治理过程中，政府、市场和社会等反贫困主体与贫困人口以平等协商、互信互惠为基础，综合运用公共权威、专业技能、社会资本和共同知识确定行为规则，围绕既定的反贫困目标采取

集体行动，由此实现反贫困系统中各主体的有效协作和各资源要素的有机组合，最终达到提高贫困治理绩效的目的。

政府、市场和社会多元主体共同参与贫困治理，能够实现优势互补、取长补短，这既是贫困治理采用多元共治方式的主要原因，也是不同反贫困主体间相互协同的前提基础。政府在反贫困中的最大优势是具有强大的组织动员能力和资源统配能力，但是，政府通过行政体制配置扶贫资源可能导致资源配置的低效率，此外，政府在治理贫困中应对各种具体情境的灵活性也显得较弱。市场主体参与反贫困能最大限度地发掘和利用贫困主体的资源禀赋，通过资源要素的优化配置使贫困主体获得更多市场收益，这有助于弥补政府在资源配置效率上的不足，并减轻政府反贫困的经济压力。社会组织通常有较强的专业能力，且与服务对象的联系紧密，在贫困治理中体现出创新力强、灵活性高、回应迅速等政府不可比拟的优势。反过来看，市场与社会主体在贫困治理中的缺陷也需要通过政府的合理干预加以克服：企业等市场主体的逐利性本质可能导致其扶贫行为偏离减贫目标，另外，依靠市场力量扶贫也会增加贫困人口的市场风险。这时，政府就应当对市场主体进行引导与约束，防止其损害贫困群体利益；同时，还要利用社会保护政策降低市场风险对贫困人口的负面冲击，尽可能化解市场对减贫的不利影响。社会组织参与反贫困普遍面临资金短缺、经济能力受限的问题，这就要求政府发挥统配资源方面的优势，在反贫困资源分配上给予社会力量必要的扶持。

除了政府、市场和社会等反贫困主体外，贫困群体自身也是多元协同治贫体系不可缺少的“一元”。贫困人口主体性的建构以及反贫困主客体间的互动，直接关系到减贫的内生动力与可持续性。强调扶贫对象主体性的行为重塑，也是国外贫困治理理论的重要创新与成功经验（林曾、梅红，2018）。在贫困治理过程中，既要求政府履行减贫职责来保障公民的基本生存权和发展权，也要求贫困个体充分发挥自我能动性，在享受帮扶权利的同时积极承担反贫困的责任和义务，成为贫困治理场域的积极行动主体。在多元协同治理贫困模式下，不同主体间的互动关系是建立在平等对话、协商与共享基础上的，力求在治理中形成同频共振合力，最大限度发挥协同放大效应。分权与制衡、互补与互助、顺应与回应、分工与整合，既体现了多元协同治贫体系中各主体间关系的核心特征，也揭示了多元协同共治贫困的本质要义。

2. 多元协同治贫的现实考察及评价

改革开放以来，中国在扶贫开发实践中逐渐形成了“政府主导、群众主体、市场推动、社会参与”的多元主体减贫模式。其中，政府、市场与社会构成了反贫困的外部力量，而贫困群众自身是反贫困的内部力量。中国的减贫成就，是外部力量帮扶与贫困群众主观能动性相结合的产物。就外部力量而言，政府、市场和社会在不同减贫时期发挥着不同作用，对减贫成效的影响是动态变化的，这主要源于政府、市场和社会间关系的演变。在改革开放初期，尽管市场与社会力量也参与了扶贫，但由于传统的“全能主义”政府模式尚未打破，两者对扶贫的影响是很微弱的。随着市场经济发展与社会力量壮大，政府对市场的直接干预减少，对社会的管制也逐渐放宽，市场与社会主体参与扶贫的范围不断扩大、程度持续加深，在贫困治理体系中的地位趋于提升。政府、市场、社会协同推进的大扶贫格局，已经成为中国特色扶贫开发道路的重要特点之一。再从内部力量来看，中国在反贫困实践中坚持自力更生原则①，尊重贫困群众在扶贫开发中的主体地位，充分发挥他们的主观能动性，将扶贫同扶志扶智相结合。中国绝大多数贫困人口是通过发展产业、获得就业等生产性方式脱贫的，这种脱贫方式离不开贫困人口自身的参与和努力。外部力量的协力推动与内部能动性的积极发挥，两者间形成了相辅相成、相互支撑的关系，显著加快了中国的减贫进程。

虽然多元主体协同治理贫困的总体格局已经形成，但在协同机制上仍有较多不完善之处，协同治贫的效果对照治理能力现代化的要求尚有不小差距。在政府、市场与社会间的关系方面：一些企业参与扶贫主要是为了享受政府的优惠政策，并不愿真正履行扶贫社会责任，他们非但没有给帮扶对象带来实质性的帮助，甚至想借机侵占农户利益。有的基层政府不仅不阻止此类行为，还利用规则的模糊性同资本结盟合谋利益，造成市场和政府的双重失灵。另有一些企业虽有意向参与扶贫，但因地方政府未能提供有效的风险分担与利益补偿机制，导致其扶贫的动力不足。社会组织在参与扶贫的过程中，对政府的依附性较强，呈现出一定的行政化倾向，更多考虑政府的要求而非贫困人口的实际需要。在此情况下，社会组织在扶贫中的角色往往演变成落实政府项目的执行方，限制了其专业优势的发挥，并导致作为第三方应

① 《中国农村扶贫开发纲要（2001－2010年）》就提出了“坚持自力更生、艰苦奋斗”的基本方针。

有的监督、评价功能的式微（樊友凯、周理，2017）。在扶贫主体与扶贫对象间的关系方面：近年来贫困户参与各种扶贫项目的程度虽有提高，但从性质上看多是被动性参与、服从性参与，一旦政府帮扶力量减弱，很容易再次陷入贫困。由于贫困人口利益表达意识薄弱、表达渠道不畅等原因，扶贫主客体间信息不对称问题较普遍，缺少双向的良性互动，造成扶贫主体的一些减贫措施与贫困户的需求不够匹配。另外，贫困人口在贫困治理中的弱势地位未有明显改变，在与其他主体的利益联结机制中易被边缘化，难以公平合理地分享利益。

二、构建更高效能的多元协同治贫体系：实现路径和重点举措

1. 发挥政府的“元治理”功能

改革开放以来，中国的反贫困工作一直是在政府主导下推进的，政府主导也是中国扶贫开发的基本原则之一①。2020 年后，随着多元主体协同治贫格局的进一步完善，市场和社会主体在贫困治理中发挥的作用将越来越大，但这并不意味着政府在反贫困中的地位下降与功能弱化。进入反贫困新阶段后，政府要尽量从事无巨细的事务性减贫工作中解脱出来，集中精力做好战略规划、政策指引和组织协调，在多元协同治贫中发挥好“元治理者”② 的角色。作为元治理者，政府治理贫困的方式将发生较大改变，各级政府及其职能部门不再事事躬亲、事事过问，而是在减贫中发挥统领作用，为贫困治理指明方向、制订方案，促进不同治理主体间的协同互补。

具体而言，政府要从以下几方面入手加强其在多元协同治贫中的“元治理”功能：一是整体规划。制定阶段性的反贫困总体规划与实施方案，明确贫困治理的基本目标和重点任务，为各类主体参与贫困治理提供指引。二是政策引导。通过实行合理的反贫困政策，激发多元主体参与治贫的积极性与能动性，引导相关主体采取科学的减贫策略。三是规则制定。明晰多元协同

① 《中国农村扶贫开发纲要（2011－2020 年）》明确提出了“政府主导、分级负责”的基本原则。

② “元治理”这一概念是由英国学者杰索普（Jessop，1997）提出的，元治理是一种强调协调治理的方法，能有效地将科层治理、市场治理和网络治理三种基本的治理模式黏合起来，在治理中协同发挥作用，以实现最佳的治理效果。而“元治理”的主体是政府，政府的“元治理”作用主要体现在统筹协调上。

治贫中各方的权责利关系，将协同共治纳入规范化、常态化轨道。四是服务监管。政府一方面要为治贫主体提供基础设施、信息共享、资金支持等公共服务，不断增强治贫主体的减贫能力；另一方面要对治贫主体的行为加以监管，防止道德风险带来的负面影响。五是利益协调。反贫困涉及的主体众多，各方在利益分配上可能会产生矛盾，这就需要政府出面推动对话、协商和沟通，尽可能促进利益的平衡。六是整合凝聚。政府要为市场和社会主体参与治贫畅通渠道、搭建平台，汇集各方力量协同治贫，促进各类减贫资源整合利用，提高贫困治理整体绩效。

2. 提升市场和社会主体的治贫能力

以往，政府虽然一直鼓励市场和社会力量参与扶贫，积极促进大扶贫格局的形成，但未能充分重视培育市场和社会主体的治贫能力，市场和社会主体在反贫困中的潜能尚未完全发掘出来。总体上看，当前的多元主体协同治贫依然表现出“政府较强、市场和社会偏弱”的格局。因此，增强市场和社会主体的治贫能力，是未来提高多元协同治贫效能的努力方向。提升市场主体治贫能力的主要举措包括：重点引导和支持有较强市场竞争能力的龙头企业、农村经济组织、农业大户参与农村减贫，通过开发资源、培育产业、开拓市场、创造就业等多种方式，带动贫困地区发展和贫困农户增收；完善金融扶贫的风险防控制度，在控制金融风险的前提下合理满足贫困主体的金融需求；加强市场主体的社会责任意识，完善对市场扶贫活动的监管，防止市场主体在参与治贫过程中偏离减贫目标；拓宽企业参与反贫困的渠道，鼓励企业通过直接投资、吸纳就业、项目合作、公益捐赠等多元化途径为反贫困作贡献。提升社会主体治贫能力的关键措施包括：优化社会主体参与贫困治理的外部环境，合理放宽社会组织设立的门槛，增强社会组织的独立性，推进社会主体参与反贫困的立法工作；通过政府购买服务方式将减贫项目交由社会力量具体实施，充分发挥社会组织在项目运作上的专业化优势；进一步提高社会组织的创造性、灵活性与专业水平，更好满足贫困群体的差异化发展需求；倡导全民参与的反贫困理念，完善激励个人慈善捐赠的税收政策。另外，还要促进市场主体和社会主体在贫困治理中的互补协同、互动协作。例如，市场扶贫会增加贫困主体面临的市场风险，而社会力量凭借专业创新能力可为不同项目的市场风险制定相应的防范措施，从而降低市场风险对贫困群体的潜在威胁。

3. 加强贫困人口的主体性建设

习近平总书记强调“要加强扶贫同扶志、扶智相结合，激发贫困群众积极性和主动性，激励和引导他们靠自己的努力改变命运，使脱贫具有可持续的内生动力”①。长期以来，贫困人口一直被置于“弱者”的刻板印象中，许多人处于被动接受帮扶的地位。尽管扶贫开发中也采取了一系列措施增强扶贫对象的自我发展能力，但部分贫困人群的“等靠要”思想依然比较严重，贫困人口整体素质与现代化建设要求仍有较大差距。进入后脱贫时代后，加强贫困人群自我主体性的构建，是实现可持续脱贫和有效治理相对贫困的关键因素。贫困人群应加快从被动帮扶对象向能动自扶者的转变，借助外部帮扶力量努力提高自身可行能力，在多元协同治贫领域中更好发挥主体性作用。

首先，将精神扶贫摆在更加重要的地位。要着力改造贫困文化，从根源上消除贫困群体的消极惰怠心理；要使贫困群众提升积极的目标认知，培养积极的生活态度以及体验积极的自我实现（彭小霞，2019）。其次，提高贫困人口组织化程度。单个贫困个体的力量十分微弱，难以有效地表达合理诉求与争取正当利益。为此，需要推进贫困群体的合作化与组织化建设，改变其在经济社会活动中的弱势地位。再次，通过赋权提能促进贫困人群自我发展能力的提升。加强对贫困人群的社会权利保障，特别是维护其劳动就业权、财产权和受教育权；整合多方力量、多渠道资源，加大对贫困人群的人力资本投资；以反贫困项目为载体，引导贫困群体全面参与其中，通过“干中学”提升能力。最后，建立健全贫困群体与其他治贫主体平等协商对话的机制。要充分尊重贫困群众的主体性地位，畅通其利益表达渠道，构建协商互动对话平台，加大减贫绩效评估中民意评价的权重。

4. 构建协同治贫的激励相容机制

在多元主体协同治贫过程中，不同主体的利益目标是不完全一致的。各主体追求自身利益的行为，可能会偏离贫困治理的目标。这就需要通过激励相容机制的优化设计，努力找到反贫困政策目标同治贫主体自身利益间的结合点，使相关主体追求自身利益的行为同贫困治理的目标要求相一致。这

---

① 中共中央党史和文献研究院：《习近平扶贫论述摘编》，中央文献出版社，2018 年，第 143 页。

时，在实现减贫目标的同时，市场和社会主体及贫困群体自身利益也得到了增进。协同治贫激励相容机制的设计，可从如下方面入手：第一，完善产业反贫困中市场主体与贫困人群的利益联结机制，形成风险合理分担、收益公平分享的协作体系，实现市场主体和贫困人群的双向利益。第二，借鉴国外经验，推广实行工作福利政策和有条件现金转移支付制度，避免救助式扶贫引发的逆向激励，鼓励贫困人口就业和增加人力资本投资，促进可持续减贫。第三，加大对社会组织参与反贫困的资金支持力度，确保社会组织有充足资金开展减贫活动①；合理提高社会组织专职人员的工资待遇，增强其工作的积极性和主动性。第四，明晰协同治贫中各类主体的权责利关系，压缩“搭便车”行为的空间，增加“搭便车”的成本。

① 不少研究表明，经费不足是很多社会组织出现营利化倾向、偏离社会公益目标的重要原因之一。

结语

书写后脱贫时代反贫困事业新辉煌

2021 年到 2050 年是中国全面建设社会主义现代化国家的发展阶段，也是实现中华民族伟大复兴中国梦的关键 30 年。继续推进反贫困事业发展、实现全体人民共同富裕是全面建成社会主义现代化国家不可或缺的重要条件。在 2020 年消除绝对贫困的基础上，中国要乘势而上加快构建解决相对贫困的长效机制，不断促进贫困治理体系与治理能力的现代化，向建设高水平共享发展型国家的目标前进，奋力书写后脱贫时代反贫困事业新辉煌，为人类发展作出新的历史贡献。

为解决相对贫困探索提供中国方案

中国在全面消除绝对贫困之后，就进入到以解决相对贫困为重点的反贫困新阶段。相对贫困可视为“丰裕社会”条件下的一种贫困现象。美国经济学家加尔布雷斯（Galbraith，1958）曾专门探讨丰裕社会中的贫困问题，指出美国在享受经济繁荣富庶的同时，也在遭遇贫富差距扩大、社会矛盾激化的阵痛。美国社会学家戴斯蒙德（Desmond，2016）更是通过深入贫困社区走访调查，真实反映了处于绝境边缘的美国贫困家庭的生活状态，深刻揭示出当代美国丰裕社会背后残酷的贫困问题。相比欠发达社会中的绝对贫困，相对贫困的形式更加多样、成因更为复杂，治理难度丝毫不低。尽管发达国家采取了一系列措施来缓解相对贫困，但大多治标而不治本，治贫总体成效并不非常显著。自 20 世纪 70 年代以来，大多数发达国家的相对贫困人口规模并未下降，一些国家的相对贫困状况还出现了恶化趋势。国际劳工组织（ILO，2016）在其研究报告《世界就业与社会展望：2016》中也发布了发达国家贫困正在加剧的调查结果。

相对贫困问题本质上是经济社会发展的不平等问题。相对贫困主要不是因为经济发展水平低或贫困者经济严重匮乏而导致的，它更大程度上与机会不均等、收入分配不公、社会结构不合理等因素相关。在此情况下，仅仅依靠经济和收入的增长无法从根本上解决相对贫困，必须构建更具包容性的经济社会制度，保障全体社会成员的权利平等和机会公平。这决定了相对贫困的治理是一项长期性任务，不可能在短期内轻轻松松解决。然而，到目前为止，除了“欧盟 2020 战略”（European Commission，2010）简要提出过针对相对贫困的减贫目标和理念外，很少有发达国家在减缓相对贫困方面提出明确的目标和进程，治理相对贫困尚未提升到国家治理和发展的战略高度。中国在 2020 年后及时制定新时期的反贫困总体规划，将为今后治理相对贫困提供“路线图”指引，并有望开创全球相对贫困治理系统性方略的先河。中国要发挥社会主义的制度优势，坚持以公有制为主体，切实保障与不断改善民生，着力形成有利于缓解相对贫困的制度安排；要从区域协调发展、城乡融合发展、基本公共服务均等化、公平分配制度等方面入手，积极探索解决相对贫困的中国道路，为未来全球相对贫困治理提供中国方案。

实现贫困治理体系和能力的现代化

贫困治理是国家治理不可分割的有机组成部分。国家治理体系的成熟度直接关乎贫困治理的效能，国家治理现代化的水平深刻影响到贫困治理能力的高低。没有国家治理体系和治理能力的现代化，就不可能有贫困治理体系和治理能力的现代化。反过来，贫困治理的不断深入也会推动国家治理体系的发展，贫困治理的现代化也将在特定领域体现并丰富国家治理现代化的内容。党的十九届四中全会提出了坚持和完善中国特色社会主义制度、推进国家治理体系和治理能力现代化的总体目标，到 2035 年要基本实现国家治理体系和治理能力现代化，到 2050 年要全面实现国家治理体系和治理能力现代化。后脱贫时代的贫困治理要紧密围绕国家治理的总体目标进行部署和推进，从国家治理体系现代化的高度推动新时期中国贫困治理体系的重塑与完善，以贫困治理能力的持续提升促进国家治理能力的现代化，努力形成国家治理与贫困治理协同联动、互促共进的良好局面。

未来 30 年中国贫困治理体系和贫困治理能力的现代化，其主要标志将体现在以下方面：一是形成新型常态化的贫困治理机制。实现政府贫困治理职责的制度化转型，贫困的系统治理、综合治理与源头治理显著加强，反贫困工作走上规范化、法治化、民主化的轨道。二是形成完善的贫困整体性治理框架。有效克服以往扶贫中的碎片化、分散化现象，反贫困主体的协同性、反贫困资源的整合性、反贫困政策的衔接性明显提升。三是形成健全的多元协同治贫体系。政府在反贫困中的“元治理”功能得到充分发挥，市场和社会主体的治贫能力不断增强，贫困人群全面完成自身主体性的建构；在激励相容机制的作用下，各类治贫主体高效协力完成共同的反贫困任务。四是形成城乡融合的贫困治理体系。依托城乡融合发展体制机制推动减贫，构建起城乡一体化的反贫困体系，实现城乡贫困合治的创新发展。五是形成事前预防和事后帮扶相结合的贫困治理模式。防贫机制与扶贫政策相互衔接、高效协同，从根源上消除长期贫困、打破贫困代际传递。展望未来，迈向现代化的贫困治理将更加有效地应对各种贫困挑战，并为国家治理现代化作出积极贡献。

建成高水平的共享发展型国家

国家发展模式决定了国家发展的路径与绩效。“二战”以后，以日韩为代表的东亚国家以经济发展优先为目标，通过有效的官僚机构、紧密的政商合作和竞争性的产业政策（Onis，1991；禹贞恩，2008），在短期内实现了经济整体繁荣，形成了发展型国家模式。但是，发展型国家模式也存在忽视国民福利、加剧贫富分化等诸多局限性。居民生活质量的提高并不一定同经济增长成等比，什么样的经济发展方式才能更有利于增进民生福祉？对此问题的思考，推动着国家发展理论的前行与国家发展模式的创新。世界银行经济学家马丁·拉瓦雷（Ravallion，1994）提出了益贫式增长，主张建立有利于穷人的经济增长模式；亚洲开发银行（ADB，2007）提出了包容性增长，倡导机会平等的增长；秘鲁前总统亚历杭德罗·托莱多（2017）勾画了共享型社会的蓝图，既有经济持续增长，又有收入公平分配。在中国，党的十八届五中全会提出了“共享发展”新理念，强调在做大“蛋糕”同时分好“蛋糕”，使发展成果更多更公平惠及全体人民，充分体现了实现共同富裕的价值目标。提高共享发展水平与建设社会主义现代化国家的目标高度契合，建成高水平的共享发展型国家，将使全体中国人民普遍享有更加幸福安康的生活。

共享发展是全民共享而不是少数人或一部分人共享，这就要求持续推进反贫困事业的发展，在消除绝对贫困基础上，进一步缩小贫富差距、减少不平等现象，让相对贫困群体有更多获得感。后脱贫时代的反贫困工作，将朝着建成高水平共享发展型国家的方向奋进。展望未来，通过实施反贫困新方略与提高贫困治理能力，将为高水平共享发展型国家建设提供三大支撑：一是包容性的经济发展结构。在保持中速经济增长的基础上，促进经济机会、经济权利和经济规则的平等，破除弱势群体平等参与经济生活的制度障碍；实施就业优先的发展战略，努力追求更高质量和更充分的就业。由此提高经济发展的包容性水平，使相对贫困人群从经济增长中充分受益。二是公平的收入分配制度。坚持按劳分配为主体、多种分配方式并存。在初次分配中着重保护劳动所得，提高劳动报酬所占比重，避免资本压榨劳动；在再分配中健全以税收、社会保障为主要手段的调节机制，有效缩小收入差距；积极发挥第三次分配的作用，推动全社会济贫扶弱。通过公平的收入分配，形成中等收入群体占主体的橄榄形社会结构。三是均等化的基本公共服务。实现区域间、城乡间、人群间基本公共服务的均等化，保障所有居民都享有一定标准之上的基本公共服务，使多维相对贫困现象得到有效缓解。

为人类发展作出新的历史贡献

人的发展既是社会进步的重要标志，也是社会发展的最终目标。联合国开发计划署在1990年首次正式提出了“人类发展”的概念并诠释了其内涵，自此以后，人类发展理念得到了国际社会的普遍认同与广泛接受。30年来，人类发展作为一种新的发展观，深刻改变了人们对贫困问题的传统认知，并对世界各国的减贫实践产生了深远影响。反贫困同人类发展密切相关：一方面，消除和缓解贫困是实现人类发展的前提条件，通过减贫能为人的全面发展奠定基本的物质基础、创造公平的社会环境；另一方面，人类发展是反贫困的目的与价值归宿，减贫的出发点和落脚点，都是为了更好满足人们的生存与发展需求，使全体人类的福祉得到增进。人类与贫困作斗争的历史，就是人类全面而自由发展的历史。反贫困事业的进步，不仅为人类发展不断开辟新的道路，而且推动着人类发展水平的持续提升。

中国的扶贫开发始终秉承以人为本的理念，致力于提高贫困群众的生活质量与发展能力，在减贫实践中处处渗透着人本主义的价值关怀。中国的扶贫开发有效地促进了人类发展，为提高人类发展程度作出了重要贡献。联合国开发计划署（UNDP，2019）发布的《2019 年人类发展报告》指出，中国的人类发展指数从 1990 年的 0. 501 跃升至 2018 年的 0. 758，增长了 51. 1%，成为世界上唯一一个从“低人类发展水平”跃升到“高人类发展水平”的国家，大规模的脱贫对此功不可没。在 2020 年消除绝对贫困后，中国仍面临解决多维相对贫困的艰巨任务。尽管贫困群众的基本生活问题已得到了解决，但更高层次的物质文化需求仍未较好满足，相对贫困人群进一步提高生活质量、实现向上流动还面临不少困难。这要求我们坚持“以人民为中心”的理念，将促进人的自由全面发展作为新时期反贫困新方略的核心。要以保障贫困人口发展权利、扩大贫困人口发展机会、提高贫困人口发展能力为重点，在贫困治理中积极探索促进贫困群体全面自由发展的可行路径，努力为中国和世界的人类发展事业作出新的历史贡献。

参考文献

外文文献

[1] Adato M, Hoddinott J. Conditional Cash Transfer Programs: A "Magic Bullet" for Reducing Poverty? 2020 *Focus Brief on the World's Poor and Hungry People*, Washington DC: IFPRI, 2007.

[2] ADB. Eminent Persons Group Report, *Asian Development Bank*, 2007.

[3] Alcock P. Understanding Poverty. London: Macmillan, 1993.

[4] Alkire S, Foster J. Counting and Multidimensional Poverty Measurement. *Oxford Poverty and Human Development Initiative (OPHI) Working Paper*, 2007, NO. 7.

[5] Bourguignon F, Morrisson C. Inequality among World Citizens: 1820 – 1992. *The American Economic Review*, 2002, 92 (4): 727 – 744.

[6] Bradshaw J. Preface for the Centennial Edition of Poverty: A Study in Town Life. Bristol: Policy Press, 2000.

[7] Christiaensen L, Kanbur R. Secondary Towns and Poverty Reduction: Refocusing the Urbanization Agenda. *Annual Review of Resource Economics*, 2017, 9 (1): 405 – 419.

[8] Desmond M. Evicted: Poverty and Profit in the American City. New York: Crown Publishers, 2016.

[9] Dhongde S, Haveman R. Multi – dimensional Poverty in the U. S. *University of Wisconsin – Madison's Institute for Research on Poverty Working Paper*, 2014.

[10] Dunleavy P. Digital Era Governance: IT Corporations, the State, and

e－Government. Oxford：Oxford University Press，2006.

[11] Erickson W，Lee C. G. 2008 Disability Status Reports：United States. *Rehabilitation Research and Training Center on Disability Demographics and Statistics*，2008.

[12] European Commission. Europe 2020：A Strategy for Smart，Sustainable and Inclusive Growth. Brussels：European Commission，2010.

[13] Fiszbein A，Schady N，Ferreira H. G，Grosh M，Keleher N，Olinto P，Skoufias E. Conditional Cash Transfers：Reducing Present and Future Poverty. Washington DC：World Bank Publications，2009.

[14] Fiszbein A，Kanbur R，Yemtsov R. Social Protection，Poverty and the Post－2015 Agenda. *World Bank Policy Research Working Paper*，2013，No. 6469.

[15] Galbraith J. K. The Affluent Society. New York：Mariner Books，1958.

[16] Giddens A. The Third Way：the Renewal of Social Democracy. Cambridge：Polity Press，1998.

[17] Gorman M，Heslop A. Poverty，Policy，Reciprocity and Older People in the South. *Journal of International Development*，2002，14（8）：1143－1151.

[18] Harrington M. The Other America：Poverty in the United States. New York：The Macmillan Company，1962.

[19] Haughton J. H.，Khandker S. R. Handbook on Poverty and Inequality. Washington DC：World Bank，2009.

[20] Holzmann R，Sherburne－benz L，Tesliuc E. Social Risk Management：The World Bank's Approach to Social Protection in a Globalizing World. Washington DC：The World Bank，2003.

[21] International Labour Organization. The World Employment and Social Outlook：Trends 2016. *ILO home Publications*，2016.

[22] Jessop B. Capitalism and its Future：Remarks on Regulation，Government and Governance. *Review of International Political Economy*，1997，4（3）：561－581.

[23] Kakwani N，Pernia E. M. What is Pro－poor Growth? *Asian Development Review*，2000，18（1）：1－16.

[24] Onis Z. The Logic of the Developmental State. *Comparative Politics*，

1991, 24 (1): 109 - 126.

[25] Ravallion M. Poverty Comparisons. Chur: Harwood Academic Press, 1994.

[26] Ravallion M, Chen S, Sangraula P. Dollar a Day Revisited. *The World Bank Economic Review*, 2009, 23 (2): 163 - 184.

[27] Ravallion M. Benchmarking Global Poverty Reduction. *World Bank Policy Research Working Paper*, 2012, No. 6205.

[28] Roemer J. E. Equality of Opportunity. Cambridge: Harvard University Press, 2000.

[29] Runciman W. G. Relative Deprivation and Social Justice: A Study of Attitudes to Social Inequality in Twentieth - century England. Berkeley: University of California Press, 1966.

[30] Santos, M. E. Measuring Multidimensional Poverty in Latin America: Previous Experience and the Way Forward. *Oxford Poverty and Human Development Initiative (OPHI) Working Paper*, 2013, No. 66.

[31] Sen A. Poverty: An Ordinal Approach to Measurement. *Econometrica*, 1976, 44 (2): 219 - 231.

[32] Sen A. Issues in the Measurement of Poverty. *The Scandinavian Journal of Economics*, 1979, 81 (2): 285 - 307.

[33] Soares F. V, Soares S. S, Sousa M. M, Osório R. G. Cash Transfer Programmes in Brazil: Impact on Inequality and Poverty. *International Poverty Centre Working Paper*, 2006, No. 21.

[34] Sumarto S, Suryahadi A, Pritchett L. Safety Nets and Safety Ropes: Who Benefited from Two Indonesian Crisis Programs—The "Poor" or the "Shocked"? *World Bank Policy Research Working Paper*, 2000, No. 2436.

[35] The Commission on Global Governance. Our Global Neighborhood: The Report of the Commission on Global Governance. Oxford: Oxford University Press, 1995.

[36] Townsend P. Measuring Poverty. *The British Journal of Sociology*, 1954, 5 (2): 130 - 137.

[37] Townsend P. The Concept of Poverty. London: Heinemmann, 1971.

[38] Townsend P. Poverty in the United Kingdom. Berkeley: Los Angeles University of California Press, 1979.

[39] UNICEF. The State of the World's Children, 2005: Childhood under Threat. *Future Survey*, 2005.

[40] United Nations Development Programme. Human Development Report 1990. New York: Oxford University Press, 1990.

[41] United Nations Development Programme. Human Development Report 1997. New York: Oxford University Press, 1997.

[42] United Nations Development Programme. Human Development Report 2019. New York: Oxford University Press, 2019.

[43] Villatoro P. Los nuevos programas de protección social asistencial en América Latina y el Caribe, documento de trabajo, Santiago de Chile, Comisión Económica para América Latina y el Caribe (CEPAL), 2005, inédito; y Cristi ά n Aedo, "Evaluación del impacto", Santiago de Chile, Comisión Económica para América Latina y el Caribe (CEPAL), 2005, inédito.

[44] World Bank. World Development Report 2000/2001: Attacking Poverty. New York: Oxford University Press, 2001.

[45] World Health Organization, World Bank. World Report on Disability. *WHO Library Cataloguing – in – Publication Data*, 2011.

中文文献

[1] [巴西] 费尔南多·奥古斯都·阿德奥达托·韦洛索、莉亚·瓦尔斯·佩雷拉，郑秉文译：《跨越中等收入陷阱：巴西的经验教训》，经济管理出版社，2013 年。

[2] [秘鲁] 亚历杭德罗·托莱多，郭存海译：《共享型社会：拉丁美洲的发展前景》，中国大百科全书出版社，2017 年。

[3] [法] 托马斯·皮凯蒂，巴曙松等译：《21 世纪资本论》，中信出版社，2014 年。

[4] [美] Scott L, Diwakar V，吕慧琴、唐丽霞译：《社会保障：更有效地防止家庭陷入贫困》，载于左常升主编：《国际减贫理论与前沿问题·2018》，中国农业出版社，2018 年。

［5］［美］鲁德斯：《贫困与生活收入计划》，载于［美］那格尔编著、林明等译：《政策研究百科全书》，科学技术文献出版社，1990 年。

［6］［美］禹贞恩，曹海军译：《发展型国家》，吉林出版集团有限责任公司，2008 年。

［7］［美］约翰·罗尔斯，何包钢等译：《正义论》，中国社会出版社，1999 年。

［8］［印］阿马蒂亚·森，王宇、王文玉译：《贫穷与饥荒》，商务印书馆，2001 年。

［9］［印］阿马蒂亚·森，任赜、于真译：《以自由看待发展》，中国人民大学出版社，2002 年。

［10］白永秀、吴杨辰浩：《论建立解决相对贫困的长效机制》，《福建论坛·人文社会科学版》2020 年第 3 期。

［11］包国宪、杨瑚：《我国返贫问题及其预警机制研究》，《兰州大学学报（社会科学版）》2018 年第 6 期。

［12］曾晶、石声萍、王桂林、陈德书：《区域外部性问题表征及内部化思考》，《贵州大学学报（社会科学版）》2011 年第 1 期。

［13］陈享光：《从生产条件分配看我国收入分配的差距及调节政策》，《学习与探索》2011 年第 1 期。

［14］陈志钢、毕洁颖、吴国宝、何晓军、王子妹一：《中国扶贫现状与演进以及 2020 年后的扶贫愿景和战略重点》，《中国农村经济》2019 年第 1 期。

［15］陈志钢、吴宝国、毕洁颖：《从乡村到城乡统筹：2020 年后中国扶贫愿景和战略》，社会科学文献出版社，2019 年。

［16］池振合、杨宜勇：《贫困线研究综述》，《经济理论与经济管理》2012 年第 7 期。

［17］豆书龙、叶敬忠：《乡村振兴与脱贫攻坚的有机衔接及其机制构建》，《改革》2019 年第 1 期。

［18］樊友凯、周理：《基于整体性治理的精准扶贫体系优化研究》，《理论月刊》2017 年第 5 期。

［19］冯怡琳、邸建亮：《对中国多维贫困状况的初步测算——基于全球多维贫困指数方法》，《调研世界》2017 年第 12 期。

［20］高明、唐丽霞：《多维贫困的精准识别——基于修正的 FGT 多维贫困测量方法》，《经济评论》2018 年第 2 期。

［21］高明：《结构性贫困：基于收入、消费与社会网络的分析——以 H 村为例》，中国农业大学博士学位论文，2018 年。

［22］高强、孔祥智：《论相对贫困的内涵、特点难点及应对之策》，《新疆师范大学学报（哲学社会科学版）》2020 年第 3 期。

［23］耿敬杰、汪军民：《易地扶贫搬迁与宅基地有偿退出协同推进机制研究》，《云南社会科学》2018 年第 2 期。

［24］龚冰：《中国新阶段农村扶贫开发的主要策略与效果评价》，《学术论坛》2007 年第 11 期。

［25］谷联磊、马华：《精准扶贫工作过程中的困境及化解路径分析》，《中国农村研究》2016 年第 2 期。

［26］管雁：《流动儿童和留守儿童的生长发育与营养状况分析》，《世界最新医学信息文摘》2019 年第 41 期。

［27］桂华：《相对贫困与反贫困政策体系》，《人民论坛》2019 年第 7 期。

［28］郭君平、谭清香、曲颂：《进城农民工家庭贫困的测量与分析——基于“收入 - 消费 - 多维”视角》，《中国农村经济》2018 年第 9 期。

［29］郭灵凤：《欧盟社会保障政策的社会投资转向：理念发展与政策评估》，《欧洲研究》2014 年第 6 期。

［30］郭熙保、周强：《长期多维贫困、不平等与致贫因素》，《经济研究》2016 年第 6 期。

［31］韩炜、蔡建明：《乡村非农产业时空格局及其对居民收入的影响》，《地理科学进展》2020 年第 2 期。

［32］韩振燕、夏林：《老年多维贫困测量：概念与视角的转换——基于 A - F 法及 CLASS 数据的实证分析》，《河海大学学报（哲学社会科学版）》2019 年第 2 期。

［33］贺坤、周云波：《精准扶贫视角下中国农民工收入贫困与多维贫困比较研究》，《经济与管理研究》2018 年第 2 期。

［34］胡佳：《迈向整体性治理：政府改革的整体性策略及在中国的适用性》，《南京社会科学》2010 年第 5 期。

［35］黄科：《运动式治理：基于国内研究文献的述评》，《中国行政管理》2013年第10期。

［36］贾康等：《深化收入分配制度改革研究》，企业管理出版社，2018年。

［37］解安、刘承昊：《农业农村优先发展的历史逻辑、现实性与路径探索》，《江淮论坛》2018年第6期。

［38］金江峰：《倒逼与反倒逼：精准扶贫中的国家与社会关系》，《西北农林科技大学学报（社会科学版）》2019年第1期。

［39］兰定松：《乡村振兴背景下农村返贫困防治探讨——基于政府和农民的视角》，《贵州财经大学学报》2020年第1期。

［40］李存贵：《中国城乡一体化进程中的产业合作问题研究》，东北林业大学博士论文，2011年。

［41］李红星：《地方政府构建基本公共服务清单制度的维度分析》，《学术交流》2019年第10期。

［42］李姣媛、方向明：《我国儿童社会医疗保险参与和报销情况分析与思考——基于中国家庭追踪调查CFPS数据》，《江西财经大学学报》2018年第2期。

［43］李翔：《城市二元结构：困局与破局》，《理论与改革》2014年第4期。

［44］李小云、许汉泽：《2020年后扶贫工作的若干思考》，《国家行政学院学报》2018年第1期。

［45］李小云：《2020年后农村减贫需要由“扶贫”向“防贫”转变》，光明网，2019年2月20日。

［46］李小云、苑军军、于乐荣：《论2020后农村减贫战略与政策：从“扶贫”向“防贫”的转变》，《农业经济问题》2020年第2期。

［47］李姿姿：《社会投资：欧洲福利国家改革的新趋势》，《国外理论动态》2016年第12期。

［48］林伯强：《中国的经济增长、贫困减少与政策选择》，《经济研究》2003年第12期。

［49］林曾、梅红：《扶贫对象主体性与组织化》，湖南人民出版社，2018年。

[50] 林辉煌：《贫困治理与县级财政统筹》，《北京工业大学学报（社会科学版）》2020 年第 2 期。

[51] 林闽钢：《中国反贫困新命题》，《中国经济报告》2016 年第 10 期。

[52] 刘根荣：《构建城乡均等化基本公共服务体系的思考》，《中国经济问题》2010 年第 3 期。

[53] 刘建：《主体性视角下后脱贫时代的贫困治理》，《华南农业大学学报（社会科学版）》2019 年第 5 期。

[54] 刘锐、贺雪峰：《农村贫困结构及治理路径研究》，《社会科学战线》2018 年第 3 期。

[55] 刘尚希、杨元杰、张洵：《基本公共服务均等化与公共财政制度》，《经济研究参考》2008 年第 40 期。

[56] 刘稳、李士雪、盖若琰：《山东农村学龄前留守儿童生长发育状况及影响因素》，《中国公共卫生》2015 年第 5 期。

[57] 陆汉文、黄承伟：《中国精准扶贫发展报告（2016）——精准扶贫战略与政策体系》，社会科学文献出版社，2016 年。

[58] 陆汉文：《城乡统筹扶贫应成为未来战略选择》，《社会科学报》2019 年 3 月 7 日。

[59] 陆汉文、杨永伟：《从脱贫攻坚到相对贫困治理：变化与创新》，《新疆师范大学学报（哲学社会科学版）》2020 年第 5 期。

[60] 马文武、杨少垒、韩文龙：《中国贫困代际传递及动态趋势实证研究》，《中国经济问题》2018 年第 2 期。

[61] 马文武、李中秋：《中国特色减贫实践：1978－2018——基于贫困治理体系和治理能力分析框架视角》，《毛泽东邓小平理论研究》2018 年第 12 期。

[62] 梅淑元：《易地扶贫搬迁农户农地处置：方式选择与制度约束——基于理性选择理论》，《农村经济》2019 年第 8 期。

[63] 莫泰基：《香港贫穷与社会保障》，中华书局，1993 年。

[64] 欧阳煌：《构建具有中国特色的减贫新体系》，《中国经济时报》2019 年 5 月 31 日。

[65] 潘家华、魏后凯：《中国城市发展报告 No. 8：创新驱动中国城市

全面转型》，社会科学文献出版社，2015 年。

[66] 潘文轩：《改革关联视角下我国房地产税改革问题分析》，《经济体制改革》2015 年第 3 期。

[67] 潘文轩：《人工智能技术发展对就业的多重影响及应对措施》，《湖湘论坛》2018 年第 4 期。

[68] 潘屹：《社会福利制度的效益与可持续——欧盟社会投资政策的解读与借鉴》，《社会科学》2013 年第 12 期。

[69] 庞永红：《分配正义与转型期弱势群体研究》，中央编译出版社，2017 年。

[70] 彭锦鹏：《全观型治理：理论与制度化策略》，《政治科学论丛》（台湾）2005 年第 23 期。

[71] 彭小霞：《多元协同扶贫模式之构建：特征、现实必要性与路径选择》，《湖北社会科学》2019 年第 9 期。

[72] 秦睿、乔东平：《儿童贫困问题研究综述》，《中国青年政治学院学报》2012 年第 4 期。

[73] 沈扬扬、李实：《如何确定相对贫困标准？——兼论“城乡统筹”相对贫困的可行方案》，《华南师范大学学报（社会科学版）》2020 年第 2 期。

[74] 盛来运、郑鑫、周平、李拓：《我国经济发展南北差距扩大的原因分析》，《管理世界》2018 年第 9 期。

[75] 宋扬、刘建宏：《儿童时期多维贫困的长期影响——基于 CHARLS 生命历程数据的实证分析》，《中国人民大学学报》2019 年第 3 期。

[76] 苏小庆、王颂吉、白永秀：《新型城镇化与乡村振兴联动：现实背景、理论逻辑与实现路径》，《天津社会科学》2020 年第 3 期。

[77] 孙峰、魏淑艳：《国家治理现代化视域下运动式治理模式转型研究——以深圳“禁摩限电”为例》，《甘肃行政学院学报》2017 年第 2 期。

[78] 谈甜、杨柳、刘莉、李杰、彭亚拉：《农村留守与非留守儿童生长状况及营养与食品安全 KAP 比较研究——基于对湖南、山西两省农村地区小学生的实证分析》，《实用预防医学》2017 年第 8 期。

[79] 谭崇台、马绵元：《农民工市民化：历史、难点与对策》，《江西财经大学学报》2016 年第 3 期。

[80] 谭诗斌：《现代贫困学导论》，湖北人民出版社，2012 年。

[81] 谭卫平：《为世界减贫贡献中国智慧》，《人民日报》（海外版）2018 年 10 月 17 日。

[82] 谭贤楚、朱力：《贫困类型与政策含义：西部民族山区农村的贫困人口——基于恩施州的实证研究》，《未来与发展》2012 年第 1 期。

[83] 唐皇凤：《常态社会与运动式治理：中国社会治安治理中的“严打”政策研究》，《开放时代》2007 年第 3 期。

[84] 唐钧：《中国城市居民贫困线研究》，上海社会科学院出版社，1998 年。

[85] 万广华、刘飞、章元：《资产视角下的贫困脆弱性分解：基于中国农户面板数据的经验分析》，《中国农村经济》2014 年第 4 期。

[86] 王大超：《中美贫困现象与反贫困实践的经济学比较与启示》，《吉林大学社会科学学报》2002 年第 3 期。

[87] 王广州、戈燕霞：《中国老年人口丧偶状况及未来发展趋势研究》，《老龄科学研究》2013 年第 1 期。

[88] 王世杰、刘义圣：《城市二元结构影响居民收入差距的实证研究》，《社会科学研究》2011 年第 2 期。

[89] 王小林、Alkire S：《中国多维贫困测量：估计和政策含义》，《中国农村经济》2009 年第 12 期。

[90] 王晓毅：《以精准扶贫打破留守与贫困的因果链》，《国家治理》2015 年第 30 期。

[91] 王卓：《论暂时贫困、长期贫困与代际传递》，《社会科学研究》2017 年第 2 期。

[92] 韦艳、方祎、郭佳佳：《农村中老年人健康投资对健康状况的影响研究——基于陕西省的调查发现》，《西安财经学院学报》2017 年第 6 期。

[93] 魏程琳、赵晓峰：《常规治理、运动式治理与中国扶贫实践》，《中国农业大学学报（社会科学版）》2018 年第 5 期。

[94] 魏后凯、闫坤：《中国农村发展报告——新时代乡村全面振兴之路》，中国社会科学出版社，2018 年。

[95] 魏后凯、刘长全：《中国农村改革的基本脉络、经验与展望》，《中国农村经济》2019 年第 2 期。

[96] 魏后凯：《"十四五"时期中国农村发展若干重大问题》，《中国农村经济》2020年第1期。

[97] 文雁兵：《制度性贫困催生的包容性增长：找寻一种减贫新思路》，《改革》2014年第9期。

[98] 乌杰：《系统哲学》，人民出版社，2008年。

[99] 邬志辉、李静美：《农村留守儿童生存现状调查报告》，《中国农业大学学报（社会科学版）》2015年第1期。

[100] 吴雄周、丁建军：《基于成本收益视角的我国扶贫瞄准方式变迁解释》，《东南学术》2012年第5期。

[101] 肖荣荣、任大鹏、乐章：《收入贫困与多维贫困的测量与比较分析》，《学习与实践》2018年第8期。

[102] 肖子华、徐水源、刘金伟：《中国城市流动人口社会融合评估报告No.1》，社会科学文献出版社，2018年。

[103] 邢成举：《压力型体制下的"扶贫军令状"与贫困治理中的政府失灵》，《南京农业大学学报（社会科学版）》2016年第5期。

[104] 邢成举、李小云：《相对贫困与新时代贫困治理机制的构建》，《改革》2019年第12期。

[105] 徐汉泽、李小云：《"行政治理扶贫"与反贫困的中国方案——回应吴新叶教授》，《探索与争鸣》2019年第3期。

[106] 徐静、徐永德：《生命历程理论视域下的老年贫困》，《社会学研究》2009年第6期。

[107] 徐明强、徐汉泽：《运动其外与常规其内："指挥部"和基层政府的攻坚治理模式》，《公共管理学报》2019年第2期。

[108] 燕连福、马亚军：《习近平扶贫重要论述的理论渊源、精神实质及时代意义》，《马克思主义与现实》2019年第1期。

[109] 杨斌：《第三次分配：内涵、特点及政策体系》，《学习时报》2020年1月2日。

[110] 杨立雄、胡姝：《中国农村贫困线研究》，中国经济出版社，2013年。

[111] 杨艳琳、付晨玉：《中国农村普惠金融发展对农村劳动年龄人口多维贫困的改善效应分析》，《中国农村经济》2019年第3期。

[112] 杨志军、彭勃：《有限否定与类型化承认：评判运动式治理的价值取向》，《社会科学》2013 年第 3 期。

[113] 姚玉祥：《农村老年贫困治理的现实困境及其破解之道》，《现代经济探讨》2019 年第 6 期。

[114] 叶庆兴、殷浩栋：《从消除绝对贫困到缓解相对贫困：中国减贫历程与 2020 年后的减贫战略》，《改革》2019 年第 12 期。

[115] 殷浩栋：《以城乡融合发展促进长期减贫》，《开放导报》2019 年第 4 期。

[116] 于水：《多中心治理与现实应用》，《江海学刊》2005 年第 5 期。

[117] 张克云：《中国儿童多维度减贫发展报告》，中国农业大学研究报告，2017 年。

[118] 张磊：《中国扶贫开发政策演变：1949－2005 年》，中国财政经济出版社，2007 年。

[119] 张丽宾：《促进城乡一体化与减贫的就业政策》，《当代经济管理》2014 年第 4 期。

[120] 张乃仁：《转型时期社会性弱势群体的权益保障》，《江淮论坛》2015 年第 4 期。

[121] 张琦：《中国减贫战略研究》，载于左常升主编：《世界各国减贫概要（第二辑）》，社会科学文献出版社，2018 年。

[122] 张全红、李博、周强：《中国多维贫困的动态测算、结构分解与精准扶贫》，《财经研究》2017 年第 4 期。

[123] 张全红、周强：《中国农村多维贫困的测度与反贫困政策研究》，华中科技大学出版社，2018 年。

[124] 张赛群：《建立解决相对贫困的长效机制》，《光明日报》2019 年 11 月 15 日。

[125] 张耀宇、沙勇、周翼虎：《以人口城镇化破解“空间贫困陷阱”——一个城乡联动的减贫新思路与制度创新》，《云南社会科学》2019 年第 4 期。

[126] 张兆曙：《城乡关系、市场结构与精准扶贫》，《社会科学》2018 年第 8 期。

[127] 赵军洁、范毅：《改革开放以来户籍制度改革的历史考察和现实

观照》，《经济学家》2019 年第 3 期。

[128] 赵锐：《中国农村家户贫困动态问题研究》，西南财经大学出版社，2019 年。

[129] 郑皓瑜：《拉美国家扶贫政策研究——有条件现金转移支付计划》，对外经济贸易大学出版社，2013 年。

[130] 郑瑞强、曹国庆：《脱贫人口返贫：影响因素、作用机制与风险控制》，《农林经济管理学报》2016 年第 6 期。

[131] 郑瑞强、陈晨：《城乡扶贫开发梯次并轨与一体化治理》，《中国国情国力》2019 年第 4 期。

[132] 郑双怡、冯琼：《我国扶贫开发的现实困境与政策优化》，《改革》2018 年第 11 期。

[133] 中国发展研究基金会：《中国儿童发展报告.2017：反贫困与儿童早期发展》，中国发展出版社，2017 年。

[134] 周强：《多维贫困与反贫困绩效评估：理论、方法与实证》，经济科学出版社，2018 年。

[135] 朱俊生、庹国柱、董晓波、张琦：《中国社会保护政策减贫效应研究》，首都经济贸易大学出版社，2013 年。

[136] 竺乾威：《从新公共管理到整体性治理》，《中国行政管理》2008 年第 10 期。

[137] 庄天慧、杨浩、蓝红星：《多维贫困与贫困治理》，湖南人民出版社，2018 年。

[138] 庄晓惠：《从"转型性贫困者"的形成看俄罗斯转型期的制度及个体适应性问题》，《俄罗斯研究》2011 年第 3 期。

[139] 左停等：《社会保障与减贫发展》，湖南人民出版社，2018 年。

[140] 左停、苏武峥：《乡村振兴背景下中国相对贫困治理的战略指向与政策选择》，《新疆师范大学学报（哲学社会科学版）》2020 年第 4 期。

[141] 左晓斯、吴开泽：《城乡基本公共服务：从服务均等化到制度一体化——基于广东省调查数据的分析》，《广东社会科学》2016 年第 6 期。

后　记

通过长期不懈努力，中国在2020年实现了现行标准下农村贫困人口全部脱贫、贫困县全部摘帽的目标。中国消除绝对贫困的巨大成就，创造了世界减贫史上的奇迹，是一项对中华民族乃至全人类都有重大意义的伟业。然而，绝对贫困的全面消除，并不意味着中国的贫困问题得到了彻底解决。在后脱贫时代，多维相对贫困现象仍将长期广泛存在，反贫困进入到以缓解多维相对贫困为重点的新时期。正因为如此，早在2018年6月，中共中央国务院在《关于打赢脱贫攻坚战三年行动的指导意见》中就提出，要“抓紧研究制定2020年后减贫战略”。本书的研究写作，正是在脱贫攻坚进入冲刺收官阶段、反贫困即将开启战略性变革新篇章的背景下启动的。其主要目的是提前科学研判2020年后中国反贫困面临的新形势与新问题，在此基础上对后脱贫时代中国反贫困新方略进行前瞻性的探索与谋划，力求为推动中国反贫困事业的新发展提供有益的决策参考。

反贫困问题研究涉及领域广泛，需要经济学、社会学、公共管理等多学科的知识，后脱贫时代聚焦多维相对贫困更是要求充分融合多学科视角，这对我而言是一个不小的挑战。除此之外，反贫困研究还有鲜明的实践性特点，理论联系实际的要求较高，这进一步加大了研究的难度。为了做好这项课题，作者查阅了大量国内外文献资料，就若干重点难点问题向实务部门的有关领导和专家进行了咨询，并赴贵州黔西南、河北邯郸、云南保山、陕西榆林等贫困地区开展了有针对性的实地调研。近年来，依托所在单位承接的异地培训班，作者还同一些来自中西部贫困地区的学员进行了多种形式的交流，足不出“沪”获得了不少扶贫实践层面的宝贵信息以及颇具启发性的观点建议，一定程度上弥补了实际经验缺乏与实地调研较少的不足。呈现在读者面前的这本专著，正是作者经过近两年思考、调研、交流和写作后的研究成果；其中的部分成果，已在《农业经济问题》《兰州学刊》《农民日报》《社会科学报》等学术期刊与报纸上公开发表。

在本书完成之际，要感谢我所在单位中共上海市委党校对本课题研究的大力支持，感谢国家统计局上海调查总队、上海市政府合作交流办等单位在数据和调研等方面给予的帮助。另外，本校研究生阎新奇、温洁、闫梦洁、王付敏四位同学在研究过程中承担了资料搜集、数据处理和文献综述等方面的辅助性工作，使本书的写作进度得以加快，在此也要向他们的辛勤劳动表示感谢。尽管作者以一丝不苟的态度认真做好研究，努力追求高质量的成果，但囿于个人理论学识有限、一手调研资料不足以及部分数据难获得等各种主客观因素的制约，本书依然存在一些不完善之处，请读者不吝批评指正。

反贫困事业是一项关乎人类福祉的伟大事业，解决好后脱贫时代的相对贫困问题，对中国实现第二个百年奋斗目标具有重要意义。在本书的基础上，作者今后还将继续深入研究中国后脱贫时代的反贫困问题，力求为改善民生福祉、促进共享发展、实现共同富裕贡献更多更好的智力成果。是为后记。

潘文轩

2020 年 11 月于沪